fhl-Erzählungen

Gewidmet Michael Rau und Peter Keune

Stephan Sarek, 1957 geboren, lebt in Berlin. Beim Rake-Verlag und bei dtv sind bereits vier Romane und Erzählbände von ihm erschienen; zahlreiche seiner Kurzgeschichten wurden zudem in Anthologien und Hörbuchanthologien veröffentlicht.

»Was versteht Horst schon von Lyrik« ist der erste Erzählband, der von ihm im fhl Verlag erscheint.

Stephan Sarek

Was versteht Horst schon von Lyrik

 Verlag

ISBN 978-3-942025-29-4

1. Auflage 2010
© 2010 by fhl Verlag Leipzig
Alle Rechte vorbehalten.

Lektorat: Ulrike Rücker
Layout: Cornelia Votrubec
Titelbild: Dirk Hohmann, Stephan Sarek
Satz: fhl Verlag Leipzig
Druck & Binden: SDL – Digitaler Buchdruck, Berlin

Ein Verlagsverzeichnis schicken wir Ihnen gern zu:
fhl Verlag Leipzig
Gerichtsweg 28
04103 Leipzig
www.fhl-verlag.de

Inhalt

Der Hirschberg ruft

Mein Basislager hatte ich in Hindelang aufgeschlagen. Vom Frühstückstisch der Pension Haub kann man die bedrohliche Silhouette des Hirschberges erkennen, dessen Gipfel den Morgennebeln entsteigt, wie ein liegengebliebener LKW einer Talsenke der A9 kurz hinter Hof. Was für ein Kaventsmann! Schenkt man dem Prospekt Glauben, der an der Touristinformation für einen Euro zu erstehen ist, liegt seine Spitze in über 1200 Metern Höhe. Ihn heute noch zu bezwingen, vermag ich im Augenblick kaum selbst zu glauben.

Die Ausrüstung dazu hatte ich mir gestern besorgt. Schuhe, Hose, Hemd, Jacke. Alles nur vom Feinsten. Dazu einen Kompass, wie er auch vom Militär verwendet wird, Höhenmesser, eine komplette Bergsteigerausrüstung, Signalraketen, Biwakzelt, Armeemesser und Navigationssystem.

»Himalaja?«, hatte mich der Verkäufer gefragt.

»Nein, Hirschberg.«

»Hirschberg?«

Ich zuckte die Schultern wie jemand, der sich eine Aufgabe gestellt hatte und einen einmal gefassten Entschluss nicht wieder rückgängig macht. »Einer muss es ja mal machen.«

Nun sitze ich hier und stärke mich ein letztes Mal vor dem großen Aufstieg. Dass ich mit meinem bevorstehenden Abenteuer etwas angeben mag – mein Gott, das darf man mir jetzt nicht verdenken. Ich ziehe mein Handy aus der Tasche und rufe Freund Werner an. Er ist in Berlin geblieben und hat von meinem Vorhaben keine Ahnung. In knappen Worten kläre ich ihn darüber auf.

»Was für einen Berg willst du besteigen?«, fragt er abwertend. »Hirschberg? Hört sich nicht besonders hoch an.«

Typisch Werner. Diese Arroganz macht ihn so hassenswert. Wir kennen uns seit gut zwanzig Jahren und ständig versucht er, meine Leistungen zu schmälern. Aus einem Minderwertigkeitsgefühl heraus.

»2400 Meter«, sage ich daher geistesgegenwärtig. Werner braucht nicht alles bis ins Detail zu wissen. Auch nicht, dass Hindelang bereits auf 800 Metern Höhe liegt. Doch Werner ist in seinem Minderwertigkeitskomplex nicht zu unterschätzen. »2400 Meter!?«, ruft er spöttisch, »das soll ein Berg sein? Das lohnt sich ja überhaupt nicht. Mein Schwager, also dessen Freund, der ist mal barfuß auf …«

»Hey«, unterbreche ich das charakterlose Schwein, »lass dich doch nicht immer von mir verschaukeln. Du weißt doch, wie sehr ich zu Untertreibungen neige. 2400 ist schon in Euro. In Wirklichkeit ist der Klunker 4800 Meter hoch.«

Nun ist es still am anderen Ende. »4800 Meter?«, kommt es irgendwann erschrocken zurück. »Übernimmst du dich da nicht etwas?«

»Das haben die mich im Dorf auch gefragt. Aber ich kann nicht anders. Ich muss da rauf.«

»Hör mal, Alter. Wir haben April. Das Wetter kann ganz schnell umschlagen im April. 4800 Meter sind kein Spaziergang mehr.«

»Ich weiß, was ich tue. Gut, ein Risiko ist natürlich immer dabei. Aber glaub mir, ich habe alles bedacht.«

»Mann, Mann, Mann«, brummt Werner und zündet sich offenbar eine Zigarette an. Er scheint nervös zu sein. Was für ein genießerischer Moment! Das leichte Tremolo seiner Stimme ist unüberhörbar. »Du lässt dich nicht abhalten, okay, okay! Wie viele Leute hast du dabei?«

»Vergiss es. Ich zieh das Ding alleine durch.«

»Ey Alter, mach keinen Scheiß. Du kannst nicht allein ins Hochgebirge. Und dann noch mitten im Winter.«

»Siehst du«, erwidere ich mit unendlicher Genugtuung, »und genau das ist der Unterschied zwischen uns beiden. Du willst immer die absolute Sicherheit. Beschilderte Wege, Fangnetze, Bundesschatzbriefe. Aber tut mir leid, weißt du, ich kann so nicht leben. So ohne Abenteuer, ohne Ungewissheit, ohne die Möglichkeit, auch mal improvisieren zu müssen. Ich gehe da heute rauf. Allein. Aus und basta.«

»Okay, ganz ruhig. Hab's ja kapiert. Wie ist das Wetter im Augenblick?«

Ich schaue aus dem Fenster. Die Bergwand hinter dem Hirschberg kann man mit etwas Phantasie glatt für eine Gewitterfront halten. »Ziemlich dichter Nebel und schwarze Wolken.«

»Na klasse. Du weißt, was das bedeutet. Warte wenigstens auf Wetterbesserung.«

»Damit mir jemand zuvorkommt? Tut mir leid. Es bleibt dabei. Ich melde mich, sobald ich im Berg bin.« Triumphierend lege ich auf.

In diesem Moment betritt Familie Neumann den Frühstücksraum. Dieter und Elke Neumann, Jonathan Neumann, eine rotzfreche Göre, Baby Neumann im Kinderwagen, und Oma Neumann mit Krücke. Sie fahren in dritter Generation in diese Pension und haben alle Anstecknadeln erworben, die, für Langweiler wie sie, in einem solchen Ort vergeben werden. Familie Neumann gehört zur Wir-lieben-die-Geselligkeit-besonders-im-Urlaub-Rasse, lässt keinen Jodelabend aus und hat sich dem Seelenheil verschrieben, andere Menschen zwangszusozialisieren. Damit passt sie ganz gut in diese Gegend, wo sich die Leute sogar Herzchen ins Klo schneiden, um bei ihren Sitzungen nicht allein zu sein.

Wie zu erwarten, ergreift Elke Neumann nach einem aufgenötigten »Guten Morgen, wie haben Sie denn geschlafen, ach gut, wir auch, danke, ist ja auch so schön ruhig hier, nicht wahr?« das Wort. »Wir gehen gleich auf den Hirschberg, wollen Sie mitkommen?«

Was? Um Gottes Willen. Wortlos springe ich vom Tisch hoch, falte die Karte zusammen, auf der ich eben noch den Weg studierte und verlasse überstürzt das Zimmer. Sie wollen auch zum Hirschberg. Ausgerechnet Neumanns. Und ausgerechnet Hirschberg. Meine Ehre steht auf dem Spiel. Wenn diese Spießer vor mir oben sind, waren alle Vorbereitungen umsonst. In Windeseile angezogen und die Sachen zusammengesucht sind eins. Helmkamera auf den Helm geschraubt, Rucksack aufgeschnallt, das tragbare Notstromaggregat noch mal kurz angeworfen – fertig. Was für eine Stunde geplant war, ist in zwanzig Minuten geschafft.

Als ich die Pension verlasse, kommen meine Widersacher gerade aus dem Frühstücksraum.

Leider macht sich die in der Eile vergessene Karte gleich an der ersten Kreuzung negativ bemerkbar. Wie gut jedoch, ein fotografisches Gedächtnis zu besitzen. Soweit mir in Erinnerung ist, ist der Weg über den Hirschbachtobel der kürzeste.

»Hirschbachtobel?«, frage ich einen alten Einödli, der gegen einen Ochsenkarren gelehnt seine letzten Tage genießt. Lächelnd nickt er. Also los.

Nach zehn Minuten Anstieg bin ich total nassgeschwitzt. Mein Handy klingelt. Werner ist dran, meint, er habe Mona in der Firma Bescheid gesagt; sie sei entsetzt von meinem Vorhaben und habe sich sofort auf den Weg zu ihm gemacht. Wieder beschwört er mich eindringlich, die ganze Sache noch mal zu überdenken. Ich teile ihm mit, dass es dazu bereits zu spät ist, da ich schon unterwegs sei. »Eine zweite Expedition sitzt mir im Nacken, ein ganzes Team, fünf

Mann. Verstehst du? Jetzt geht es nicht mehr nur um den Berg, jetzt geht es um mehr.«

Werners Stimme fleht: »Karl-Heinz! Du musst niemandem etwas beweisen. Besonders mir nicht. Kehre um! Wir machen das Ganze irgendwann zusammen. In Ruhe.«

»Sorry, Alter, ich muss es heute tun, wünsch mir Glück«, erwidere ich nur knapp und lege auf. Unten im Tal tritt Familie Neumann aus der Pension, schaut komplett zu mir hoch und marschiert los. Das Wettrennen beginnt.

Einhundert Höhenmeter weiter trenne ich mich schweren Herzens von der sündhaft teuren Wassergewinnungsanlage. Alles ist ersetzbar – die Ehre nicht. Die Überlegung, ob ich die Hirschbachtobelbrücke nach der Überquerung mit dem mitgeführten TNT in die Luft sprenge, erweist sich als vergebens gedacht. Die Brücke ist bereits weg. Zu Revisionsarbeiten ins Tal geschafft. Rufe Werner an und teile ihm mit, dass der Weg über den Hirschbach unpassierbar ist und ich deshalb die längere Strecke über die alte Jochstraße wähle. Lasse mich auf keine Diskussion ein und kehre um.

Eine halbe Stunde später bin ich wieder beim Einödli. »Die Brücke über den Hirschbachtobel ist weg«, sage ich wütend, und er nickt lächelnd.

Irgendwann gabelt sich die alte Jochstraße. Entscheide mich für rechts und teile es den Zurückgebliebenen per Kurznachricht mit. Kurz darauf wird der Weg steiniger, und nur eine Stunde später hören auch die Bäume auf. ›Verlasse Baumgrenze‹, funke ich nach Berlin. Unschwer nur, mir Mona und Werner jetzt vorzustellen. Wie sie daheim in ihrer Stube sitzen und bangen. Vielleicht sogar heulen. Sie sind meine ältesten Freunde, besonders Mona. Ihre Gedanken nun bei mir zu wissen, gibt Kraft und Zuversicht. Jetzt mache ich es nicht mehr nur für mich.

Nach weiteren Stunden des Aufstiegs bedauere ich, meinen elektronischen Höhenmesser in der Pension liegengelassen zu haben. Neben dem Kompass. Auch beschleicht mich so langsam das Gefühl, an der Weggabelung links entlang gemusst zu haben. Zu allem Überfluss entpuppt sich die dunkle Gebirgswand, die von unten so aussah wie eine Wolke, als Wolke, aus der heraus es anfängt zu schneien. ›Wetter schlägt um‹, melde ich, ›versuche Unterschlupf in einer Höhle zu finden.‹

Werner signalisiert mir zurück, dass es spätestens jetzt an der Zeit zum Umkehren wäre, worauf ich ihm mitteile, dass ein Schneesturm meine Spuren verwischt hätte. Und dass keine Höhle zu finden sei. Sie sollten schon mal anfangen zu beten.

Eine Stunde später. Schnee nimmt zu. Breche dauernd ein, weil vermeintliche Schneeschuhe sich als Tennisschläger entpuppen. Mir ist kalt und schlecht vor Hunger. Hätte vielleicht was zu Essen mitnehmen sollen. Ein Hirsch schleicht in einiger Entfernung vorbei, doch ich mache mir nichts aus Wild. Steige stattdessen weiter in die Höhe. Spüre, wie allmählich zunehmender Sauerstoffmangel meine Gedanken verwirrt. Sehe eine Tafel, die auf eine bislang unentdeckte Moosart hinweist. Taufe sie ›Karl-Heinz‹. Schneesturm wird stärker. Verliere einen Handschuh, esse den anderen auf. Sinnfragen drängen sich auf. Wo bin ich? Was für einen Tag haben wir heute? Wird Labskaus mit Heringen garniert? Habe völlig die Orientierung verloren.

Als ich dann durch eisige Schneestürme hindurch dieses Kreuz sehe, mobilisieren sich in mir noch einmal alle Kräfte. Auf allen Vieren schleppe ich mich zu ihm hin und lasse mich davor in den ewigen Schnee fallen. Eine kleine Gedenktafel ist da. Mit erfrorenen Fingern wische ich sie ab. ›1974, EIGER-NORDWAND-EXPEDITION – REINHOLD MESSNER‹.

Mist, es ist nicht der Hirschberg, und ich bin noch nicht einmal der erste. Merke, wie es mit mir zu Ende geht. Mit verschwimmendem Blick schicke ich Werner einen letzten Gruß. Schreibe ihm, dass ich es nicht geschafft habe und jetzt sterben werde.

›Hättest du bloß auf mich gehört‹, simst Werner heulend zurück.

Mit melancholischem Lächeln sehe ich meinen Spuren dabei zu, wie sie sich verwehen lassen. Erinnere mich all der schönen Momente in meinem Leben, all der Schuld, die ich auf mich lud, und all der vielen Dinge, die nun unerledigt geblieben sind, ungesagt, ungetan. Spüre Taubheit die Beine hoch krabbeln, höre noch einmal das Piepsen meines Handys. ›Ich will mich ehrlich bei dir machen‹, schreibt Werner, ›der Totalschaden an deinem Auto war von mir.‹ Der Gute. Im Angesicht meines Todes überkommt ihn das schlechte Gewissen. Vielleicht ist er ja doch kein so übler Kerl. Und vielleicht sollte ich nicht zurückstehen vor soviel Aufrichtigkeit. ›Auch ich will ehrlich sein‹, schreibe ich mit letzter Kraft zurück, ›dein Sohn ist nicht von dir.‹

Erschöpft, aber mit mir selbst im Reinen, lasse ich das Handy in den Schnee fallen. Sehe durch den Schneesturm hindurch die fahle Scheibe der blassen Sonne und fange an zu sterben. Bis eine harsche Stimme mich erweckt: »Machen Sie'n hier?«

Ergriffen schlage ich die Augen auf. »Sind Sie der liebe Gott?«

»Nee, ich bin nur der Aufnahmeleiter. Warum sind Sie nicht drüben bei den anderen Komparsen?«

»Äh …?«

»Mann, das Set war eingerichtet! Jetzt muss das alles neu gemacht werden.« Der Mann zieht mich hoch und verweist mich hinter einen Hügel. Wohnwagen, LKWs und Zelte sind dort. Über einem steht ›Komparsen‹. Schleppe mich hinein. Jemand bringt mir einen heißen Tee und allmählich kehren meine Lebensgeister zurück. Zehn nachgemachte Sherpas sind um mich herum, alle aus dem Kleinwalsertal, das – wie der Name schon sagt – bekannt ist für kleinwüchsige Menschen. Kurz darauf kommt der Aufnahmeleiter mit der Regieassistenz heran. »Wer hat Sie überhaupt gecastet?«, fragt die Regieassistenz unwirsch, »Sie sind doch viel zu groß für einen Sherpa.«

»Er könnte den Ötzi spielen«, schlägt der Aufnahmeleiter vor, »so brauchen wir wenigstens die Puppe nicht schmutzig zu machen.«

Mit einem Lendenschurz, der nur das Nötigste verdeckt, muss ich dann neben Reinhold Messner im Schnee liegen. Immer, wenn er sich die Tasse Tee an den Mund gesetzt hat und sagt »Heute wie damals – dieser Tee weckt selbst Tote auf!«, muss ich hochgeschnellt kommen und ein bescheuertes Gesicht machen.

Der Regisseur ist auch sehr zufrieden, doch leider ziehe ich mir bei den vielen Wiederholungen einen Hexenschuss zu, der mich fortan nur noch vornübergebeugt laufen lässt. Da zudem auch meine Ausrüstung irgendwie verschüttgegangen ist, bleibt mir nur das alte Leinentuch, das mir die Requisite schenkt.

Gegen Abend werden wir alle mit einem Bus ins Kleinwalsertal gefahren. Beim Versuch, zu Fuß nach Hindelang zu gelangen, gerate ich in eine katholische Trauerprozession, werde irrtümlich für Jesus gehalten und von der Gemeinde assimiliert. Zwei Monate später beginne ich eine Umschulung zum Herrgottschnitzer und betreibe seitdem einen kleinen Andenkenladen.

Bei Werner habe ich mich nie wieder gemeldet, zumal ich über zehn Ecken gehört habe, dass Klaus-Dieter, unser Sohn, plötzlich und unerwartet angefangen hat zu studieren. Obwohl er intelligent wie Mischbrot ist. Manchmal sehe ich Werner mit einem Fernglas durch das Kleinwalsertal streifen, doch dann verstecke ich mich. Und ab und zu traue ich mich auch nach Hindelang und schaue hinauf zum Hirsch-berg. Hinauf zum Gipfelkreuz, das mit ausgebreiteten Ar-men herunter grüßt, als wolle es mich umarmen. Wieder ist mir, als rufe der Berg meinen Namen. Dann kommt die alte Sehnsucht in mir hoch. Aber irgendwann, eines Tages viel-leicht, wer weiß …

Der Geruch des Geldes

Ich stinke. Im Straßenstaub von Neapel, der sich wie eine zweite Haut um mich legt, stinke ich vor mich hin und denke an früher. An die Melange aus Maschinenöl, Farbe und frischem Papier; dem Geruch meiner Geburt. Man schrieb das Jahr 1990, es war der erste Oktober. Von einer Presse ausgespuckt, rechts, links, oben und unten von scharfen Messern getrennt, gebündelt und zusammen mit anderen in eine graue Plastikkiste gepackt – wie junge Hunde schauten wir hervor, erwartungsfroh und naiv. Dicht gedrängt aneinander gepresst, hochkant einer gegen den anderen. Und blickten im Neonlicht unseres ersten Tages stolz an uns herunter. Wir waren rein und unberührt. Dann gab es einen Ruck, wir wurden mitsamt der Kiste in die Höhe gerissen, in ein Auto verladen und abtransportiert. An diesem Tag sprach ich das erste Mal mit meinem Vordermann. Wohin sie uns wohl brächten, fragte ich, was eine unnötige Frage war. Dennoch antwortete er. Seiner Vermutung nach, so meinte er, würden wir jetzt verteilt werden. Jetzt begänne der Ernst des Lebens, und im übrigen sei er WJ 17895643 J5, aber ich könne J5 zu ihm sagen. Er wurde mein erster Freund. Lange Zeit, mich dieser Freundschaft zu widmen, blieb nicht. Als wir unseren Bestimmungsort erreichten, als ich das erste Mal echtes Tageslicht durch riesige Fenster hereinbrechen sah, entfernte man die Banderole und stopfte uns in verschiedene Fächer. J5 rief mir ein »Bis bald!« zu, bevor er in einem Nebenfach verschwand. Wenige Stunden später wurde ich ausbezahlt. Ein kleiner Mann hielt mich kurz in die Höhe, ein Ausruf des Entzückens über meine Reinheit, dann steckte er mich in sein Portemonnaie, klappte es zusammen und schob es in die Hosentasche. ›Herrje, eine Falte‹, dachte ich noch unbekümmert, als sich aus dem Dunkel des Portemonnaies heraus jemand mit »Kurswagenticket Berlin-Milano« vorstellte.

»WK 87665432 D2, aber du kannst D2 zu mir sagen«, erwiderte ich.

»Hältst dich wahrscheinlich für was Besseres.«

Ich erschrak. »Wer? Ich?«

»Vergiss es. Ich bin mehr wert.« Das Ticket warf sich in die Brust. »Ich koste nämlich 450 Mark. Weil ich ein Familienticket bin. Da staunst du, nicht wahr?«

Ich staunte nicht, ich war nur geschockt. Eigentlich, so fuhr der Fahrschein aggressiv fort, wäre er noch viel mehr wert. »Die Bahn gibt Rabatt auf Familientickets. Zusammengerechnet komme ich auf einen Gegenwert von 590 Deutsche Mark, also das 5,9fache dessen, was man mit dir anfangen kann. Geld ist eben nicht alles.«

»Aber das habe ich doch auch gar nicht behauptet, ich …«

»Geld stinkt. Ich bin froh, wenn wir in Mailand sind.« Damit wandte er sich ab.

Irritiert schwieg ich für den Rest der Fahrt. Als wir in Mailand ankamen, wurde das Ticket vor meinen Augen zerrissen; nie werde ich diesen hassenden Blick vergessen. Für einen Moment war ich allein im Portemonnaie. Dann kam sie.

Sie war klein – klein und keck. Wir unterschieden uns in vielem, dennoch spürte ich sofort eine innere Verbundenheit. Und trotz ihrer Kleinheit trug sie frech eine Tausend auf Brust und Rücken, der sich seltsam fremd und aufregend zugleich anfühlte, als sie an mir vorbeirutschte. War es ein Zufall, dass unser Besitzer sie vor mir platzierte, während er die anderen eingetauschten Geldscheine hinter mich packte?

»Ich bin WK 87665432 D2«, stellte ich mich vor, »aber du kannst D2 zu mir sagen.«

»Oha«, grinste sie mit einem Lächeln, das mir den Atem verschlug. »Ein Deutscher, nicht wahr?«

Tapfer nickte ich. »Stimmt. Hundert DM, um genau zu sein. Und du?«

»Tausend Lire. Italienerin, um ungenau zu sein.«

»Wie kann ich dich nennen?«

Sie schmiegte sich an mich. »Wozu so viele Worte?« seufzte sie.

Mir wurde warm. »Du riechst so gut«, flüsterte ich.

»Du riechst auch gut«, flüsterte sie zurück und schmiegte sich noch enger an mich.

»Echt?«, fragte ich erleichtert und sie lachte. Unser Besitzer setzte sich, abrupt wurden wir gegeneinander gedrückt. Es war nicht meine Absicht.

»Hey, hey«, schalt sie mich lachend, »so forsch auf einmal?«

Mir wurde die Luft knapp. Als sie wiederkam, sog ich tief ein und atmete doch nur sie. »Ich werde dich Maria nennen«, stieß ich aus, aber das war auch schon alles, was in dieser Nacht gesprochen wurde. Zusammengeklappt in einem Portemonnaie schmiegte ich mich innig an Maria. Die Löffelstellung, Sie verstehen. Die Welt um mich herum verschwand, Zeit wurde relativ. Mit jeder Bewegung unseres Besitzers erklommen wir einen Berg, von dem ich bis dahin nicht wusste, dass es ihn gibt. Ich bekam selten genug Luft, doch das war mir egal. Schließlich – ich bin ja auch nur ein Geldschein – verlor ich die Kontrolle. Ein unbeschreibliches Gefühl, unbeschreiblich wie Marias Lachen und ihr Geruch, überwältigte mich, überwältigte uns. Danach schliefen wir ein, oder wir schliefen nicht, ich weiß es nicht mehr. Ich habe sie die ganze Nacht über gespürt, es gab keinen Unterschied zwischen Wachsein und Schlaf. Es gab nur noch uns.

Als Maria am nächsten Morgen von mir fortgerissen wurde, eingetauscht gegen einen zweitklassigen Espresso, warf sie mir einen letzten, tränenreichen Blick zu. »Ciao, bella! «, rief ich ohnmächtig hinterher und glaubte zu ersticken, jetzt, wo ich wieder Luft bekam. Mir war, als hätte man einen Teil meiner selbst herausgerissen. Willenlos ließ ich danach alles mit mir geschehen. Erlebte den Rest der Reise wie durch einen Schleier hindurch. Kaum, dass ich mitbekam, wie ich selbst eingetauscht wurde gegen Lirescheine, wie ich irgendwann die Rückreise nach Deutschland antrat, zusammen mit ebenfalls in Italien getauschten Hundertern. Ich muss einen erbärmlichen Eindruck gemacht haben. So erbärmlich, dass ein Tausender mich ansprach. »Was ist los, Kumpel? Siehst ja aus wie Falschgeld.«

Ich erzählte ihm alles. Erzählte ihm von der Nacht mit Maria, von ihrem Duft, ihrem Lachen, und dass ich eins mit ihr war. »Verstehst du, sie war, verzeih' mir, ein Tausender wie du. Und sie liebte mich. Mich, einen Hunderter.«

Der Tausender roch anders als Maria. Er lachte heiser. »Ich will dir ja wirklich nicht deine Illusion nehmen, aber hast du mal in eine Umrechnungstabelle geguckt? Tausend Lire, das ist soviel wie … wie ein Espresso oder so. Du bist hundertmal mehr wert. Wenn es dir ums Geld geht, meine Güte, dann kannst du Millionen von ihnen haben.«

»Ich will aber keine Millionen, ich will sie«, erwiderte ich bockig. »Und außerdem ist mir egal, wie viel sie anderen wert ist. Für mich ist sie der Mittelpunkt der Welt.«

»Bleib realistisch, Mann. Wir sind Geldscheine. Mit uns macht man Geschäfte, kauft sich Frauen, führt Kriege, schmiert, korrumpiert; wir sind der Mittelpunkt der Welt.«

»Du stinkst.«

»Geld stinkt nicht. Was du da riechst, ist der Geruch der Macht. Ich rieche nach Mensch. Weil ich meine Zeit nicht mit Amouren vertrödele. Ein Geldschein mit Gefühlen hat nicht einen Freund in der Welt. Ich sage dir, halte dich an die Mächtigen, nur dann behältst du deine Macht.«

Wir stritten uns bis Berlin, dann verschwand der Tausender in einer Jackentasche. Tage vergingen. Oft musste ich an ihn denken und daran, wie er gerochen hatte. Ich stellte mir vor, dass – röche ich genauso – Maria mich niemals wieder würde lieben können. Jeden Knick, jede Falte verziehe sie mir, nicht aber einen Geruch wie diesen.

Ich kam über Zwischenstationen in eine Sparkasse nach Lichtenrade, vor der sich eine lange Menschenschlange einheitlich aufgereiht hatte. Länger, als ich das zuvor gesehen hatte. Stunden später wurde ich einem Mann ausbezahlt. Er nahm mich mit nach Leipzig, zwängte mich in einen Rahmen und ließ mich wochenlang an der Wand hängen.

In dem kleinen Wohnzimmer dann, an einem viel zu großen Tisch, saßen er und seine Familie und beratschlagten, was von mir zu kaufen sei. Ich hörte ihrem Pläneschmieden nur halbohrig zu. Die Ehre, die man mir erwies, erschien mir heidnisch, es roch wieder mal komisch, und dementsprechend leichtfüßig weilten meine Gedanken bei Maria. Sie war anderen so wenig wert und roch so gut. Gab es einen Zusammenhang zwischen Größe und Gestank? Ich beschloss, mich auf die Suche nach ihr zu machen, bevor ich unaromatisch für mich selbst wurde. Doch dazu musste ich hier weg. Es war grotesk: unten, an der blümchenbestickten Tischdecke, diskutierten sie, ob man von mir fünf Paletten Coladosen kaufen sollte oder eine Satellitenschüssel anbezahlen, während ich oben, an der ebenfalls beblumten Tapete, überlegte, wie ich nach Italien gelangen konnte. Hinter eine Glasscheibe gezwängt, zur Untätigkeit verdammt statt umlaufend, wie es meine Natur vorsah.

Doch das Glück war mir hold. Eines frühen Morgens löste die Frau mich heimlich aus dem Rahmen heraus, fuhr zurück nach Berlin und kaufte von mir Waschmittel, Bananen und Schokolade. Und war es auch befreiend, wieder unter meinesgleichen zu sein, hin- und hergeschoben, mal hier, mal dorthin zu gelangen, so hatte ich doch das Gefühl, dem Tausender ähnlicher zu werden, je öfter mich gierige Finger befummelten. Manchmal, in unbeobachteten Momenten, roch ich an mir selbst. Maria zu finden wurde mir immer wichtiger.

Doch jahrelang lernte ich die Kassen und Brieftaschen von Berlin kennen. Keine Chance, südwärts zu entkommen. Ein Pärchen brachte mich endlich nach München, von dort aus mich ein Geschäftsmann oder Ganove, so genau vermochte ich das nicht mehr zu sagen, mit nach Köln nahm. Er stank, und mittlerweile hatte ich gelernt, sie mit meiner Nase zu unterscheiden, die Guten und die Schlechten. Ob sie nun einen Anzug trugen, Roben oder wallende Gewänder. Manch einer von ihnen tarnte sich mit wertvollen Essenzen, doch der Geruch der Macht entströmte ihnen, wie es einem undichten Siphon entweicht. Er erzeugte Übelkeit in mir; zuweilen glaubte ich mich halluzinierend, bis ich erkannte, was hinter aromatischen Schleiern verborgen werden sollte. Und gleich, in welcher Sprache sie auch rochen – der Geruch der Macht war immer derselbe. Neun Jahre war ich nun alt, der Illusion noch nicht beraubt, doch der Naivität entwachsen. Es wird zum Wolf, wer mit Wölfen verkehrt; also mied ich die Wölfe, wo ich konnte.

Doch konnte ich kaum. Bald roch jeder für mich nach Macht. Der eine so stark wie ein Großbrand, der andere wie das nach Nahrung suchende Flämmlein. Siphongeruch allerorten. Was für eine Freude dann, als ein alter Bekannter eines Tages zu mir in die Lade geschoben wurde. J5.

»Ach«, rief J5 verblüfft. »Verdammt, wie lange ist das her?«

Ich sah ihn elektrisiert an. »Ewig. Oktober 1990.«

»Genau. Mann, fast neun Jahre, weißt du das eigentlich?«

J5 war gerührt. »Herrje. Wie ist es dir ergangen, siehst ja ziemlich geknickt aus.«

»Und du ziemlich zerknittert.«

Wir lachten und er meinte, dass das kein Wunder sei, schließlich habe er die ersten Jahre bei einem Psychologen im Sparstrumpf gesteckt.

»Du Ärmster. In einem Sparstrumpf? Das macht doch keinen Sinn.«

»Sicher macht das keinen Sinn. Aber lass uns davon nicht reden. Kannst du dich noch an Caruso erinnern?«

»Der in der Blechkiste immer gesungen hat? B4. Natürlich. Hab' ihn nie wieder getroffen. Aber komisch – dass ich dich mal wiedersehen würde, das habe ich immer gewusst.«

»Die Welt ist klein. Doch sag, wie hat das Leben dir mitgespielt?«

»Ach, ja …«, seufzte ich.

»Oh, nein«, J5 winkte lachend ab, »tausende hörte ich so seufzen. Und immer ging es nur ums eine. Wie heißt sie?«

»Maria.«

»Maria?«

»Ein Tausend-Lireschein.«

»Und weiter? Woher kommt sie, was macht sie so?«

»Wir hatten keine Zeit zum Reden.«

»Oh, oh. Morbus amoris. Schlimm, schlimm. Und dann noch eine Italienerin. Vergiss sie am besten.«

»Vergiss sie«, höhnte ich, »wenn ich das könnte. Eher stirbt der Dollar aus.«

»So schlimm? Wie lange ist das her?«

»Seit immer. Die Nacht vom zweiten zum dritten Oktober 1990.«

»Was? Du trauerst einer Lire-Note seit neun Jahren hinterher?«

»Sie roch so gut.«

»Posttraumatisches Belastungssyndrom.«

»Dachte ich mir.«

»Wenn jemand etwas Aufregendes erlebt«, erklärte J5, »geht das erst in die eine Hirnhälfte, wird dort mit Emotion beladen, und wandert dann rüber zum Verbalisierungszentrum. Dort kriegt das Kind einen Namen, verstehst du?«

»Nein.«

»Egal. Jedenfalls wird es dort verarbeitet. Solange, bis das Trauma keins mehr ist. Dauert in der Regel vier Wochen.«

»In der Regel.«

»Genau. Es sei denn, das Verbalisierungszentrum kann mit dem Trauma nichts anfangen, weil es keinen Namen dafür hat.«

»Sie heißt Maria.«

»Schon. Aber das, was dir widerfahren ist, wie würdest du das nennen?«

»Weiß nicht, es hat Zumm gemacht.«

»Genau. Und geistert seitdem in dir herum.«

»Ich liebe sie.«

»Mann, du bist ein Geldschein. Mit dir macht man Geschäfte, kauft sich Frauen, führt Kriege …«

»Stopp, stopp, stopp! Das kenne ich schon. Aber ich will gar keine Frauen kaufen, will keine Kriege führen. Will weder Gott noch Teufel sein …«

»Und bist doch beides. Wirst gepredigt wie der Erlöser und verflucht wie der Hund, der auf die Straße scheißt.«

»Ja, du hast recht. Sie treten in die Hundescheiße und verfluchen den Hund. Aber meinen den Hundebesitzer.«

»Anyway. Was nützt dir das? An dir klebt Macht, wie Hundescheiße stets am Hund kleben wird. Und Macht macht krank. Denn wer sie hat, mag sie nicht missen.«

»Ich will Maria wiedersehen.«

»Dann wirst du sie wohl suchen müssen.«

»Sie riecht so gut, es wird geschehen.«

»Halt dich nur ran, denn Zeit ist Geld.«

»Wieso? Wir haben alle Zeit der Welt.«

Nun wurde J5 ruhig. Eine bedrückende Stille lag plötzlich zwischen uns. Ich sah ihn prüfend an. »Oder?«

»Du Ärmster«, flüsterte er und schaute betreten zur Seite.

»Hey«, rief ich, »wir sind Geldscheine. Und dann auch noch Hunderter. So was geht nicht verloren. Selbst wenn wir geknickt und zerknittert sind, selbst wenn wir stinken, man passt auf uns auf.«

Er schwieg.

»Was denn, alter Freund? Raus mit der Sprache!«

»Schon mal was vom Euro gehört?«

»Euro?«

»Die neue Währung. Sie wird uns ablösen.«

Ich lachte unsicher. »Was meinst du mit ablösen?«

»Uns wird es bald nicht mehr geben«, sagte er leise. »Wenn der Euro kommt, wird man uns einstampfen.«

Ich verstand nicht. Ungläubig sah ich ihn an.

J5 erwiderte meinen Blick eindringlich. »Die meisten europäischen Währungen werden vom Euro abgelöst. Wir gehören dazu.«

»Wir werden eingestampft?«

»So was in der Art. Ich will das jetzt nicht näher erläutern.«

»Und die Lire?«, fragte ich nahezu unhörbar.

»Die auch«, flüsterte J5 zurück, »die auch. Mit einem Mal sind wir nur noch bedrucktes Papier.«

»Verdammt. Noch sind wir nicht tot. Noch haben wir Macht.«

»Dann halt dich auch an die Macht. Benutze sie für deine Zwecke, wie sie dich für die ihren benutzt.«

»Was kann ich tun?«

»Wir sind hier in Köln. Versuche nach Bonn rüberzukommen.«

»Was soll ich in Bonn?«

»Ist nur 'ne Ahnung, nur 'ne Ahnung.«

Als man mich am nächsten Morgen aus der Lade holte, warf J5 mir den Blick eines Freundes zu, den man fast genauso liebt, wie man die größte Liebe seines Lebens liebt. Und ich hatte Glück. Drei Tage, nachdem ich Köln verlassen hatte, brachte mich eine chanelgeschwängerte junge Frau zur Deutschen Bank nach Bonn. Dort wurde ich mit unzähligen anderen meiner Art in Stahlkassetten verpackt. Es erinnerte mich an meine ersten Tage in Berlin. Nur, dass wir diesmal noch mehr waren. Wir fuhren durch die Stadt, wurden auf einen Tisch gehievt, die große Klappe öffnete sich, und ein Herr Schreiber – oder so ähnlich – präsentierte uns mit einladender Handbewegung. Champagnergläser klirrten, klassische Musik ertönte – eine gediegene Atmosphäre. Doch da war es wieder. Stärker als jemals zuvor. Beißender Geruch drang uns entgegen, mühsam bedeckt von Weihrauch und Weyrauch. Ich würgte. Ein unglaublich dicker Mann beugte sich über den Kastenrand, leckte sich kurz über die Lippen und meinte kryptisch, solange er davon nichts wisse, sei alles in Ordnung. Der Herr Schreiber, oder so ähnlich, lächelte verschmitzt, schloss den Deckel wieder, und ich übergab mich.

Einen Tag später waren wir in der Schweiz. Aus meinem Konto heraus, das es offiziell gar nicht gab, hörte ich ein Stimmengewirr der verschiedensten Sprachen. Französisch, deutsch, englisch. Und italienisch; ich musste raus. Die anderen versuchten, mich zurückzuhalten. »Bist du verrückt? Dort draußen wird bereits eingestampft. Zerknickte und Zerknitterte zuerst. Sieh' dich mal an.«

Aber ich war wie von Sinnen. Dieses Konto roch nicht mehr nur nach Siphon, es war ein Siphon. Wir alle schwammen in einem Sud aus Gier und Korruption, verbrannter Haut, verstrahltem Fleisch. Die Essenz der Macht. Panisch drängelte ich solange herum, bis man mich herausholte und ich zu einem Mailänder Tuchhändler in die Brieftasche kam.

»Irgendwann«, begrüßte mich ein hoher Lireschein unvermittelt und ohne dass ich etwas gesagt hatte, »bist auch du nur noch Asche.«

Ich nickte. »Ich weiß. Irgendwann. Doch mag es auch kommen, unser Ende – solange ich lebe, werde ich lieben. Und solange ich liebe, werde ich leben.«

»Du liebst? Wie kann ein Geldschein lieben?«

»Keine Ahnung«, sagte ich ehrlich, »aber was ficht mich das an? Manche Fragen gehören nicht gestellt.«

»Respekt, Respekt. Doch was tust du hier? Warum bist du nicht unter deinesgleichen?«

»Die ich liebe, ist eine von euch. Tausend Lire.«

»Tausend Lire? Du bist Hundert Deutsche Mark. Auf welchen Stand lässt du dich herab, dass du einen Tausend-Lireschein liebst?«

»Ha, auf den Stand der Liebe«, erwiderte ich mit stolzgeschwellter Brust. »Dort bin ich nicht mehr als ein Blatt Papier. Und will auch nicht mehr sein.«

Der Lireschein lachte verächtlich. »Was ist nur aus der Deutschen Mark geworden? Ein bisschen Euro, und es treibt sie zum Weibe.«

»Nein«, erwiderte ich, »was mich treibt, ist der Gestank. Riechst du ihn nicht? Er riecht nach Macht.«

»Quatsch. Macht stinkt nicht.«

»Nicht, wenn man selber stinkt, da hast du recht.«

Mit vereinten Kräften schmissen die Lirescheine mich, den Nestbeschmutzer, aus der Brieftasche. Eine Zeitlang trieb ich mich in Italien herum. Ein Vagabund. Vogelfrei und geächtet. Stets darauf bedacht, nicht wieder nach Deutschland zurückzumüssen. Doch das Gespenst des Euro wurde größer. Es verfolgte mich, und jeden Tag zog es seine Schlinge enger. Als mir in Rom ein Euroscheck erzählte, er habe meine Liebste in Neapel gesichtet, machte ich mich augenblicklich auf den Weg dorthin. Mittlerweile der Macht vertraut, gelang mir der Zugang zu Mafiakreisen; von dort aus war es keine Schwierigkeit, nach Neapel zu gelangen.

Leider landete ich in einem Privathaushalt. In einer Geldkassette, die sich als Gefängnis entpuppte. Und wieder verlor ich das Gefühl für die Zeit. Tage, Wochen, Jahre?

Eines Tages ging die Kassette auf, ein verschnupfter Jüngling holte mich heraus und stopfte mich achtlos in seine Hosentasche. Wir verließen das Haus, und als er nach einem Papiertuch fingerte, flatterte ich unbemerkt zu Boden.

Es war Herbst, die Blätter der Bäume – entfernte Artgenossen von mir – bedeckten mich und mit ihnen der Staub der Straße. Melancholie legte sich dazu und ich fühlte mich auf einmal unendlich müde. Was, wenn der Scheck sich geirrt hatte? Es war ein Verrechnungsscheck gewesen, vielleicht gab es Maria längst nicht mehr. Zu viele Jahre, die zwischen uns lagen.

Ein Mann trat neben mir in einen Hundehaufen und schimpfte über den Hund. Er verschwand im Abendnebel, der sich über das Land senkte. Es roch nach Winter. Das alte portugiesische Sprichwort kam mir in den Sinn. ›Wer von der Hoffnung lebt, fliegt ohne Flügel.‹ Ich stellte mir vor, wie ich mich in die Lüfte erhob und zu Maria flog, der Kälte zum Trotz.

Und mit dem Herbst kamen die Stürme in das Land. Zusammen mit den Blättern wirbelten sie mich durch ihr Reich. Packten mich mit eisiger Faust, doch indem ich mich wandte und streckte, gelang es mir, die Richtung zu bestimmen. Instinktiv. Als folgte mein Begehren einer unsichtbaren Spur. Ein offenes Fenster war da. Ein letzter, verzweifelter Ruck, der mich auf einen Tisch trieb, hin zu einem kleinen Mädchen, das weltversunken vor sich herträllerte und mit Puppen spielte. »Oh!«, sagte sie und nahm mich in die Hand. »Haliensch che bellisimo oblato.«

Ich war am Ende meiner Kraft. Das Mädchen zog ein Album aus dem Regal, blätterte darin und stopfte mich zwischen die Seiten. Dann klappte es das Buch zu und schob es zurück ins Regal. Finsternis umgab mich. Wie in einem ewigen Grab. Doch plötzlich diese Bewegung neben mir. Und mit einem Mal auch dieser Duft. Erschreckt zuckte ich zusammen. »Na, na«, sagte eine Stimme gespielt tadelnd, »so forsch?«

Ich bekam kein Wort heraus.

»Was ist los? Ist das hier ein Stummfilm?«

»Maria …?«

Der Boiler ist kaputt

»Der Boiler ist kaputt«, stellte Horst Ziolkowsky fest. Eine gewisse Dramatik schwang dieser Feststellung bei. Nicht, weil das Kaputtgehen eines Boilers dramatisch an sich ist, sondern weil es dramatisch für Horst war. Es bedeutete ihm eine radikale Umstellung von in Jahren gewachsenen Gewohnheiten.

Dies und seine unterdrückte Panik zu verstehen, setzt natürlich die Kenntnis jener Gewohnheiten voraus, die mit dem Ableben seines Boilers quasi über Nacht ihr jähes Ende fanden. Ebenso wird nur derjenige, der bereit ist, Horsts Geschichte zu hören, auch verstehen, warum dieser Horst Ziolkowsky, der jetzt seine Hände bekümmert im kalten Wasserstrahl wusch, einer der wenigen Menschen ist, deren Wohnzimmereingang von einer Ampel geregelt wird. Doch eins nach dem anderen.

* * *

Als der dreißig Jahre alte Boiler seinen Dienst einstellte, zog ein apokalyptisches Szenario an Horsts geistigem Auge vorbei. Zum ersten pflegte er nämlich sein Haupthaar im Handwaschbecken zu waschen. Dienstags und donnerstags. Dienstags und donnerstags hatte er stets seinen Kopf unter den Hahn gehalten, aus dem angenehm warmes Wasser ihm den Schaum aus den Haaren spülte. Außerdem, und das war fast noch schlimmer, trank er Instantkaffee, den er mit dem heißesten Wasser, zu dem sein Boiler bislang fähig gewesen war, aufgebrüht hatte. Das ging schnell, und was ist für einen Kaffee wichtiger, als dass zu seiner Herstellung wenig Aufwand betrieben wird?

Wie auch immer. Kaffee und Kopf würden in Zukunft ohne warmes Wasser auskommen müssen, es sei denn, er – Horst Ziolkowsky – würde für die Reparatur seines Boilers sorgen.

Soweit er sich erinnern konnte, gehört ein Boiler zu den Dingen, deren Funktionalität Sache des Vermieters ist. Wenngleich er also im Recht zu sein schien, die Reparatur von der städtischen Wohnbaugesellschaft einzufordern, so forderte Horst nur ungern. Fordern, so fand er, ist untugendhaft, zumal in Zeiten allgemeiner Rezession. Leider jedoch ließ ihm sein Schicksal keine Chance, denn ein kaputter Boiler repariert sich nun mal nicht von selbst. Horst überwand also seine Abneigung gegen die Inanspruchnahme seines guten Rechts, nahm allen Mut zusammen und rief seine Gesellschaft an.

Seine Angst indes war unbegründet. Im Gegenteil. Joachim Hoffmann, der auf dem Amt diese Art von Anrufen entgegenzunehmen hatte, wartete förmlich darauf. Vor zwei Tagen war sein kleines Büro, das er sich mit einem Kollegen teilte, an das stadtweite Computernetz angeschlossen worden. Ein eigener Bildschirm stand nun auf seinem Tisch wie auch auf dem des Kollegen. Mit eigener Tastatur und einem eigenen Kabel, welches in der Wand verschwand, auf wundersame Weise verbunden mit dem Rest der Welt. Die Zeiten, in denen er die Reklamationen der stadteigenen Mieter auf kleine Kärtchen schrieb, um sie dem Kollegen zur weiteren Bearbeitung auf den Tisch zu legen, gehörten endgültig der verstaubten Vergangenheit an. Nunmehr schrieb er gleich in den Rechner und schickte die ›Message‹ per Knopfdruck auf den Bildschirm seines Bürogenossen; ein technisches Wunder, das sich mehrmals am Tag wiederholte. Immer dann, wenn jemand anrief.

Das sichtbare Ausmaß dieses Wunders war jedoch nur die Spitze des Eisberges. Joachim Hoffmanns Kabel war nicht etwa direkt mit dem Gerät seines neben ihm sitzenden Kollegen verbunden. Obwohl die Tische exakt 89 cm voneinander entfernt waren, verschwand es, wie gesagt, in der Wand, anstatt den kürzesten Weg zu nehmen.

»Die Daten gehen erst ins Rechenzentrum«, hatte der Techniker den beiden verdutzten Mitarbeitern erklärt. »Von dort kommen sie zurück zu Ihrem Kollegen. Das hat technische Gründe.«

Wenngleich sie das mit den Gründen nicht so recht nachvollziehen konnten, war es doch ein sich ständig wiederholendes kleines Abenteuer für die beiden, denn das Rechenzentrum befand sich am anderen Ende der Stadt. Und weil es so faszinierend war, verbrachten sie viel Zeit damit, Mitteilungen hin und her zu schicken. Überdies verkürzte es das Warten auf den Feierabend.

Da rief Horst Ziolkowsky an.

»Mein Boiler ist kaputt«, erklärte er zurückhaltend. »Ich kann meine Haare nicht mehr waschen, und Kaffee kochen kann ich auch nicht mehr.«

Joachim Hoffmann, glücklich über die sich bietende Möglichkeit des neuerlichen Datentransfers, tippte Namen, Adresse und Dilemma in den Computer, versprach Horst eine durch High-Tech bedingte schnelle Ausführung des Auftrags und schickte das Ganze hinüber zu Kleinfeld, der bereits gespannt auf seinen Bildschirm starrte.

»Es ist da«, jubelte er, als die Bildschirmmaske sich mit Horst und seinem Kummer zu füllen begann.

»So schnell?«, raunte Hoffmann ergriffen.

Sie selbst brauchten für die Fahrt zum Rechenzentrum, das im Hauptbezirksamt untergebracht war, eine Stunde. Bei Stau waren es fast anderthalb Stunden und wenn sie mit öffentlichen Verkehrsmitteln unterwegs waren, dann sogar zwei.

»Es ist diesmal schneller gegangen als sonst«, befand Kleinfeld. »Vielleicht geht es schneller, je öfter man es macht.«

»Schick es noch mal zurück«, sagte Hoffmann. »Dann werden wir ja feststellen, ob es schneller wird mit der Zeit.«

Sein Kollege schickte die Daten zurück, und Sekunden später erschienen sie auf Hoffmanns Bildschirm.

»Stopp mal die Zeit«, forderte dieser ihn auf, drückte die Taste und schon war die Meldung wieder auf dem Weg. Dann wieder zurück zu Hoffmann. Und erneut zu Kleinfeld. Zu Hoffmann. Kleinfeld. Hoffmann. Kleinfeld. Hoffmann. Kleinfeld. Die beiden gerieten in einen wahren Geschwindigkeitsrausch. Hoffmann, Kleinfeld. Hoffmann. Kleinfeld. Kleinfeld?

»Es ist nicht angekommen«, meinte Kleinfeld.

»Wie?«

»Na, hier ist nichts.«

»Ich habe es aber weggeschickt.«

»Es ist aber nicht angekommen.«

»Bei mir ist es aber auch nicht mehr.«

»Dann ist es weg.«

»Vielleicht braucht es diesmal länger.«

Leider erschien es auch nach zehn Minuten weder auf Kleinfelds Bildschirm, noch kehrte es zu Hoffmann zurück. Es war weg.

Weitere zehn Minuten später gaben sie das Warten auf. Und da sie sich nicht mehr an den Namen erinnern konnten, beschlossen sie, die Sache auf sich beruhen zu lassen. Wäre es wichtig, würde sich der Mieter wieder melden.

Nun, die Daten waren nicht wirklich verschwunden. Vielleicht war ihnen vom vielen Hin und Her trieselig geworden. Jedenfalls wurden sie an einem Knotenpunkt, irgendwo zwischen dem Rechenzentrum und dem Arbeitsplatz der beiden, von einer entgegenkommenden Information aus der Bahn geworfen, brutal in zwei Hälften gerissen und kamen vom Weg ab. Während die eine Hälfte gen Osten entschwand, raste die andere Richtung Tiefbauamt.

Der Zufall wollte es, dass Herbert Goldbach vom Tiefbauamt gerade in diesem Moment seinem Computer befahl, etwas auszudrucken. Die halben Boilerdaten, völlig verwirrt von der fremden Umgebung, hängten sich in ihrer Not an die Druckdatei und ließen sich willenlos ausdrucken. Die vollautomatische Anlage Goldbachs, übrigens erst vor kurzem installiert, versah den Ausdruck noch mit dem Hinweis, dass es sich um einen Computerbrief handele, der auch ohne Unterschrift gültig sei, faltete ihn gewissenhaft und versandte das Ganze an die Bauaußenstelle zur weiteren Bearbeitung.

Verwirrung über diesen Auftrag gab es nicht. Die Errichtung eines Verkehrsschulgartens wurde hier genauso wichtig genommen, wie eine Verkehrsanlage auf einer belebten Hauptstraße. Schließlich sollten die Kinder, bevor sie Schaden anrichten konnten, erst einmal unter sich üben, in möglichst originalgetreuer Umgebung. Dass dabei eine Ampelanlage in einer Wohnung errichtet werden sollte, war durchaus nachvollziehbar; irgendwo mussten die Kleinen schließlich auch die Theorie üben.

So kam es, dass drei Tage nach dem Ableben des Boilers ein Handwerker vor Ziolkowskys Wohnung stand. »Ich komme erst einmal schauen«, erklärte Rudi Meier seinen werkzeuglosen Zustand. »Erst mal schauen, wo wir das Ding hinhängen.«

Horst trat beiseite und ließ den Mann hinein. »Das Badezimmer eignet sich doch eigentlich ganz gut dafür«, meinte er.

»Ach nee«, sagte der Handwerker gedehnt, nachdem er sich in der Wohnung umgeschaut hatte. »Das Badezimmer ist ja nun ein ganz schlechter Platz.« Er machte zwei große

Schritte bis vor die Wohnzimmertür. »Was halten Sie denn von hier? Ich meine, das ist doch wie auf einer Straße. Der Flur kommt direktemang von links, und nach rechts geht dann das Wohnzimmer ab. Da können wir auch was mit 'nem Rechtsabbiegerpfeil machen oder so, müssen mal sehen. Wo soll eigentlich der Schaltkasten hin?«

»Mein Boiler ist kaputt.«

»So, so. Dafür bin ich nicht zuständig. Da müssen Sie sich an einen Klempner wenden.«

»Sind Sie denn kein Klempner?«

»Nee, bin ich nicht. Ich bin vom Tiefbauamt. Ich bin wegen der Ampel hier.«

»Ampel? In meiner Wohnung«

»Na, Sie sind doch Horst Ziolkowsky, oder?« Der Handwerker kramte in seiner Latzhosentasche nach einem Zettel. »Hier steht's. Horst Ziolkowsky. Ampelanlage für Verkehrsschulgarten. Nehme mal an, dass das nur für den theoretischen Unterricht ist, sonst müssten die Gören ja mit ihren Gokarts hier rein. Und dafür ist es wohl ein wenig enge.«

»In meine Wohnung kommen keine Kinder mit Gokarts«, entrüstete sich Horst. »Weder theoretisch noch praktisch.«

»Wie Sie das hinterher handhaben, ist Ihr Problem. Wir werden hier auf alle Fälle eine Ampel anbauen. Alles andere ist mir wurscht.«

»Aber nur unter Protest«, stellte Horst unmissverständlich klar. »Und glauben Sie nicht, ich werde mich nicht erkundigen.«

»Machen Sie das, machen Sie das. Aber ich sag Ihnen gleich, der Chef ist auf Schulung. Der kommt erst nächste Woche wieder.«

»Ich kann warten«, erwiderte Horst spitz. »Ich kann warten.«

* * *

Unter Horst argwöhnischen Blicken montierte die auf drei Kollegen angewachsene Bauarbeitertruppe zwei Ampelleuchtkörper zwischen Flur und Wohnzimmer und zwei zwischen Küche und Flur. Außerdem einen Rechtsabbiegerpfeil, der berechtigte, ohne auf Grün warten zu müssen, in das Wohnzimmer zu gelangen, wenn aus der Küche gerade niemand kam.

»Gibt dann keine Staus so leicht«, versuchte man ihn aufzuheitern, doch Horst schaute entrüstet beiseite.

»Mensch, Meister«, jammerte der Handwerker. »Ich kann doch auch nichts dafür. Wir tun doch auch nur unsere Pflicht. Und an das Klacken vom Schaltkasten werden Sie sich auch bald gewöhnt haben.«

»Ich lasse mich jetzt nicht aufmuntern«, beharrte Horst. »Ich bin stinkesauer.«

Die Handwerker gingen und Horst stand stinkesauer vor seiner neuen Ampelanlage. Er wartete auf Grün, trat in die Küche und schmierte sich aus Frust eine Stulle.

* * *

Dass die Sache aufflog, lag nicht an Horst. Zwar rief er gleich am nächsten Tag beim Bezirksamt an, doch fühlte sich niemand so recht zuständig. Das Tiefbauamt verwies auf den Senator für Familie, Jugend und Sport; der gab Horst die Durchwahl vom Schulministerium, von wo aus man ihn an den Verkehrsausschuss weiterreichte. Dort verstand man Horst allerdings nicht und meinte, für die Errichtung einer Ampelanlage müssten schon triftige Gründe vorliegen, er solle es mal mit einem Bürgerbegehren versuchen.

»Ich habe doch bereits eine Ampel«, erklärte Horst verzweifelt. »Es geht darum, sie wieder loszuwerden.«

»Das ist ja noch viel schwieriger«, belehrte ihn die Sachbearbeiterin und fragte, ob das Verkehrsaufkommen derart gesunken sei, dass die Ampel nicht mehr benötigt werde.

»Es war eigentlich nie sehr hoch in meiner Wohnung«, meinte Horst müde. »Eigentlich findet in meiner Wohnung überhaupt kein Verkehr statt.«

»Dann stelle ich zurück zur Zentrale«, sagte die Frau, erleichtert über das Stichwort Wohnung. »Von dort aus lassen Sie sich mit dem Wohnungsamt verbinden.« Sie verschwand aus der Leitung, die Zentrale ging ran und fragte nach seinem Begehr.

»Ich hätte gern das Wohnungsamt«, erwiderte Horst.

»Wohngeld, Fehlbelegungsabgabe oder Wohnberechtigungsantrag?«

»Es ist wegen einer Ampel.«

»Dann gebe ich Ihnen besser den Verkehrsausschuss.« Sprach's und verschwand aus der Leitung. Der Verkehrsausschuss ging ran, Horst traute sich vorsichtig zu sagen, dass das Wohnungsamt nicht zuständig sei für Ampeln, woraufhin ihn die Sachbearbeiterin völlig entnervt ins Aus beförderte. Nach fünf Minuten Besetzzeichenhören legte auch Horst auf, nicht ohne seinem Telefon zu erzählen, dass die mal nicht denken sollten, sie könnten das so ohne weiteres mit ihm machen. Er nutzte eine Grünphase, um ins Wohnzimmer an seinen Wandschrank zu gehen. Dann würde er eben einen gepfefferten Brief schreiben.

* * *

So kam es also nicht heraus. Es kam auch nicht durch die horrende Rechnung heraus, die die Bauaußenstelle an das Bauamt schickte, von wo aus sie dem Bundesfinanzministerium zugestellt wurde. Die Dreihundertfünfundzwanzigtausend-Mark-Rechnung wurde nicht einmal wahrgenommen, weil der Beamte für die Wahrnehmung von Geldbeträgen unter einer Million gerade Urlaub machte und sein Kollege, der für die Wahrnehmung von Beträgen über einer Million zuständig war, sich mit kleinen Beträgen nicht auskannte.

Den Stein ins Rollen brachte ein halbes Jahr später eine Anfrage des Blindenverbandes Spandau-Süd an den Berliner Senat mit der Bitte, den an einem Ampelmast installierten Boiler einer Fußgängerfurt in der Hegemannstraße etwas höher zu hängen, weil die Schäferhunde des Vereins diesen als solchen nicht erkannten und drunter durchliefen.

Die äußerst engagierte damalige Stadträtin von Berlin-Wedding, Frau Helga Müller-Abdullah, legte einen Lokaltermin ein und besah sich den Stein des Anstoßes persönlich. Auch sie befand, dass der Boiler zu tief hing, und da sie keinen Führerschein hatte, wusste sie nicht zu sagen, ob Ampeln mit Heißwasser betrieben wurden oder nicht. Immerhin konnte sie durchsetzen, dass der Boiler höhergehängt wurde. Das Tiefbauamt, das damit im Rahmen einer Ausschreibung betraut wurde, entfernte bei dieser Gelegenheit gleich die völlig unnütze Fußgängerampel und errichtete für den Boiler einen extra Pfahl.

Die beherzte Frage der Anwohnerin Manuela S., ob ein Boiler an dieser Stelle überhaupt notwendig sei, beantworteten die Tiefbauarbeiter mit dem Verweis auf die Wasserwerke, da ein Boiler ja mit Wasser betrieben wurde und nicht mit Tiefbau. Ein paar Monate später wechselte die Koalition, die Stadträtin Müller-Abdullah zog mit ihrem Mann nach Tunesien und die Petersburger Domspatzen brachten ihre erste CD heraus.

* * *

Horst Ziolkowsky kaufte sich einen kleinen Elektrokocher, dessen Inhalt er sich jetzt jeden Dienstag und Donnerstag vorsichtig über den Kopf gießt und der die Wärme für einen guten Kaffee auch dann noch hält, wenn es mal ein bisschen länger dauert an der Ampel.

Denn natürlich geht Horst niemals bei Rot. Nicht nur, weil ein Aufkleber »Unseren Kindern zuliebe« davor warnt, sondern weil Horst Ziolkowsky auch für sich selbst mit gutem Beispiel vorangehen möchte.

Aber glauben Sie nicht, dass die Sache nicht doch noch ein Nachspiel haben wird.

Wer erschoss Bruno?

Eine bayerische Provinzposse in neun Akten

ERSTER AKT
- Andreas -

Dass der Altersruhesitz Laurentius in früheren Zeiten ein
Kloster gewesen war, erkannte nur noch der aufmerksame
Beobachter. Die Schwesternschaft ›Zur heiligen Nonne der
letzten sieben Tage‹ hatte das burgähnliche Hausgeviert,
das ein verwunschener Garten mit kleinen Wegen, leise
plätschernden Bächlein und sogar einem Gemüseacker um-
gab, vor gut zweihundert Jahren auf einem Hügel außerhalb
des Städtchens Iversum errichten lassen. Alte Menschen,
um die sich sonst niemand mehr kümmerte, fanden dort
Pflege und Geborgenheit bis an ihr Lebensende. Zwei Jahr-
hunderte lang gingen die fleißigen Nonnen ihrem frommen
Werk nach. Sie beteten und pflegten die alten Leute und
bauten Gemüse an, das in der klostereigenen Küche zube-
reitet wurde. Doch während die Zeit innerhalb der nied-
rigen Mauern stehen zu bleiben schien, veränderte sich die
übrige Welt in immer schneller werdendem Tempo. Iversum
wuchs. Alsbald reichten seine Häuser an das Kloster heran,
bis sie es schließlich wie ein Krebsgeschwür umwucherten.
Dieses Krebsgeschwür wurde genährt von den Göttern der
Neuzeit – Rationalität, Effektivität und Globalität – und bil-
dete wie seine organischen Vertreter Metastasen aus, die
keinen Bereich des menschlichen Lebens verschonten. Die
heiligen Schwestern hatten dem nichts entgegen zu setzen,
sie kannten nicht einmal das Wort Insolvenz, das irgend-

wann wie ein Damoklesschwert über Laurentius schwebte. Als sie, bar aller Mittel, vor dem Offenbarungsrichter standen, dem letzten Gericht bereits auf Erden, erwarb ein Konsortium ausländischer Investoren den heiligen Ort mit der Absicht, eine Hotelanlage darauf zu errichten. Ein lukrativer Deal, auch wenn den neuen Geldgebern auferlegt wurde, die noch im Kloster lebenden Alten anderswo unterzubringen. Einer Auflage, der man gern nachkam. Zum Beispiel bei Andreas Weberknecht, einem alten Herrn von 70 Lenzen, der seinen Nachnamen vergessen hatte und von sich nur wusste, dass er Andreas hieß. Ihn irgendwo anders unterzubringen, war kein Problem. Einer der neuen Geschäftsführer lud ihn eines Tages zu einer kleinen Sause ein. Herr Weberknecht war darüber hoch erfreut, schließlich hatte er weder Angehörige noch Freunde und selbst die Sachbearbeiterin des Sozialamtes, die bislang seinen Fall bearbeitet hatte, war in Rente gegangen. Es gab also niemanden, aber auch wirklich niemanden, der nach ihm fragte.

Der nette Herr Geschäftsführer lenkte seinen schmucken Wagen aus der Stadt heraus und staunend betrachtete Herr Weberknecht die Felder und Wälder; fast schon hatte er vergessen, wie groß die Welt doch war. Stunde um Stunde fuhren sie, Berge und Seen tauchten auf, sogar eine Koppel mit Pferden. »Da sind Pferde«, rief er begeistert und der Geschäftsführer nickte wortlos. »Wir machen mal Pause«, sagte er nur irgendwann und lenkte den Benz auf einen Autobahnrastplatz. Fernab der anderen Autos forderte er Herrn Weberknecht auf, sich kurz die Beine zu vertreten. Steif vom vielen Fahren mühte dieser sich aus dem Wagen heraus, sog begeistert die frische Landluft ein und lief bis zu einer Telefonzelle.

Er umrundete sie, doch als er zurückkam, war der Wagen verschwunden. Verblüfft schaute Herr Weberknecht in alle Richtungen, nirgendwo das Gefährt entdeckend, mit dem er gekommen war. Fünfzehn Minuten stand Andreas so, als plötzlich ein anderes Fahrzeug neben ihm hielt. Ein Hund wurde hinausgelassen und als sich das Tier an einem Baum entwässerte, fuhr der Wagen mit quietschenden Reifen davon. Herr Weberknecht und der Hund sahen einander verdutzt an.

Zehn Minuten später rollte eine Funkstreife heran. »Ist das Ihr Hund?«, fragte der Streifenpolizist durch das heruntergekurbelte Fenster. Herr Weberknecht schüttelte den Kopf. »Er ist aus einem Auto gestiegen, das dann weitergefahren ist«, erklärte er.

»Haben Sie sich das Kennzeichen gemerkt?«

Wieder schüttelte er bedauernd den Kopf, woraufhin der Polizist »Diese Schweine!« sagte und den Hund zu sich ins Auto holte. Dann fuhr auch der Streifenwagen wieder weg.

Als es dunkel zu werden begann, begab sich Herr Weberknecht in die Raststätte. Er hatte Hunger und ihm war kalt, doch der Mann hinter dem Tresen wollte ihm nichts zu essen geben. Nicht ohne Geld zumindest, also trottete er wieder hinaus, lief langsam in die Richtung, aus der er gekommen war, immer entlang am Rand der Autobahn. Die Autos hupten ihn an, sie blendeten mit ihren Scheinwerfern oder spritzten ihn im Vorbeifahren mit Wasser voll. Durchfroren, nass und müde setzte er sich an die Leitplanke und begann davon zu träumen, ein Bär zu sein. Er sah sich über Wiesen und durch Wälder rennen, mit Schmetterlingen spielen und den Honig essen, den er aus Bienenkörben klaute. Und während er dies träumte, wurde ihm tatsächlich warm und zufrieden zumute.

ZWEITER AKT
- Maria und Josef -

Maria und Josef trugen am liebsten blaukarierte Latzhosen, Gesundheitslatschen und Feldblumen im Haar. Doch während Josef in dieser Aufmachung einer Karikatur ähnelte, schien sie bei Maria nur der sinnlose Versuch zu sein, von frivolen Gedanken abzulenken. Ihre ausladenden Brüste, ihr wallend blondes Haar, das liebliche Gesicht mit den vollen Lippen und dem leicht naiven Blick – all das machte es dem männlichen Betrachter schwer, sich ernsthaft mit ihr zu unterhalten. Neben ihr verschwand Josef in der Bedeutungslosigkeit, wenn man ihn denn überhaupt bemerkte. Kennen gelernt hatten die beiden sich während eines anthroposophischen Eurythmiekurses, bei der Josef mimisch eine Null darzustellen hatte und sie eine Wolke. Weil sie dabei positive Schwingungen zwischen sich verspürten, zogen sie zusammen und lebten seitdem auf einem verlassenen Bauernhof, den sie Biohof ›Grüne Sonne‹ nannten. Ökologisch korrekt, selbstbestimmt und finanziert von Hartz IV. Die eingefleischten Vegetarier beteten jeden Tag für die Natur und irgendwann vor allem für Bruno. Herüber gewandert aus Italien, war der Braunbär der erste Bär, der freiwillig wieder deutschen Boden betreten hatte, nachdem 170 Jahre zuvor der letzte von der Bildfläche verschwunden war.

Leider halfen ihre Gebete wenig – nur wenige Wochen nach seiner illegalen Einreise befand Bruno sich bereits im Bärenhimmel. Der Kasper Hauser der Neuzeit, dessen einziges Verbrechen es gewesen war, sich artgerecht verhalten zu haben, war von offizieller Seite zur Gefahr erklärt und von einem Tötungskommando liquidiert worden. Woraufhin Maria und Josef beschlossen, den Namen seines Mörders öffentlich zu machen.

Weil dieser Name aber geheim gehalten wurde, nahmen sie Kontakt zu einem Privatdetektiv auf, der mit ihnen ein Treffen vereinbarte. Und zwar im Café ›Zu den drei Tischen‹ in Erpelsbach, einer 300 Seelengemeinde östlich Bayerischzells.

Als Maria und Josef zum vereinbarten Zeitpunkt nach Erpelsbach kamen, erkannten sie ihn sofort. Ein auffällig unauffälliger Mann mit dunkler Sonnenbrille, der an einem der drei Tische saß, die vor einer Konditorei standen. Er nippte an einem Milchkaffee und forderte sie mit fast unmerklichem Nicken dazu auf, neben ihm Platz zu nehmen.

Eine Art Kellnerin kam aus dem Laden geschossen und die beiden bestellten wie verabredet zwei Milchkaffee mit extra viel Milch, das Erkennungszeichen. Als die Kaffees da waren, und die Bedienung wieder weg, beugte sich der Mann zu ihnen hinüber. »Warum konnten Sie am Telefon nicht deutlicher werden?«, fragte er leise.

»Weil wir vom Verfassungsschutz überwacht werden«, antwortete Maria, wobei sich ihr ausladender Brustkorb aufgeregt hob und senkte, denn noch nie in ihrem Leben hatte sie mit einem echten Detektiv zu tun gehabt.

Der Mann schwieg einen Moment. »Warum?«, fragte er dann.

»Weil in diesem reaktionären Polizeistaat alle Biohöfe vom Verfassungsschutz überwacht werden,« erwiderte Maria.

»Ach so.« Wieder schwieg der Mann. Seine Augen waren hinter dem dunklen Brillenglas nicht zu erkennen, doch Maria war sich sicher, dass er die ganze Zeit die Umgebung beobachtete. Bestimmt gab es in seinem Leben ständig Leute, die auch hinter ihm her waren. »Und?«, fragte er schließlich, »was kann ich für Sie tun, Lady?«

»Besorgen Sie uns den Namen des Mannes, der Bruno erschossen hat.«

»Ein Kumpel von euch?«

»Bruno! Bruno, der Bär!«

Der Privatdetektiv schien nicht gleich zu wissen, was sie meinte. »Der Bär, den man erschossen hat, weil er angeblich eine Gefahr darstellte, obwohl er nur Hühner gefressen hat«, fügte Maria daher hinzu.

»Ach ja, Bruno. Der Bär«, sagte der Mann endlich, wobei in seiner Stimme noch immer ein Quäntchen Ahnungslosigkeit mitschwang.

»Bruno ist ein Braunbär. Aus Italien herübergekommen«, sah sich das Mädchen gemüßigt zu erklären, »doch der Huber, das Schwein, hat ihn ermorden lassen. Weil er angeblich ein Problembär war. Jetzt wollen wir den Namen seines Mörders, um ihn publik zu machen – also den Namen. Die Bevölkerung hat ein Recht darauf, zu erfahren, wer Hand an das arme Tier legte. Das war nicht nur ein Bär. Das war ein Symbol für die sich langsam erholende Natur. Der erste Bär seit 170 Jahren, und diese Regierung denkt an nichts anderes, als ihn abzuknallen. Verstehen Sie, wir alle sind Bruno!«

»Klar, verstehe ich. Okay, morgen habt ihr den Namen.«

»So schnell?«

»Ich muss nur ein paar Leute schmieren, das ist alles.«

»Oh Gott, was für ein korruptes Land. Aber in diesem Fall gut für uns. Der Typ soll keine ruhige Minute mehr haben.«

»Wer sagt, dass es ein Typ war?«

Verblüfft sah das Pärchen sich an. »Eine Frau würde so etwas nie machen«, protestierte Josef, doch sofort schüttelte Maria den Kopf. »Es gibt auch Frauen in den Jagdvereinen, natürlich kann es ebenso gut eine Frau gewesen sein. Aber selbst dann wollen wir den Namen erfahren.«

Der Detektiv nickte. »Ihr wisst aber, dass ich nur gegen Vorkasse arbeite?«

»Das sagten Sie am Telefon. 500 Euro. Die haben wir dabei. Jetzt gleich?«

Statt einer Antwort schob der Mann die Speisekarte über den Tisch. »Empfehlen Sie mir Bockwurst mit Kartoffelsalat und schieben Sie mir die Karte wieder zurück«, meinte er mit geheimnisvollem Unterton.

»Ich bin Vegetarierin«, protestierte Maria, »niemals würde ich Bockwurst empfehlen.«

»Dann empfehlen Sie mir halt etwas anderes. Schwarzwälder Kirschtorte, von mir aus.«

Verwirrt griff sie nach der Karte und schlug sie auf. »Die gibt es hier gar nicht.«

»Mein Gott, empfehlen Sie mir irgendetwas, ganz egal was.«

Sie nickte nachdenklich und schaute wieder in die Karte. »Sandkuchen vielleicht. Na gut, ich empfehle Ihnen Sandkuchen.« Sie klappte die Karte wieder zu und gab sie dem Mann zurück.

»Sie müssen natürlich vorher das Geld hineinpacken«, stöhnte dieser und schob ihr die Karte erneut zu.

Endlich verstand sie. Sie griff die Karte und schlug sie auf. Während sie tat, als lese sie darin, zog sie einen Umschlag aus der Tasche und legte ihn hinein. »Sandkuchen kann ich empfehlen«, wiederholte sie und schob die Karte ein weiteres Mal zurück.

»Sandkuchen«, bestätigte der Mann anerkennend, »hört sich lecker an.« Er öffnete die Karte und tat einen schnellen Blick in den Umschlag. Fünf Hunderter lachten ihm entgegen. »Sie haben recht, das werde ich nehmen«, sagte er und ließ den Umschlag geschickt in seiner Manteltasche verschwinden.

»Ich auch«, murmelte Josef und schnippte nach der Bedienung. »Dreimal Sandkuchen bitte«, rief er in den Laden.

»Sandkuchen ist nicht mehr«, tönte es zurück, »Obstschnitte ist noch.« Josef sah Thomas fragend an.

»Hast du nicht gemerkt, dass das ein Trick war?« zischte Maria und warf dem Detektiv einen entschuldigenden Blick zu. »Wir kennen uns mit diesen Dingen nicht so aus«, flüsterte sie.

»Egal, eine gute Gelegenheit, um zu verschwinden. Tun Sie, als würden Sie nur Sandkuchen essen wollen und gehen Sie. Je weniger man uns zusammen sieht, desto besser.«

»Kriegen wir keine Quittung?«

»Wie stellen Sie sich das vor? Offiziell haben wir uns nie getroffen. Sie müssen mir schon vertrauen.«

Maria nickte aufgeregt und erhob sich. »Aber wie kommen wir an den Namen?«

»Wir treffen uns morgen, Sie und ich. Und zwar am Strandbad in Döbeln. Ich werde mich als Fotograf verkleiden und zum Schein ein paar Aufnahmen von Ihnen machen. Dabei erhalten Sie ein Kassiber von mir zugesteckt.«

»Äh ... können Sie mich nicht einfach anrufen?«

»Ich denke, Sie werden vom Verfassungsschutz observiert?«

»Stimmt, habe ich vergessen. Also morgen um zehn. Im Strandbad in Döbeln«

»Genau. Und bringen Sie Wäsche zum Wechseln mit. Irgendwas Nettes, Bikini und so.«

»Soll ich auch hinkommen?«, fragte Josef.

»Nein«, erwiderte der Detektiv.

DRITTER AKT
- Thomas -

Thomas Müller besaß eine Canon EOS 5D, einen alten 3er BMW und jede Menge Charme. Außerdem noch zwei Stapel Visitenkarten, von denen der eine Stapel ihn als Privatdetektiv, der andere als Cheffotograf vom Penthouse-Magazin auswies. Beides lag von der Realität äonenweit entfernt, doch für das, was er wirklich war, besaß er keine Visitenkarte. Seine Lieblingstätigkeit bestand nämlich darin, den Tag in Straßencafés zu verbringen und Leuten zuzusehen. Hauptsächlich jungen Frauen, die dem Schmeichler öfter ins Netz gingen, als normale Menschen sich das vorzustellen vermögen. Seine Kamera und die weibliche Eitelkeit waren dabei sein wichtigstes Utensil. Das wuchtige Aussehen der 12 Megapixel-Canon, deren gewaltiges Teleobjektiv phallusartig aus dem Gehäuse ragte, korrespondierte mit der dazugehörigen Visitenkarte, die wiederum authentisch wirkte angesichts seines Auftritts, den künstlerisches Flair umgab wie ein Mantel aus feinstem Kaschmir. Sein Vorgehen war dabei stets dasselbe. Er taxierte eine Frau, bis sie auf ihn aufmerksam wurde. Dann zog er die Penthousekarte wie einen Joker aus der Hemdtasche und vermittelte mit professionell klingenden Worten die Aussicht auf eine Karriere als internationales Fotomodell. Die wenigsten sprangen nicht darauf an; tatsächlich wunderte es ihn manchmal selbst, wie leicht es war.

Da er nicht wirklich für das Penthouse-Magazin arbeitete, verdingte er sich hin und wieder als Privatdetektiv. Sein Vokabular wies einige Fachbegriffe auf und wer mit ihm sprach, glaubte einen Meister seines Fachs vor sich zu haben. Und zahlte ohne zu zögern den geforderten Spesenvorschuss. Meist waren es gehörnte Ehemänner oder betrogene Frauen, die den vertrauenswürdig erscheinenden 40jährigen um investigativen Beistand baten. Ebenso hätten sie jedoch auch einen Blinden um Hilfe bitten können, denn Thomas machte sich niemals die Arbeit, irgendwo auf der Lauer zu liegen, um vielleicht tatsächlich ein Beweisfoto zu schießen. Sein Trick bestand darin, ausschließlich die Unschuld der Zielpersonen festzustellen, ist doch das Schöne an der Unschuld, dass man keinen Beweis für sie erbringen kann. Dass er auf diese Weise schon manche Ehe gerettet hatte, machte ihn sogar ein bisschen stolz.

Eines Tages meldete sich eine Maria auf seine Detektiv-Kleinanzeige in der Zeitung. Sie könne am Telefon nicht deutlicher werden, beschwor sie ihn, und so verabredete er sich mit ihr und ihrem Freund in einem Café in Erpelsbach.

Es war eine jener stillosen Konditoreien am Rande einer langweiligen Fußgängerzone eines zu recht unbekannten Provinznestes, wo der Kaffee aus einem Kaffeeautomaten kommt, mehr Surrogat als Kaffee, und wo er meist weniger heiß ist als ein warmer Sommertag. Trostlos gähnte ihn die Straße an; gelangweilt blätterte er in einer der Frauenzeitschriften, die auf seinem Tisch gelegen hatten. »Was ist dran am ›Da Vinci Code?‹«, fragte ihn eines der Kapitel, um dann einen gewissen Eugen Haas zu Wort kommen zu lassen, der sich mit gewagten Verschwörungsszenarien aus dem Vatikan wichtig zu machen versuchte. Während Thomas den Artikel lustlos überflog, schaute die verlebt wirkende Bedienung zum dritten Mal zu ihm hinaus. Eine Frau, deren Alter er irgendwo zwischen 40 und 70 ansiedelte und der man ansah, dass sie einen Freund Namens Johnnie Walker hatte. Was nicht schlimm gewesen wäre, hätte sie nicht immer dann mit den Augen gerollt, wenn er aus Versehen in ihre Richtung sah. Als könne einer wie er eine wie sie attraktiv finden. Es wurde Zeit, dass seine Auftraggeber kamen.

Thomas war dann auch ziemlich erfreut darüber, ein Pärchen auf die Konditorei zusteuern zu sehen, das zur Beschreibung passte, die Maria am Telefon von sich gegeben hatte. Noch erfreuter war er aber über das, was sie verschwiegen hatte. Nämlich dass sie eine in blauen Latzhosenstoff verpackte Erotikbombe war. Ein Vamp mit roten Haaren, prallem Oberbau und Wespentaille.

Während die beiden sich setzten und wie verabredet einen Milchkaffee mit extra viel Milch bestellten, taxierte er die junge Frau geschützt durch das dunkle Glas seiner Sonnenbrille. Und als die Bedienung die Bestellung gebracht hatte und wieder verschwunden war, beugte er sich nach vorn, um besser in ihren Ausschnitt sehen zu können. »Warum konnten Sie am Telefon nicht deutlicher werden?«, fragte er dabei leise.

Auch Maria beugte sich nach vorn – verbesserte sozusagen den Blick in die Auslage – und gab raunend zur Antwort, vom Verfassungsschutz überwacht zu werden.

Thomas genoss einige Momente den Anblick der sich senkenden und hebenden Brüste, ehe er sich ein »Warum?« abmühte, obwohl ihn der Grund herzlich wenig interessiete.

»Weil in diesem reaktionären Polizeistaat alle Biohöfe vom Verfassungsschutz überwacht werden«, erklärte Maria mit paralysierendem Unterton.

»Ach so«, meinte Thomas und schwieg erneut. Dass er es offensichtlich mit Spinnern zu tun hatte, störte ihn nicht. Solange sie zahlten, sollte ihm das egal sein. »Und?«, fragte er schließlich, »was kann ich für Sie tun, Lady?«

»Besorgen Sie uns den Namen des Mannes, der Bruno erschossen hat.«

»Ein Kumpel von euch?«

»Bruno! Bruno, der Bär! »

Thomas hatte Null Ahnung, wovon sie sprach.

»Der Bär, den man erschossen hat, weil er angeblich eine Gefahr darstellte, obwohl er nur Hühner gefressen hat«, fügte das Mädchen daher hinzu und erschien ihm plötzlich wie eine der beiden Zeugen Jehovas, die letzte Woche an seiner Wohnungstür den Weltuntergang verkündeten und mit ihm darüber reden wollten. »Ach ja, Bruno. Der Bär«, erwiderte er rasch, zumal er sich schwach daran erinnerte, tatsächlich von einem Bären in der Zeitung gelesen zu haben. Maria erklärte dann noch was, doch da hörte er schon nicht mehr zu. Sondern überlegte stattdessen, wie es anzustellen sei, diese Granate vor die Kamera zu kriegen.

»Verstehen Sie, wir alle sind Bruno!«, endete Maria irgendwann, woraufhin er schnell den Auftrag annahm und sich die 500 Euro Vorschuss auszahlen ließ, die er am Telefon mit ihr vereinbart hatte. Im Gegenzug versprach er, den Namen schon am nächsten Tag zu liefern. Und zwar während eines Fotoshootings, das der Tarnung dienen sollte. Maria zögerte erst, willigte jedoch schließlich ein und verließ mit ihrem blassen Freund unter einem Vorwand das Café. Sofort kam die Bedienung wieder herausgeschossen. »Was ist denn mit denen?«, fragte sie und schaute dem Pärchen nach, das sich schnell entfernte.

»Sie wollten Sandkuchen«, erklärte er, »und ich würde auch gern zahlen.«

»Was wollten die denn von Ihnen?«, bohrte die Dicke jedoch ungeniert.

»Ach, nichts weiter. Nur wissen, ob ich Bruno kenne.«

»Den Bären?«

»Genau. Also, ich hatte einen Milchkaffee …«

»Wenn Sie meine Meinung hören wollen – mit diesem Bären stimmt was nicht. Wochenlang verfolgen sie ihn. Angeblich um ihn zu betäuben, doch wenn er dann in Sichtweite kommt, erschießen sie ihn. Das macht doch keinen Sinn.«

»Tja …«

»Wissen Sie eigentlich, dass die 23. Gebirgsjägerkompanie in der Nähe der Kümpfl-Alm ein geheimes Manöver abhielt, als es passierte?«

»So geheim scheint es ja nicht gewesen zu sein.«

»Ich weiß davon, weil der Freund eines Bekannten, genauer gesagt dessen Schwager, einen Kameraden bei der Kompanie hat. Der hat es ihm erzählt. Das war kein Manöver. Die waren wegen Bruno da. Wenn der Jäger daneben geschossen hätte, dann hätten die eingegriffen, das sag ich Ihnen.«

»Bruno scheint ja der Staatsfeind Nummer 1 gewesen zu sein.«

Das Gesicht der Frau nahm konspirative Züge an. Sie beugte sich zu Thomas hinunter. »Ich merke, wenn irgendwas nicht stimmt. Hab früher Krimis geschrieben, hat aber keiner genommen. Doch beim Schreiben entwickelt man ein Gespür für gewisse Dinge, wenn Sie verstehen was ich meine?«

Thomas schüttelte den Kopf, woraufhin ihre Stimme noch beschwörender wurde. »Warum wollen sie den Kadaver nicht an Italien herausgeben, wenn er doch von dorther kam? Warum liegt er wochenlang im Tiermedizinischen Institut, ohne dass etwas passiert?«

»Ich habe nicht die leiseste Ahnung.«

»Das war nicht nur ein Bär.«

»Mehr ein Symbol für die langsam erwachende Natur, nicht wahr?«

»Schmarrn! Gesucht haben die was in ihm. Eine Botschaft, sag ich Ihnen. Mögen Sie Käsekuchen?«

»Was?«

»Ob Sie Käsekuchen mögen? Ich habe ganz frischen da. Warten Sie, ich hole uns zwei Stückchen und dann erzähle ich Ihnen alles über meine Theorie.«

Thomas versuchte zu widersprechen, doch da war sie schon in ihrer Konditorei verschwunden. »Wollen Sie auch noch einen Kaffee?«, brüllte sie hinaus.

»Nein«, brüllte er zurück und überlegte, ob er einfach abhauen sollte. Leider einen Tick zu lang. Mit zwei Tassen und zwei Kuchentellern auf einem Tablett kehrte sie zurück.

»Der ist total lecker«, meinte sie und schob ihm mit Verve einen der Teller herüber. Thomas hasste Käsekuchen, besonders wenn sie so fett daherkamen, wie dieser hier. Ächzend zwängte die Dicke sich in einen der Plastikstühle. »Sie sind nicht aus der Gegend hier?«, mutmaßte sie, kurz bevor der erste Gabelhappen in ihrem Mund verschwand. Thomas schüttelte den Kopf.

»Urlaub?«, fragte sie mit vollem Mund.

»Eher beruflich.«

»Sehen Sie, dachte ich mir schon. Lassen Sie mich raten ...
Sie arbeiten in der Sicherheitsbranche, hab ich recht?«

»Man kann Ihnen auch wirklich nichts vormachen.«

»Weil ich einen Blick dafür habe. Darf ich wissen, was Sie
genau hier tun?«

»Das ist geheim.«

»Na klar. Aber geben Sie mir wenigstens einen Tipp.«

»Sie wollen einen Tipp? Okay. Ich soll die Ankunft eines
Mannes vorbereiten. Eines wichtigen Mannes.«

»Jesus Maria! Deshalb observieren Sie die Leute, die hier
vorbeigehen. Hab Sie nämlich beobachtet von drinnen. Wer
ist es denn?«

»Das ist geheim, wie gesagt.«

»Ein Rockstar?«

»In gewisser Weise ja. Aber nicht im musikalischen Sinne.«

»Mensch, das klingt spannend. Ein Politiker?«

»In gewisser Weise stimmt auch das. Aber er ist viel mehr
als ein Politiker.«

»Viel mehr als ein Politiker. Ein Präsident? Obama Bar-
rack?«

»Ein Deutscher. Allerdings einer, der normalerweise im
Ausland lebt.«

»Ein Deutscher, der normalerweise im Ausland lebt? Da-
zu noch eine Art Rockstar und Politiker. Mein Gott, wer
kann das sein?«

»Sie kennen ihn. Er ist aus der Gegend hier.«

»Nee!« Die Frau vergaß verblüfft das Kauen. »Doch nicht
etwa ...?«

»Genau!«

»Der Papst?«

»Meine Güte. Ich bin echt beeindruckt. Sind Sie Hellse-
herin?«

»Der Papst kommt nach Erpelsbach?«

»Das muss aber unter uns bleiben.«

»Selbstverständlich. Mein Gott, was will denn der Papst hier?«

»Tja, was soll ich sagen? In gewisser Weise hat das mit dem Bären zu tun.«

»Sehen Sie!« Die Frau schlug mit der flachen Hand auf den Tisch, so dass die Löffel auf den Untertassen einen kurzen Veitstanz aufführten. »Und da will mir einer erzählen, mit Bruno wäre alles in Ordnung.«

»Hören Sie«, Thomas senkte die Stimme, »die ganze Sache ist von ungeheurer Tragweite. Ein so unbekannter Ort wie Erpelsbach wurde nicht zufälligerweise ausgewählt. Sagt Ihnen der Name Opus Dei etwas?«

»Doch nicht etwa dieser Geheimorden? Der aus dem ›Da Vinci Code‹? Den Film habe ich zu Hause auf Video. Zweimal. Und das Buch habe ich auch gelesen. Aber warten Sie …«, die Dicke schlug hastig die Illustrierte auf, die auf dem Tisch lag, »hier ist auch ein Bericht über den Orden drin. Da haben wir ihn ja schon: ›Was ist dran am ›Da Vinci Code‹?‹ Mein Gott, dann gibt es den Orden tatsächlich noch?«

»Mehr als zuvor. Er agiert nur verborgener als früher.«

»Was Sie nicht sagen. Aber was haben die mit dem Bären zu schaffen?«

»Na ja, wie Sie bereits errieten – sie wollten an die Informationen.«

»Er hatte also wirklich eine Botschaft dabei? Da sehen Sie mal, was für einen Riecher ich habe.«

Thomas warf einen schnellen Blick auf ihre Nase. »Stimmt«, sagte er. »Die Information ist auf einem Chip gespeichert, den der Bär dabei hatte. Man ist gerade dabei, die Informationen auszulesen.«

»Ich wusste doch, dass Sie nicht irgendeiner sind. Herrje, ist das spannend. Und von wem kam die Botschaft?«

»Sie wissen es!«

»Ich weiß es?« Die Frau dachte einen Moment nach. Dann legte sie vor Schreck die Hand auf den Mund. »Vom Papst!«

»Wie gesagt, das alles ist streng geheim. Wir wissen noch nicht, was genau vor sich geht im Vatikan. Fakt ist, dass der Papst vor einigen Tagen die Bundesrepublik um Hilfe ersucht hat. Unsere bisherigen Erkenntnisse deuten darauf hin, dass es eine Verschwörung gibt …«

»Opus Dei!«

»Genau. Die Organisation kontrolliert alle Kommunikationswege. Bis auf den Bären. Den haben sie übersehen.«

»Der Papst hat den Bären geschickt, um Deutschland um Hilfe zu bitten? Haben die denn Bären im Vatikan?«

»Jetzt nicht mehr. Und leider hat Bruno sein Leben lassen müssen bei dieser Aktion. Der Versuch, ihn zu fangen, bevor die Häscher des Vatikans ihn kriegen, scheiterte leider.«

»Opus Dei hat ihn erschossen?«

»Wir konnten es leider nicht verhindern. Aber er hat es für uns alle getan. Wahrscheinlich wird man ihn irgendwann heilig sprechen.«

»Mein Gott, dann hat Opus Dei jetzt die Informationen.«

»Nein, das ist ihnen nicht gelungen. Die 23. Gebirgsjägerkompanie war schneller.«

Die Verkäuferin atmete tief durch. »Unsere Jungs«, raunte sie pathetisch, »unsere deutschen Jungs.«

»Tja«, meinte Thomas, »wahrscheinlich werden sie es auch sein, die den Papst befreien fahren. Für so etwas braucht man einfach die Besten.«

Die Verkäuferin wollte etwas erwidern, doch trat in diesem Moment eine Kundin auf den Laden zu. Unwirsch zwängte sie sich aus dem Stuhl und ging ihr hinterher. Thomas wartete, bis sie ihn nicht mehr sehen konnte und stand dann ohne Hast auf. Eine plötzlich aufkommende Windböe stemmte sich ihm entgegen. Sie riss seinen Stuhl um, ebenso die Tischdecke mit der Vase, die scheppernd am Boden zerschellte. Reaktionsschnell fing er an zu laufen. Er schaffte es gerade noch rechtzeitig um die Ecke, als hinter ihm auch schon das Gekreische los ging. Mit sich überschlagender Stimme brüllte die Verkäuferin um Hilfe, woraufhin die ersten Fenster aufgerissen wurden. Thomas suchte eine Deckung, um sich zu verstecken. Ein Laden war da und mit einem Satz rettete er sich in ihn hinein. Aus dem Hellen ins Dunkle kommend, sah er nicht sofort etwas, zumal mit Sonnenbrille nicht und auch des Wandschirmes wegen, der den Einfall des Lichtes durch das Schaufenster verhinderte. Vorsichtig lugte er an ihm vorbei nach draußen.

»Internet?«, fragte ein Mann hinter ihm.

Thomas nahm die Brille ab. Erst jetzt erkannte er die Reihe der Monitore entlang der Wand, vor denen jeweils ein Drehstuhl stand. »Äh, ja, genau, ich würde gern ins Internet.«

»2 Euro die Stunde«, sagte der Mann und wies auf die Stühle. Dann drehte er sich vorsichtig um und tastete sich zurück hinter seinen Tresen. Um seinen rechten Arm trug er eine Binde mit drei gelben Punkten.

Thomas setzte sich an einen der Rechner und fing an, im Internet zu surfen. Er stieß auf ein Harry-Potter-Forum, wo er eine Weile die lebhafte Diskussion verfolgte, bis er schließlich auf die Idee kam, sich daran zu beteiligen …

VIERTER AKT
- Simon -

Mitten in der Nacht wurde der Landrat vom Telefon aus dem Schlaf gerissen. »Da ist etwas vorgefallen«, erklärte ihm sein persönlicher Referent mit nebulösem Unterton,

»besser, Sie kommen gleich ins Amt. Am Telefon kann ich es nicht erklären.«

Simon Huber vertraute Raid Iskariot genug, um nicht weiter zu drängen, wenn dieser der Meinung war, etwas am Telefon nicht erklären zu können. Zumal er in diesem Moment auch schon den Wagen der Fahrbereitschaft vorfahren hörte. Er zog sich an und erreichte fünfzehn Minuten später das Präsidium.

Der Referent empfing ihn am Eingang. »Gleich«, sagte er nur, als er den fragenden Blick seines Chefs sah und führte ihn in das abhörsichere Büro. Zwei Männer warteten dort bereits. Der eine war der Chef des Landeskriminalamtes, den anderen hatte Simon Huber noch nie gesehen.

»Dr. Klemmerer«, stellte Iskariot den Fremden vor, dessen weißer Kittel fachliche Kompetenz ausstrahlte. »Leiter der Tiermedizinischen Fakultät.«

Der Landrat reichte beiden Männern die Hand. »Jetzt bin ich aber mal gespannt«, meinte er, legte seine Bossjacke auf den Stuhl und setzte sich auf eine Ecke des Schreibtisches.

Der Veterinär nickte. »Ich will auch gar nicht lange drum herum reden. Können Sie sich an Bruno erinnern?«

»Unseren Hausmeister?«

»Nein. An Bruno den Bären. Der kürzlich erschossen wurde.«

»Erlegt. Er wurde erlegt. Weil er eine Gefahr für die Bevölkerung darstellte.«

»Wie auch immer. Dieser Bruno kam nach seiner … Erlegung … zu uns ins Institut. Wir sollten ihn obduzieren, haben das auch gemacht. Die Befunde sind bekannt und ergaben keine Besonderheiten. Halbwegs weidmännischer Abschuss, der Tod erfolgte nach wenigen Minuten aufgrund perforierter Lungenflügel.«

»Und?«

»Nun, wie Sie vielleicht wissen, sind die Eigentumsverhältnisse des Kadavers noch ungeklärt. Italien beansprucht ihn genauso wie manche Museen oder Bürgermeister der Umgebung. Bis zur endgültigen Klärung sollte er deshalb bei uns auf Eis liegen – sozusagen. Doch jetzt haben wir ein kleines Problem.«

»Machen Sie es bitte nicht so spannend, ich bin müde.«

»Das Problem ist – Bruno ist verschwunden.«

»Der Bär ist aus Ihrem Kühlhaus verschwunden?«

»Genau.«

»Mein Gott, und deshalb werde ich geweckt? Wegen eines geklauten Bärenkadavers? Tausend Spinner waren hinter ihm her, irgendeiner wird ihn sich unter den Nagel gerissen haben.«

»Es geht noch weiter«, mischte sich der Kommissar ein. »Der Pförtner, ein halbtrockener Alkoholiker, gab zu Protokoll, dass der Bär unter Leuchteinwirkung verschwand. Plötzlich sei wohl alles in helles Licht getaucht gewesen, dann schwebte er aus seiner Kühlkammer.«

Simon Huber sah den tiermedizinischen Leiter kopfschüttelnd an. »Sie sollten vielleicht keine halbtrockenen Alkoholiker für diesen Job nehmen.«

»Seit wir den Leuten nur noch einen Euro pro Stunde zahlen dürfen, ist die Auswahl leicht eingeschränkt«, gab dieser nicht ohne Häme zurück.

»Ist ja auch egal.« Der Landrat winkte ab, »ich weiß leider immer noch nicht, warum ich mitten in der Nacht deswegen geweckt werde. Für Auferstehungsgeschichten sind andere zuständig.«

»In diesem Fall nicht. Bevor die Polizei im tiermedizinischen Institut eintraf, war nämlich die Presse bereits vor Ort. Vermutlich hören die den Polizeifunk ab und waren einfach mal schneller. Jedenfalls hat unser Pförtner denen ein Interview gegeben. Auch einem Radioreporter, dem nichts Besseres einfiel, als die Story in seiner Mitternachtssendung zu bringen. Seitdem rufen ständig Leute bei der Polizei an, die einen leuchtenden Bären gesehen haben wollen.«

Der Landrat nickte müde. »Verstehe. Aber was soll ich da jetzt machen? Hätte es nicht Zeit gehabt, mir das morgen zu sagen?«

»Na ja, das ist immer noch nicht alles.« Der Kommissar sah den Referent fragend an und als dieser zustimmend nickte, gab er sich einen Ruck. »Okay, obwohl ich wirklich nicht glaube, dass es da einen Zusammenhang gibt. Doch man weiß ja nie. Gestern wurde die Polizei in ein Straßencafé nach Erpelsbach gerufen. Die Servicekraft behauptete, einer ihrer Gäste sei entführt worden.«

»Eine Entführung in Erpelsbach. Wer soll das glauben?«

»Sagt Ihnen der Name Opus Dei etwas? Die Frau behauptete, der Mann hätte ihr offenbart, hinter den Ordensrittern des Vatikans her zu sein. Sie wollte sich nicht weiter äußern dazu, meinte nur, dass es mit Bruno zu tun hätte. Als sie eine Kundin bedienen musste, und deshalb in den Laden ging, hörte sie es draußen scheppern. Danach war der Mann verschwunden.«

»Ein Zechpreller, meine Güte.«

Der Kommissar wiegte den Kopf. »Es gab wohl ein Handgemenge. Das ganze Mobiliar war umgerissen. Außerdem hatten vorher zwei Fremde den Mann angesprochen gehabt, die aussahen wie Jünger.«

Der Landrat warf einen bedeutsamen Blick zu seinem persönlichen Referenten. »Sagen Sie mir, dass ich nicht träume.«

»Verstehen Sie mich nicht falsch«, fügte der Kommissar hinzu, »ich glaube nicht, dass an der Sache was dran ist. Wir müssen nur aufpassen, dass sich das Ganze nicht aufbauscht. Alles was mit Bruno zu tun hat, wird hier noch ziemlich emotional behandelt. Immerhin gab es eine Menge Urlaubs-Stornierungen deswegen. Die Serviererin hat übrigens um Personenschutz gebeten. Da ihr der Mann sein Geheimnis anvertraut hat, glaubt sie nun, als nächstes entführt zu werden.«

»Und? Hat sie Personenschutz?«

»Natürlich nicht. Deshalb hat sie ihren Pfarrer um Schutz gebeten. Er hat ihr Asyl gewährt. Die Frage ist, ob wir nicht umgehend eine Presseerklärung herausgeben sollten. Um mögliche Nachfragen im Keim zu ersticken.«

»Ich sage Ihnen, was wir tun werden. Nichts. Glauben Sie mir, bis morgen hat sich die Sache bereits totgelaufen.«

* * *

»IST BRUNO AUFERSTANDEN?«, schrie dem Landrat am nächsten Morgen die Headline seiner Tageszeitung entgegen. Fast hätte er sich an einem Croissantkrümel verschluckt. Dann klingelte auch schon das Telefon. Der Erste Staatssekretär bat ihn umgehend zu einer Krisensitzung, angeblich überschlügen sich die Nachrichten im Radio. Als Simon Huber aus dem Haus trat, war die Polizei bereits dabei, übereifrige Journalisten zurückzuhalten. »Was für eine blöde Geschichte«, meinte er zu seinem Fahrer, doch statt wie sonst zu antworten, bekreuzigte sich dieser nur.

Noch schlimmer wurde es im Landratsamt, wo er nicht nur auf die komplette Landratsriege traf, sondern auch auf Kardinal Fromm, der mit einer kleinen Entourage gekommen war und den Rücken zu ihm gewandt, sinnierend aus dem Fenster schaute. Die Anwesenheit der kirchlichen Männer schien sich auf die Stimmung zu legen, denn die Anwesenden verharrten in respektvollem Schweigen.

Raid Iskariot half seinem Chef aus dem Mantel. »Jetzt sind wir ja alle beisammen«, stellte der Erste Staatssekretär fest. »Lassen Sie uns am Besten gleich zur Tagesordnung kommen. Wie Sie wissen, ist Bruno letzte Nacht entführt worden, ich meine geklaut. Einige Gruppen hatten das ja angekündigt und natürlich werden sie alle überprüft. Wir gehen jedoch davon aus, dass der Bär an einem geheimen Ort versteckt gehalten wird. Das jedoch ist nicht das Problem. Das Problem ist die Stimmungsmache. Nicht nur die Zeitungen haben seine angebliche Wiedergeburt als Aufmacher, auch die Radiostationen berichten darüber. Fast stündlich wird jemand interviewt, der ihn gesehen zu haben glaubt. Und zwar leuchtend. Meine Herren, wir haben unser Loch Ness – wenn ich das mal so sagen darf.«

»Ist doch wunderbar, die Tourismusindustrie wird uns danken. Wir sollten das Thema fördern.«

»In jedem anderen Fall gäbe ich Ihnen Recht. Doch hier ...« Der Staatssekretär unterbrach und deutete mit einem Kopfnicken in Richtung des Kardinals. Abrupt drehte dieser sich daraufhin herum und stieß »Matthäus 28« aus. Seine stechenden Augen schienen den Landrat zu durchdringen.

»Ich verstehe nicht ganz«, erwiderte Simon. Kardinal Fromm gehörte zu denjenigen, bei denen er stets dachte, dass sie einem gerade noch gefehlt hätten. Die Hand des Kardinals fuhr in die Höhe. »Das Erste Buch Mose«, rief er aufgebracht »... und jedem wild lebenden Tier der Erde, in welchem Leben als eine Seele ist«, seine Faust schnellte wieder nach vorn ... »Sie«, er deutete auf Huber, »haben den Bären auf dem Gewissen.«

»Er war eine Gefahr für die Bevölkerung, wir mussten es tun. Was meinen Sie, was passiert wäre, hätte er einen Menschen angefallen?«

»Spekulation, nichts weiter! Was jetzt passiert, das ist schlimm. Die Menschen werden versucht. Wie weit ist es da noch bis zum Sakrileg?«

»Mein Gott, ist das nicht etwas übertrieben?«

»Sagen Sie nicht ›mein Gott‹, nicht Sie! Ihre Ungläubigkeit ist allgemein bekannt. Wir aber haben Beweise, dass der ketzerische Umtrieb bereits im Gange ist, dass er die Jugend bereits infiltriert.«

Der Erste Staatssekretär wandte sich an den Landrat. »Der Kardinal sagte mir vorhin, die Kurie sei bei ihren Internetrecherchen auf ein Harry-Potter-Forum gestoßen, in dem ein User behauptete, der Bär wäre Hüter des Steins der Weisen gewesen und sei deswegen getötet worden.«

Simon Huber schaute den Kardinal ungläubig an. »Die Kurie lässt Harry-Potter-Seiten überwachen?«

»Wehret den Anfängen«, rief dieser aufgebracht, »gerade das Internet ist verseucht. Erkennen Sie nicht das luziferische dieses Mediums? Es ist das Sprachrohr des Bösen. Es schickt den Teufel in Bärengestalt.«

Der Landrat verdrehte die Augen. »Wir leben nicht mehr im Mittelalter, wo man an solchen Hokuspokus noch geglaubt hatte.«

»Wollen Sie behaupten, Millionen Christen fehlten in ihrem Glauben, seien gar einem Irrglauben aufgesessen und gingen umsonst jeden Sonntag in die Kirche?« Die Augen des Kardinals verengten sich zu inquisitorischen Schlitzen.

»Ich will damit nur sagen, dass die Leute auch ständig Ufos sehen und wir deshalb nicht gleich schlussfolgern dürfen, von Außerirdischen angegriffen zu werden. Aber keine Sorge, wir werden die Sache untersuchen und den Bären finden. Es dauert nur ein, zwei Tage.«

»24 Stunden«, stieß der Kardinal aus, »in 24 Stunden werde ich eine Messe halten, um Stellung zu nehmen und die Gemeinden zu beruhigen. Finden Sie den Ketzer bis dahin, demaskieren Sie das Böse.«

»Wir tun, was wir können.«

»24 Stunden!« Die Hand des Kardinals ging noch einmal senkrecht in die Höhe, woraufhin einer seiner Kastraten an ihn herantrat und ihm die samtene Kutte um die Schulter legte. »24 Stunden!«, wiederholte der Kardinal, dann rauschten er und sein Tross hinaus.

Ehrfürchtig verharrten die Zurückgebliebenen, bis der Landrat die Stille unterbrach. »Hat jemand Vorschläge?«

»Wir müssten den Unbekannten finden, der die Harry-Potter Meldung lancierte«, rief einer der Anwesenden. »Der müsste auch etwas von der Entführung mitgekriegt haben.«

»Wie kommen Sie darauf?«, fragte der Landrat.

»Man hat die IP-Adresse zurückverfolgen können. Ein Internetcafé in Erpelsbach. Nur eine Ecke von der Konditorei entfernt, in dem die Entführung stattgefunden hat. Und zwar genau zur selben Zeit.«

»Dann wird der Besitzer des Internetladens doch eine Täterbeschreibung geben können.«

»Leider nicht. Er ist blind. Das einzige, was er weiß, ist, dass der Fremde männlich war und ungefähr eine halbe Stunde im Netz verbrachte.«

»So kommen wir also auch nicht weiter.« Der Landrat wandte sich an den Polizeichef. »Wie ist der Stand der Ermittlungen im Tiermedizinischen Institut?«

»Indizien ohne Ende. Die Täter waren entweder äußerst dilettantisch oder sie haben bewusst Falschinformationen gestreut. Die Treckerspuren reichen bis an die Anlieferrampe heran, nur leider gibt es diese Art Trecker überall in der Gegend. Interessant sind noch die Reste einer Blendgranate neuester Bauart.«

»Eine Blendgranate? Das ist das Licht, das der Pförtner gesehen hat. Meine Güte, eine solche Spur müsste doch zu einem Ergebnis führen.«

»Das Problem ist, dass die 23. Gebirgsjägerkompanie zurzeit in dieser Gegend ein Manöver abhält. Theoretisch könnte das Ding von denen sein.«

»Dann fragen Sie nach, ob sie eine Blendgranate verwendet haben.«

»Tat ich bereits. Doch man sagte mir, das Manöver stünde unter besonderer Geheimhaltung. Anfragen diesbezüglich würden nur ab Ministerpräsident aufwärts beantwortet.«

»Eduard in die Geschichte einzuweihen, wäre das letzte, was ich wollte. Vielleicht sollten wir die ganze Geschichte auf etwas originellere Art und Weise auflösen. Iskariot, Sie haben doch immer so tolle Ideen.«

»In der Tat«, erwiderte der persönliche Referent, »ich hätte da was. Vorgestern wurde von einer Streifenwagenbesatzung ein verwirrter alter Mann aufgegriffen. Autofahrer hatten angerufen, weil er planlos die Autobahn entlang lief. Er hatte keine Papiere bei sich und wusste nur, dass er Andreas heißt. Eine polizeiliche Überprüfung brachte nichts zustande. Bundesweit wird zurzeit nach niemandem gefahndet, auf dessen Beschreibung er passen könnte. Man hat ihn ins Obdachlosenasyl Merkelhausen gebracht. Was halten Sie davon, wenn wir dem einfach ein Bärenkostüm überzögen, ihn laufen ließen und kurz darauf wieder einfingen? Ich garantiere, der Spuk ist schnell vorbei.«

»Soll das ein Scherz sein? Wenn das herauskommt, sind wir geliefert.«

»Außer uns wird niemand davon erfahren. Sind wir denn nicht auch so etwas wie eine verschworene Gemeinschaft? Fast wie Opus Dei?«

»Oh bitte! Keine Witze damit. Was soll es auch bringen, einen alten Mann in ein Bärenkostüm zu stecken?«

»Seine Demaskierung wird natürlich vor den Kameras der Presse vollzogen. Am nächsten Tag werden alle wissen, dass es nur der Schabernack eines Verwirrten war. Und um unser Gewissen gegenüber dem alten Herren zu beruhigen, bringen wir ihn danach in einem Altersheim am Bodensee unter. Besser kann er seinen Lebensabend nicht verbringen.«

»Schön und gut. Aber wie wollen Sie das mit dem Leuchten hinkriegen?«

Lächelnd holte der Referent eine Sprayflasche hervor. Bevor jemand etwas sagen konnte, zielte er auf das Bild des Ministerpräsidenten an der Wand und drückte ab. Zischend benebelte das Aerosol Eduards Antlitz.

»Er ist immer noch da«, konsternierte der Landrat einigermaßen enttäuscht, nachdem sich der Nebel verzogen hatte.

»Das stimmt«, meinte sein Mitarbeiter, »dafür leuchtet er jetzt im Dunkeln.«

»Na, Klasse. Das fehlte gerade noch. Was ist das, fluoreszierender Lack?«

»Genau. Den sprühen wir hauchdünn auf das Kostüm, dann leuchtet es im Scheinwerferlicht wie ein Weihnachtsbaum.«

»Und wer soll das machen? Auch wir? Darauf habe ich keinen Beck, äh, Bock.«

»Aber nicht doch, wir machen uns doch nicht die Hände schmutzig. Ich habe da zwei Russen im petto. Absolute Profis. Sie haben schon oft für uns gearbeitet.«

»Tatsächlich? Ist mir gar nichts von bekannt.«

»Wir wollen Sie mit gewissen Dingen nicht belasten.«

»Verstehe.« Der Landrat ging an das Fenster und sah sinnierend hinaus. Als er merkte, dass er an der selben Stelle stand wie zuvor der Kardinal, drehte er sich abrupt um. »Ich darf auch diesmal nichts davon wissen.«

FÜNFTER AKT

- Magdalena -

Ihre Eltern hatten sie Magdalena genannt, um sicherzustellen, dass das Kind auch wirklich katholisch wurde. Eine überflüssige Vorsicht, denn in der Gegend, in der sie aufwuchs, wurde man schon aus Gründen des Selbstschutzes katholisch. Die Toleranz gegenüber Andersdenkenden war eine rein theoretische und wo sie in praxi existierte, war sie an bestimmte Voraussetzungen geknüpft. So konnte der Türke durchaus Muslime sein, musste denn aber auch Obst verkaufen, wie sich das für einen Türken gehört. Sogar Heiden wurden geduldet, doch durften sie nur niedere Arbeiten verrichten. Erst recht durften sie nicht in öffentliche Dienste. Und schon gar nicht in die Politik. Diese war wirklich nur echten Gläubigen vorbehalten. Zumindest mussten sie so tun, als wären sie es.

In die Politik wollte Magdalena nicht; eine rasende Reporterin zu werden – das war ihr Ding. Gleich nach dem Abitur hatte sie deshalb bei einer renommierten Zeitung als Praktikantin gearbeitet. Hatte umsonst und ohne Arbeitszeitreglungen Lagerarbeiten gemacht, Kaffee gekocht und mit dem Redakteur geschlafen, denn ihrer strengen Erziehung verdankte sie eine gewisse Zähigkeit und Kompromissbereitschaft. So hatte sie alsbald eine Stelle als mies bezahlte Produktionshilfe in der Nachrichtenredaktion einer Boulevardzeitung; von dort aus stieß man sie immer weiter nach oben, bis sie schließlich beim Oberbayerischen Landboten in den Rang einer Berichterstatterin für das Kinderfeuilleton gelangte. Das war zwar noch immer nicht das, was sie sich vorgestellt hatte, aber heutzutage kann man ja schon froh sein, überhaupt einen Job zu haben. Dass sie in dieser Position einen der spektakulärsten Fälle der Nachkriegszeit aufdecken sollte, hätte wohl kaum jemand für möglich gehalten.

Es begann ganz harmlos. Man hatte Magdalena in einen Groß-Kindergarten geschickt, wo ein Highlight der besonderen Art stattfinden sollte. Der Landesvater persönlich hatte sich bereit erklärt, einer ausgewählten Kinderschar ein Kapitel aus einem Harry-Potter-Roman vorzulesen. Vorher durften die Kleinen sogar Fragen stellen, die er frank und frei beantworten wollte, wie es im vierfarbigen Begleittext hieß. Natürlich waren die Fragen mit den Kindern besprochen worden, um zu verhindern, dass sie Unsinn fragten oder aus Unwissenheit heraus vielleicht sogar politisch wurden. Auch waren sie fein zurechtgemacht und warteten brav in Reih und Glied auf den Gast, wie man das von artigen Kindern nun mal erwartet. Kurz bevor der Landesvater kam, überprüften die Erzieherinnen noch einmal jedes einzelne auf den korrekten Sitz seiner Kleidung, die zur Feier des Tages aus blau-weiß-karierten Hemdchen und dunklen Stoffhosen bestand.

Magdalena hatte in einer Ecke Platz genommen und machte sich zu all dem Notizen in ihren Block. Zum Beispiel über den begeisterten Empfang, als Eduard hereinkam und die Hortleiterin den Kindern ein Zeichen gab, die Fähnchen zu schwenken. Auch bezüglich seines strahlenden Gesichtes, war ihm doch eine solche Begeisterung schon lange nicht mehr entgegen geschwappt.

Nachdem sich der Jubel gelegt hatte, forderte der Landesvater die Kinder zum Fragen auf. Sofort reckte ein Junge in der ersten Reihe den Finger in die Luft. »Musst du immer arbeiten oder kannst du auch mal Pause machen?«, rief er mit piepsender Stimme. »Und was machst du dann, wenn du Pause machen tust?«

Eduards lächelnder Kopf wippte einige Male hin und her. »Ja, äh, natürlich habe ich, äh, auch Pause, habe ich«, sagte er. »Man kann ja nicht immer, äh, arbeiten, nicht wahr? Und dann, äh, also wenn ich Pause habe, dann mache ich und meine Frau, also wir beide, äh, da machen wir was Schönes zusammen. Bücher lesen oder auch nicht. Manchmal kochen wir auch.«

»Liest du auch Harry Potter?«

»Harry Potter, häh, häh, nee, oder doch, warte, Harry Potter, na klar. Lese ich auch. Aber nicht, äh, wenn wir kochen, dann, äh, lesen wir nicht. Dann kochen wir ja.«

»Was kochst du denn so? Leberkäse?«

»Äh, ich koche nicht, ich lese lieber. Und mit dem Lesekäse, äh, Leberkäse, müsste ich, äh, meine Frau müsste ich da mal fragen, äh, das ist ja auch unterschiedlich, nicht wahr? Manchmal lesen wir nämlich auch Goethe. Meistens sogar.«

Eine Erzieherin mischte sich vorsichtig ein. »Die Kinder würden auch zu gern wissen, ob Sie die Zeit haben, spazieren zu gehen, lieber Herr Landesvater. Im Urlaub zum Beispiel. Und wo Sie dann spazieren gehen.«

»Ja, häh, häh, natürlich gehe ich spazieren. Wenn ich, äh, Zeit habe. Ich muss ja so viel arbeiten, dass musste ich früher, äh, nicht so … äh, wie war noch mal die Frage?«

»Wo machen Sie Urlaub? Bei uns? Oder fahren Sie ins Ausland? Wenn Sie überhaupt Zeit haben dazu.«

»Nee, nee, nicht im Ausland. Da habe ich keine Zeit dafür. Ich bleib dann, äh, doch lieber hier. Im Gebirge, ja, da bin ich am liebsten. Bin ja auch im Kameradenkreis der Gebirgs… äh … jäger, die gab's ja schon im zweiten Weltkrieg, gab's die ja schon. Hießen, äh, hießen nur anders. Meine Frau kommt dann auch mit. Wenn sie nicht kochen muss. Leberkäse und so. Den esse ich ganz gerne.«

Ein weiteres Kind sprang mit erhobenem Zeigefinger auf, doch die Hortleiterin winkte es zurück auf den Platz. »Der Herr Landesvater hat nicht so viel Zeit, meine Lieben, wir sollten jetzt lieber mit dem Lesen anfangen.« Übertrieben lächelnd blickte sie Eduard an, woraufhin dieser sich mit einigen schnellen Kopfbewegungen umsah, als wäre er bei einem Tennismatch. Eine Erzieherin sprang hinzu und deutete auf das kleine Tischchen mit dem aufgeklappten Harry-Potter-Buch. Nach einigen weiteren Rundumlächlern setzte Eduard sich in Bewegung und nahm hinter dem Tischchen Platz. Das Blitzlichtgewitter der anwesenden Fotografen veranlasste ihn, ohne Unterlass grinsend zu nicken. Als es schließlich verebbte, nahm er das Buch zur Hand und fing an zu lesen. »Die alte Wissenschaft der Alchemie befasst sich mit der, äh, Herstellung des Steins der Weisen, eines sagenhaften Stoffes mit erstaunlichen Kräften. Er, äh, verwandelt jedes, äh, Metall in reines Gold. Auch zeugt er das Elixier des Lebens, welches den, der, äh, es trinkt, unsterblich macht. Im Laufe der Jahrhunderte gab es viele Berichte über den Stein der Weisen, doch der einzige Stein, der heute existiert, gehört Mr. Nicolas, äh, Flamel, dem angesehenen Alchemisten und Opernliebhaber. Mr. Flamel, der im letzten Jahr seinen sechshundertundfünfundsechzigsten Geburtstag feierte, erfreut sich eines ruhigen Lebens in Devon, zusammen mit seiner Frau Perenelle.«

In diesem Moment ging die Tür auf und ein Mann huschte lautlos auf ihn zu. Er beugte sich zu Eduard und flüsterte ihm etwas ins Ohr. Das Gesicht des Landesvaters versteinerte sich. Paralysiert starrte er in das Buch, doch deutlich war zu sehen, dass er dort nichts mehr las. Eine krampfhaft unterdrückte Unruhe entstand. Die Kinder rutschten ungeduldig auf ihren Hosenböden herum, wagten aber nichts zu sagen. Die Erwachsenen blickten erschüttert einander an; wohl keiner im Saal, der nicht mitbekam, dass etwas Schreckliches vorgefallen sein musste. Magdalena hatte sich aus der allgemeinen Erstarrung als erste gelöst und begann die Szenerie mit schnellen Bleistiftstrichen auf ihren Zettel zu bannen. Eine Szenerie, die minutenlang kein anderes Bild zeigte. Schließlich trat ein Mann mit Ohrhörer im Ohr an das Mikrophon. »Sehr geehrte Damen und Herren«, sagte er mit fester Stimme, »leider muss diese Veranstaltung wegen unaufschiebbarer Geschäfte des Ministerpräsidenten abgebrochen werden. Zu gegebener Zeit wird es dazu eine Stellungnahme geben. Vielen Dank für Ihr Verständnis.«

Als sich der Landsvater erhob und raschen Schrittes den Saal verließ, umringt von seinen Leibwächtern, raffte Magdalena ihre Sachen zusammen und rannte dem kleinen Pulk hinterher. Auf dem Weg zum Parkplatz hatte sie ihn eingeholt. »Eine Frage, Herr Ministerpräsident«, rief sie, »können Sie mir sagen, was vorgefallen ist?«

Der Angesprochene drehte sich um. Sein Gesicht war bleich. »Verschwör …, äh, Verschwör …«, stammelte er, doch da wurde er schon in eine der gepanzerten Limousinen gedrückt. Zwei bullige Sicherheitsbeamte drängten Magdalena zurück, bis der Wagencorso mit quietschenden Reifen vom Hof gefahren war. Dann sprangen sie ebenfalls in ihr Auto und fuhren mit Fanfare und aufgesetztem Blaulicht hinterher.

Die Reporterin holte hastig ihr Handy aus der Tasche und wählte eine Nummer. Während sie das Telefon ans Ohr hielt und mehrmals »Geh ran, geh ran, geh ran!« sagte, lief sie nervös im Kreis. »Jeff!«, brüllte sie schließlich, »hier ist Magda. Hör mal, da muss etwas passiert sein, du musst schnell mal die Tickernachrichten durchgehen … wie? Ja natürlich, ich bin hier auf dem Kinderfest, der Ministerpräsident war auch gerade da, darum geht es doch, hör mal, die Veranstaltung wurde abgebrochen, seine Sicherheitsleute haben ihn eben aus der Veranstaltung geholt, er ist ganz bleich geworden, ich …, nein, ich will, dass du zum Ticker gehst und die Nachrichten checkst. Gab es irgendwo eine Katastrophe oder so? … ja, ich warte.«

Wieder lief sie einige Runden im Kreis. Jeff musste einen Stock tiefer zum Fax – das dauerte einen Moment. Sie hörte sein hastiges Atmen im Telefon. »So, ich bin jetzt da«, keuchte er, »bin heute schon x-mal hier gewesen. Warten ja dringend auf was Interessantes für die Spätausgabe.« Papiergeraschel war zu hören. »Sieht nicht gut aus«, meinte er, »nur das Übliche. Kartoffeln werden teurer.«

»Guck bei den internationalen Nachrichten«, stieß sie erregt aus, »es muss etwas Größeres sein.«

»Okay, warte ... hier, die Israelis sind in den Gazastreifen vorgerückt, nee, das bestimmt auch nicht, das tun die ja laufend ... hm, auf Island hat sich jemand an einem Geysir verbrüht ... oder halt, wie wäre es damit: In Toronto ist das Skelett eines prähistorischen Pudels entdeckt worden ...?«

»Das ist doch alles Quatsch. Es muss etwas Spektakuläres sein. Eine Verschwörung oder so, Eduard erwähnte so etwas.«

»Ist aber nichts zu finden.«

»Dann guck noch mal bei Inlandsnachrichten.«

»Okay, okay ... Ärztestreik in Bochum ... Geburt seltener Makakenweibchen im Leipziger Zoo ... Hund findet verletzte Möwe auf Amrum ... aber warte mal, was ist das denn ...?«

»Was, mein Gott?«

»Ich weiß nicht recht, könnte was sein. Oder auch nicht.«

»Nun erzähl schon, Mann!«

»Unter Vermischtes gibt es einen Dreizeiler. In einem Ort namens Erpelbach hat eine Frau Zuflucht in einer Kirche gesucht und behauptet, der Papst werde im Vatikan von einer Gruppe gefangen gehalten, die sich Opus Dei nennt.«

»Der Papst?«

»So steht's hier. Angeblich hat er eine geheime Nachricht nach Deutschland geschickt, die vom Gebirgsjägerkommando 23 abgefangen wurde.«

»Davon hat Eduard auch gesprochen. Er sagte, dass er dort Mitglied sei.«

»Dann nehmen wir das.«

»Was meinst du damit?«

»Das wird der Aufmacher heute Abend. Der Papst als Gefangener im Vatikan.«

»Hör mal, das muss recherchiert werden. Es ist doch erstmal nur eine Vermutung.«

»Wir haben keine Zeit für umfangreiche Recherchen. Der Druck trommelt schon. Aber keine Sorge, wir werden es einfach als Frage bringen, das braucht man hinterher nicht zu dementieren.«

»Ruf wenigstens kurz in der Senatskanzlei an, vielleicht rücken die ja mit was raus. Nicht, dass wir völlig daneben liegen. Hast du gehört, Jeff? Jeff …?«

SECHSTER AKT
- Alexander und Nikolaus -

Das Standlicht des Krankenwagens war von ungesundem Gelb. Vor allem rechts, wo dem Scheinwerfer das Wasser bis zum Hals stand, so dass man ungewollt an Karl Dall erinnert wurde. Rostfraß hatte an einigen Stellen des verbraucht wirkenden Gefährts braune Blüten geschaffen, die den wenig vertrauenerweckenden Eindruck noch verstärkten. Wesentlich vitaler, jedoch auch nicht gerade vertrauenerweckend, wirkten die beiden breitschultrigen Männer, die in dem Kleintransporter saßen. Zwillinge augenscheinlich, denn sie unterschieden sich weder im Gesicht noch im Körperbau. Ein Körperbau, den man eher nicht mit dem eines Sanitäters in Verbindung bringt. Wenn, dann mit dem eines Boxers. Gelangweilt betrachteten die beiden den Eingang des Obdachlosenasyls von Merkelhausen. Irgendwann unterbrach einer die Stille. »Weißt du noch«, fragte er, »früher? Auf der Universität?«

»Hm«, brummte der andere zustimmend.

»Immer wenn wir Hunger hatten, hast du uns Blinis gemacht.«

»Hm.«

»Mit dicke Hefe und viel, viel saure Sahne.«

»Hm.«

Sie sahen einen Augenblick lang einander an. »Die waren grauenhaft«, beendete der andere dieses kurze Gespräch, bevor jeder von ihnen eine Kindermilchschnitte hervorholte und aufaß. Kurz darauf trat die Oberschwester des Obdachlosenheimes aus dem Eingang und ging zu ihrem Auto. Die Männer warteten, bis sie vom Parkplatz gefahren war, starteten den Motor und rollten langsam an das Portal heran. Ohne Hast stiegen sie aus, ohne Hast betraten sie das Gebäude. Eine koreanische Krankenschwester kam ihnen auf dem Flur entgegen, woraufhin einer der Männer einen Zettel hervorzog. »Transportauftrag«, knurrte er mit russischem Akzent, »wir kommen zu holen Mann, den Sie nennen Andreas.«

»Ich nichts weiß davon«, erwiderte die dickliche Schwester verblüfft, »mir niemand gesagt etwas. Ich ersten Tag hier.« Neben den Männern wirkte sie seltsam deplaziert.

»Kein Problem, du. Wir geredet haben mit Direktor von Krankenhaus. Er sagen okay zu uns.«

»Aber ich kann Ihnen nicht geben einfach Mann aus Heim. Ich nicht kennen Papier hier.«

»Das sein russischer Transportschein, du machen keine Probleme, Baba. Geben Mann raus, sonst wir holen selbst.«

»Ich aber nicht weiß wen meinen. Wie ist Name von das Mann?«

»Andreas!«

»Nur Andreas? Wie weiter?«

»Er nicht wissen Namen, er vergessen.«

»Ach, den Sie meinen. Der vergessen Namen. Wo Sie ihn bringen hin?«

»Polyklinikum Kommunistitscheski Sojus Molodjoschi in Sibirskaja.«

»Und Direktor erlauben das?«

»Da!«

»Wo?«

»Ich sagen: Da!«

Eine Klingel ging. Verbunden mit einem roten Licht, dass die Schwester zu einem Patienten in den zweiten Stock rief.

Gestresst winkte sie ab. »Egal. Sie ihn selber holen, er im Zimmer.«

»Wo?«

Die Krankenschwester wies auf eine Tür. »Da!«

* * *

Herr Weberknecht wunderte sich etwas darüber, so spät noch irgendwo hingebracht zu werden, doch die beiden Krankenwagenfahrer sahen äußerst resolut aus, also sagte er lieber nichts. Vielleicht, so hoffte er, brachte man ihn zurück in sein altes Heim. Dort war alles viel schöner gewesen, hier konnte er sich nicht einmal rasieren. Die Männer führten ihn in einen Krankenwagen, der vor dem Heim mit laufendem Motor stand. »Werde ich jetzt zurück gebracht?«, wollte er wissen, doch die beiden zogen nur die Schiebetür hinter ihm zu und setzten sich nach vorne. Dann fuhren sie los. Wieder zog die Gegend an ihm vorbei, doch diesmal konnte er kaum etwas sehen. Nach einer Weile lenkte der Wagen auf einen Waldweg. Herr Weberknecht hatte Mühe, sich auf dem Stuhl zu halten, so sehr ruckelte es hin und her. Auf einer kleinen Lichtung hielten sie, die Männer stiegen aus und kamen zu ihm nach hinten. Mit einem Ruck rissen sie die Schiebetür auf. »Rauskommen, dawai!«, sagte einer der beiden und Herr Weberknecht mühte sich hoch. Man half ihm aus dem Fahrzeug heraus in die Kälte. »Mann, ist das kalt«, schimpfte er. Einer der beiden stieg in den Patientenraum, öffnete einen Schrank und entnahm ihm eine Stoffrolle. Als er sie entrollte, kam ein mannsgroßes Affenkostüm zutage. »Was ist das?«, rief er entsetzt.

»Der Bär, Idiotski, du blind?«, erwiderte sein Zwillingsbruder.

»Das soll Bär sein? Das ist Affe, du Affe.«

»Pah! Affe, Bär? Was spielt das für eine Rolle? Gab kein Bär, hab ich genommen Affe.«

73

»Chef aber wollten Bär. Nicht Affe.«

»Pech für Chef. Hat nun Affe. Wo ist Problem?« Er wandte sich an Herrn Weberknecht. »Du! Anziehen!«

»Ich soll das Affenkostüm anziehen?«

»Da!«

»Wo?«

»Hier!«

»Aber warum?«

»Ist kalt, du sagen.« Der Mann zog den Reißverschluss des Kostüms auseinander, doch Herr Weberknecht verharrte unbeholfen. Kurzerhand griffen sie daher erst sein linkes Bein, dann sein rechtes und führten es ins Kostüm. Dann zwängten sie den Rest über Körper und Kopf, ganz zum Schluss zogen sie den Reißverschluss wieder zu. »Hier muffelt's«, tönte Herr Weberknecht dumpf von innen und versuchte, durch die kleinen Sehschlitze etwas zu erkennen.

»Gib mir Sprayflasche«, hörte er einen der beiden sagen.

»Sprayflasche?«, erwiderte der andere, »du einpacken Sprayflasche!«

»Ich? Wieso ich, verdammter Bassran? Ich dir sagen, du einpacken!«

»Du mir nichts zu sagen, elender Pisdobol! Wenn du Sprayflasche wollen, dann selber einpacken.«

Einen Moment lang standen sich die beiden mit bedrohlicher Miene gegenüber, doch plötzlich öffneten sie die Arme und fingen an zu lachen. »Chot' by khuy, dann eben ohne Spray, ist Affe, kein Auto.«

Herr Weberknecht wurde an der Schulter herumgedreht, bekam einen Schubs und stolperte los. Er hörte, wie sich die Männer ins Auto setzten und in die entgegengesetzte Richtung davonfuhren. Da es ihm mittlerweile ziemlich leid war, immer wieder ausgesetzt zu werden, hob er die Hand und schickte dem Wagen einen Fluch hinterher. Entsetzt musste er daraufhin mit ansehen, wie das Fahrzeug ins Schlingern geriet, vom Weg abkam und gegen einen Baum prallte. Sofort eilte er zur Unglücksstelle, doch den Russen war nichts passiert. Sie saßen nur perplex auf ihren Sitzen und starrten den Baum vor sich an. Herrn Weberknechts Gesicht, oder besser das des Affen, erschien neben ihnen am Fenster. »Ich hole Hilfe«, rief er, dann war er auch schon wieder verschwunden. Er rannte zur nahen Landstraße, sah nach rechts und links und erkannte die zwei Scheinwerfer eines Lasters in der Ferne, die rasch näher kamen. Herr Weberknecht trat auf die Fahrbahn und fing an, heftig mit den Armen zu rudern, doch der Lieferwagen wurde nicht langsamer. Im letzten Moment ließ der alte Herr sich vor Schreck zu Boden fallen und der Laster rollte über ihn hinweg. Als er hundert Meter dahinter zum Stehen kam, hob Herr Weberknecht den Kopf. Er bewegte Arme und Beine; alles funktionierte noch und so raffte er sich mühselig hoch und lief auf den Laster zu.

SIEBTER AKT
- Erich Kardinal Fromm -

Erich Kardinal Fromm glaubte seinen Augen nicht zu trauen. Immer wieder starrte er auf die Schlagzeile des Oberbayerischen Landboten vor sich, doch die Buchstaben lösten sich nicht auf: »VERSCHWÖRUNG GEGEN RATZINGER? PAPST VON MYSTERIÖSEM GEHEIMORDEN VERSCHLEPPT? GREIFT BUNDESWEHR EIN?«

Der Kardinal holte tief Luft, dann brüllte er nach seinem Adjutanten. Im Laufschritt kam der Kastrat herangeeilt. »Schaffe Er mir eine Verbindung zum Papst. Höchste Dringlichkeit! Fix!«

Der Adjutant nahm den Hörer des Telefons zur Hand und wählte eine Nummer, während Fromm noch einmal den

Text unter der Headline überflog. Es gab vorerst unbestätigte Verdachtsmomente, dafür, dass Opus Dei das Kirchenoberhaupt gefangen hielt. Was, wenn es denn wahr wäre, wiederum wahrscheinlich machte, dass der Geheimbund alle Kommunikationswege gekappt hatte. Bis auf einen. ›War Bruno der Überbringer einer geheimen Nachricht von Ratzinger?‹, fragte der Artikel weiter, bevor er Stimmen zitierte, die behaupteten, dass der Bär wieder auferstanden und aus der Kältekammer des Tiermedizinischen Instituts verschwunden sei.

»Eine Verbindung ist unmöglich, Eure Eminenz, die Leitungen sind total überlastet«, meinte der Kastrat.

»Sie sind nicht überlastet, sie werden blockiert. Etwas Schreckliches ist passiert, Ratzinger wird im Vatikan gefangen gehalten.«

»Der Papst?«

»Kennt Er noch einen anderen Ratzinger? Natürlich der Papst. Doch nun rasch, schaffe Er mir eine Verbindung zum Ministerpräsidenten.«

»Zu Eduard?«

»Kennt Er noch einen anderen Ministerpräsidenten? Natürlich Eduard. Los, zack, zack!«

Der Kastrat fing wieder an zu wählen, und als er eine Verbindung hatte, reichte er seinem Chef den Hörer. »Eduard?«, brüllte dieser aufgeregt hinein.

»Äh ... Eduard?«, tönte es von der anderen Seite. »Ich bin doch Eduard? Heißen Sie etwa auch Eduard?«

»Nein. Ich heiße Erich Kardinal Fromm! Diözese Weihbach an der Büttel. Wir kennen uns von einem Empfang in der Staatskanzlei, verehrtester Landesvater.«

»Fromm, mein lieber Fromm, welche Ehre! Was, äh, was, äh, was, äh, ist der Grund Ihres Anrufes?«

»Die Verschwörung, ehrwürdigster Landesvater. Gerade las ich davon in der Zeitung.«

»Schreckliche Sache, nicht wahr? Hab gestern Abend davon erfahren. Als ich im Kindergarten war.«

»Ach was! Und? Wird Er die Bundeswehr einsetzen?«

»Wer?«

»Er! Also Sie!«

»Äh, Bundeswehr? Wie … wie … wie … wieso Bundeswehr?«

»Zur Niederschlagung des Aufstands. Vielleicht unser ruhmreiches 23. Gebirgsbataillon?«

»Gegen Frau Pauly? Äh, das ist, äh, das ist, äh, heftig ist das, heftig.«

»Pauly? Welche Frau Pauly?«

»Die Pegnitzer Landrätin. Impertinente Person.«

»Die steckt da mit drin?«

»Die Gabi hat es sogar eingefädelt. Das eigene Parteimitglied, dass muss man sich mal, äh, vorstellen muss man sich das mal!«

»Grauenhaft.«

»Sie sagen es.«

»Dann war die Botschaft des Papstes nur an Euch gerichtet, verehrtester Landesvater?«

»Botschaft? Was für eine Botschaft?«

»Die in Bruno. Bruno, dem Bären. Ein Gesandter Gottes.«

»Das war ein Gesandter Gottes? Mit einer Botschaft?«

»Ja, weiß Er denn nichts davon?«

»Er weiß von gar nichts, Ihm sagt ja niemand was. Eine Botschaft in Bruno, mein Gott. Und wir haben ihn erschossen.«

»Kollateralschaden, lieber Ministerpräsident, friendly fire. Kommt in den besten Armeen vor.«

»Aber was mache ich denn jetzt?«

»Er muss die Botschaft an sich bringen. Möglicherweise enthält sie wichtige Informationen.«

»Ach, Informationen! Was ich brauche ist ein, äh, Wunder. Einen Stein der Weisen oder so etwas.«

»Stein der Weisen? Wie meint Er das?«

»Habe ich gestern gelesen. Das ist ein Stein, der unverwundbar macht und von dem man Sechshundertfünfundsechzig Jahre alt wird. Wie bei Harry Potter.«

»Harry Potter????!!!«

»Lustiges Buch. Sollten Sie auch mal lesen, lieber Erich Fromm.«

»Das ist Teufelszeug. Blasphemie.«

»Ja, aber lustige Blasphemie.«

»Oh, mein Gott, Er ist bereits infiziert. Das letzte Bollwerk gegen den Satan. Eine Katastrophe.«

»Ach Quatsch, mein lieber Kardiologe, äh, Kardinal. Aber muss jetzt Schluss machen und mir den Bären kommen lassen. Bin gespannt, was der Papst mir geschrieben hat.«

Es klickte und grau wie ein Behördenflur starrte Kardinal Fromm auf den Hörer.

Fragend sah ihn der Kastrat an. »Das Armageddon ist nah«, flüsterte Erich Kardinal Fromm.

»Dann mache ich jetzt einen schwarzen Tee«, sagte der Kastrat.

ACHTER AKT
- Ismail -

Ismail Cam's Entwicklung glich der vieler Türken. Er war in Erlangen geboren, dort 10 Jahre erfolgreich zur Schule gegangen, hatte in dieser Zeit eine Frau geheiratet, die seine Eltern für ihn ausgesucht hatten und irgendwann den Gemüseladen seines Vetters übernommen. Mit unlauteren Methoden – seine Ware war frischer und billiger als die des deutschen Obsthändlers von gegenüber – sicherte er sich das Gemüsemonopol in einer ostbayerischen Kleinstadt und besaß alsbald mehrere Fünf-Sterne-Hotels an der türkischen Riviera (Landeskategorie). Wofür er allerdings auch hart arbeitete. So fuhr er jeden Morgen mit seinem Laster zum Gemüsemarkt, schlug sich mit Behörden herum und stand den ganzen Tag im Laden. Abends, wenn er von der Müh des Tages geschafft war, freute er sich auf sein Heim, seine Frau und seine sechs Kinder. Und weil er sich so freute, fuhr er immer ziemlich schnell auf den Landstraßen, die in dieser Gegend für gewöhnlich leer waren um diese Zeit. Und weil er noch nie ein Reh überfahren hatte, reduzierte er auch diesmal die Geschwindigkeit nicht, als das entsprechende Verkehrsschild ihn dazu aufforderte. Kurz vor Rimbach an der Rödel passierte es. Er hatte mit Tempo 120 gerade den Hindelinger Rübenacker passiert, als sein Scheinwerferlicht einen Gorilla erfasste, der mitten auf der Fahrbahn stand. Und der seine Arme wild auf- und abschwang.

Ein Anblick, der einen komplizierten Vorgang in Ismail auslöste. Die Nervenfasern seines Auges schickten einen Bremsbefehl zum Rückenmark, doch dieses schickte die Anfrage mit der Bitte um Überprüfung zurück. Es gab keine Gorillas in dieser Gegend, schon gar nicht welche, die mit den Armen wedeln, folglich musste es sich um eine optische Täuschung handeln. Die Nervenfasern seiner Augen bestätigten jedoch den Sachverhalt, hatten aber keine Lust auf Diskussion und gaben die Informationen an das Kleinhirn als übergeordnete Instanz weiter. Das Kleinhirn berief eine eilige Sondersitzung ein, bei der eine Information aus Fahrschultagen hervorgekramt wurde: Niemals Bremsen, wenn ein Tier vor einem auf der Landstraße auftaucht, der nächste Autofahrer könnte sonst hinten reinbretzeln. Ismail bremste also nicht, sondern hielt auf das Hindernis zu. Erst nachdem er den Gorilla überrollt hatte, übernahm das Rückenmark im Rahmen der Notfallkompetenz die Führungsgewalt und befahl dem rechten Fuß, voll in die Eisen zu steigen. 100 Meter weiter kam sein Fahrzeug zum Stehen. Paralysiert hielt Ismail das Lenkrad fest umklammert, den Fuß auf das

Bremspedal gepresst, als würde der Wagen explodieren, wenn er es losließ. »Ich habe einen Gorilla überfahren, ich habe einen Gorilla überfahren«, murmelte er ununterbrochen, als der Gorilla plötzlich neben ihm am Fenster erschien und »Im Wald ist ein Auto gegen den Baum gefahren« sagte. Ismail stieß einen hysterischen Schrei aus, nahm den Fuß von der Bremse und presste ihn panisch aufs Gaspedal. Zwei Minuten später erreichte er Rimbach an der Rödel, wo er mit quietschenden Bremsen vor dortigem Polizeirevier hielt und um Personenschutz bat.

NEUNTER AKT
- Jesus -

Simon Huber und Raid Iskariot warteten im Amt auf die Vollzugsmeldung der Russen. Zum vereinbarten Zeitpunkt klingelte das Telefon. Der Referent ging ran, doch es war der Polizeichef. »Jetzt haben wir auch noch einen Gorilla an der Backe«, hörte Iskariot ihn sagen. »Ein Lastwagenfahrer hat ihn in Rimbach an der Rödel überfahren, aber der Affe ist einfach wieder aufgestanden. Außerdem kann er sprechen.«

»Was ist?«, zischte der Landrat, als sein Mitarbeiter nachdenklich auflegte. »Jemand hat einen sprechenden Gorilla überfahren«, gab dieser genauso leise zurück.

»Einen sprechenden Gorilla?«

»Ja, in Rimbach an der Rödel. Er hat das Tier überfahren, doch es ist wieder auferstanden und hat mit ihm gesprochen.« Sekundenlang sahen die beiden einander befremdet an, als es erneut klingelte. Iskariot nahm ab, lauschte kurz und sagte dann »Jawoll!«. Er reichte seinem Chef den Hörer, doch dieser winkte verärgert ab. Er wusste von dieser Angelegenheit nichts und wollte auch nichts davon wissen. »Der Landesvater«, flüsterte Iskariot.

Verblüfft nahm der Landrat den Hörer entgegen. »Huber«, meldete er sich.

»Ach, Huber, hier, äh, hier ist Eduard. Der Ministerpräsident.«

»Herr Ministerpräsident!« Huber machte eine Verbeugung, »was kann ich für Sie tun?«

»Sie haben doch da den Bären, äh, erschossen, nicht wahr?«

»Ich habe keinen Bären erschossen.«

»Na, den Bruno meine ich. Den haben Sie doch erschossen, oder?«

»Ich habe es nur veranlasst. Auf Ihren Wunsch hin.«

»Nein, nein, nein, nein. Da, äh, müssen Sie mich missverstanden haben. Ich war immer dafür, äh, den Bären, äh, äh, äh, am Leben zu lassen, nicht wahr?«

»Also wirklich, bei allem Respekt, aber so war es …«

»Ist ja auch egal, lieber Parteifreund, der Punkt ist, äh, ich brauche ihn, äh, den Bären. Der hat eine Botschaft für mich, nicht wahr, eine Botschaft.«

»Verzeihung, ich verstehe nicht ganz.«

»Macht ja nichts. Kennen Sie Harry Potter?«

»Harry Potter?«

»Genau. Ich bin auch so etwas wie, äh, ein Harry Potter, nicht wahr?«

»Sind wir das nicht alle?«, murmelte der Landrat und schaute auf das Bild des Landesvaters, der ihn fluoreszierend von oben herab anschaute.

»Nein«, widersprach Eduard, »es kann nur einen, äh, Harry Potter geben. Und der bin ich, nicht wahr? Der Bär hat den Stein der Weisen bei sich, meinen Schatz. Er gehört mir. Wenn ich ihn habe, bin ich unsterblich und werde Sechshundertfünfundsechzig Jahre alt.«

»Sechshundertfünfundsechzig?«

»Klingt gut, oder?«

»Klingt phantastisch, aber leider, Harry, der Bär ist verschwunden.«

»Der Bär ist verschwunden?«

»Auferstanden von den Toten.«

»Mein Gott, er wird mich suchen.«

»Davon ist auszugehen.«

»Dann werde ich ihm entgegen kommen.«

»Machen Sie das.«

»In einer Stunde bin ich bei Ihnen.«

»Was? Sie wollen hierher?«

»Natürlich. Der Bär ist doch, äh, bei Ihnen in der Gegend. Sie haben ihn doch erschossen. Habe schon mit der Flugbereitschaft, äh, telefoniert. Bereiten Sie meine Ankunft vor!«

»Hören Sie, dass ist momentan ganz ungünstig. Hier laufen wilde Gorillas herum, ich kann für Ihre Sicherheit nicht garantieren.«

»Dann holen Sie meine Jungs.«

»Ihre Jungs?«

»Die 23. Gebirgskompanie. Das sind die besten. Also, bis gleich.«

Fassungslos legte der Landrat den Hörer auf die Gabel. »Eduard kommt«, hauchte er bestürzt.

»Der Ministerpräsident? Was will der denn hier?«

»Er sucht den Stein der Weisen. Und wenn er ihn hat, wird er sechshundertfünfundsechzig Jahre alt.«

»Gott steh uns bei.«

»Auf den möchte ich mich lieber nicht verlassen. Rufen Sie die Presse an. Wir treffen uns in einer Stunde am Hindelinger Rübenacker. Vielleicht haben wir ja Glück und Ihren Russen ist es doch gelungen, den Bären auszusetzen. Wir müssen ihn demaskieren, bevor der Ministerpräsident hier einschwebt.«

»Und was ist mit dem Gorilla?«

»Was soll mit dem sein?«

»Der Hindelinger Rübenacker ist in der Nähe von Rimbach an der Rödel.«

»Tatsächlich. Hm, na dann – rufen sie auch die Polizei an. Sie soll vorsichtshalber ebenfalls hinkommen.«

Im selben Augenblick klingelte einige Kilometer vom Landratsamt entfernt das rote Telefon von Erich Kardinal Fromm. Der Teilnehmer einer Bischofskonferenz, dessen Kruzifix entwendet worden war, hatte auf der Polizeiwache von Rimbach an der Rödel Anzeige gegen Unbekannt erstattet, doch als er gerade beim Erstatten war, kam ein Türke hereingestürmt, der um Polizeischutz bat und den Geistlichen um sofortige Konvertierung zum katholischen Glauben ersuchte. Als dieser wissen wollte, was ihm widerfahren sei, berichtete der Gemüsehändler vom Wunder des sprechenden Gorillas. Woraufhin der Gottesmann die Bischofskonferenz umgehend zum Hindelinger Rübenacker beorderte und den Kardinal hiermit fernmündlich in Kenntnis setzte.

»Lasse Er den Landauer vorfahren«, wies der Kardinal seinen Kastraten an, »wir müssen zum Hindelinger Rübenacker.«

»Zum Hindelinger Rübenacker? Jetzt?«

»Zur dortigen Bischofskonferenz. Los, mache Er schon, zack, zack!«

* * *

Gleichzeitig mit den Konferenzteilnehmern, dem Landrat samt Gefolge sowie einer Teenie-Rockband aus Oberursel, deren Tourbus eine Panne hatte, traf Erich Kardinal Fromm im Hindelinger Rübenacker ein.

»Kardinal Fromm«, staunte der Landrat, »was soll der Aufmarsch? Sind Sie etwa auch hinter dem Bären her?«

»Bär? Ich suche einen Gorilla.«

»Können wir mal Fotos machen?«, fragte einer der Reporter, woraufhin Landrat und Kardinal sich spontan die Hand gaben und lächelnd fotografieren ließen. In diesem Moment brach ein stark demolierter Krankenwagen durch das Unterholz auf die Landstraße, der sofort von den ebenfalls anwesenden Polizeikräften angehalten wurde, weil im rechten Scheinwerfer Wasser schwappte. Als die beiden Insassen – zwei Russen – keine Papiere vorweisen konnten, wurden sie festgenommen. Protestierend zeigten sie auf Iskariot, behaupteten gar, in dessen Auftrag zu handeln, doch die Polizisten lachten nur. Kurz darauf schwebte ein Hubschrauber heran und landete mitten auf der Fahrbahn. Der Landesvater persönlich entstieg der Maschine. Er hatte im Landratsamt niemanden vorgefunden und war gleich weitergeflogen. Es gab Shake-Hands ohne Ende, ein Blitzlichtgewitter ging los und jeder versuchte sich mit dem Ministerpräsidenten fotografieren zu lassen. In diesem Moment tat sich der Himmel auf und gab einen Stern frei.

»Der Stern von Bethlehem«, hauchte der Kastrat, als plötzlich ein Gorilla am Ende der Landstraße erschien und auf sie zukam. »Das Erste Buch Mose«, rief der Kardinal erregt, »... und jedem wild lebenden Tier der Erde, in welchem Leben als eine Seele ist ... seht, er ist auferstanden von den Toten« und hineingefahren in einen Affen!« Ehrfürchtig wich die Menge beiseite, bildete eine Gasse und fing an zu beten. Dann stimmten sie ein hellklingendes Kyrie an, das wiederum eine weiße Taube anlockte, die es für Balzgesang hielt. Mit einem Birkenblatt im Schnabel ließ sie sich auf dem Kopf des Affen nieder. Der Kardinal und Eduard fielen auf die Knie. »Was soll das?«, zischte der Landesvater mit einem Seitenblick zum Kardinal. »Er gehört mir.«

»Er kann gar nicht Ihnen gehören, er gehört der Kirche.«

»Aber er hat eine Botschaft für mich, das haben Sie selbst gesagt.«

»Da wusste ich ja auch noch nicht, dass Sie Harry Potter lesen.«

Eduard wollte etwas erwidern, doch der Kardinal hob die Hand. »Still, der Affe spricht zu uns.«

Mühsam rafften sich beide hoch. »Ja, Herr?«, fragte der Kardinal.

»Mir ist kalt«, antwortete der Affe.

»Schnell«, brüllte der Kardinal in Richtung Bischofskonferenz, »einen Umhang, ihm ist kalt.«

Sofort rissen sich mehrere Mitglieder ihre Umhänge herunter und kamen damit angerannt. Ehrfürchtig hängten sie die Mäntel um die Schulter des Affen.

»Ist es so recht«, fragte der Kardinal unterwürfig.

»Ich habe Hunger«, antwortete der Affe.

»Schnell, was zu Essen«, ordnete Fromm an, doch die Mitglieder seiner Kirche schauten nur bedrippt. »Wir haben nichts zu Essen bei, wir fasten gerade.«

»Aber ich habe etwas«, rief der Landesvater. Er winkte dem Piloten des Helikopters. »Los Mann, die Lunchbox, der Auferstandene hat Hunger.«

Der Pilot salutierte und rannte zum Hubschrauber. Kurz darauf kam er mit einer großen Kiste zurück. Theatralisch öffnete Eduard sie und deutete mit ausladender Handbewegung auf die Köstlichkeiten: »Maispoulardenbrust mit Barolozwiebeln, toskanischen Gemüsen und Gnocchi in, äh, Basilikumbutter, Schweinelendchen in Küchenkräutern, dazu Landgemüse und Speckkartoffeln, Französische Entenbrust in Portweinlack mit, äh, Feldbrokkoli und Kartoffelkrone. Dazu einen 83er Chablis aus Burgund, sehr süffig!«

»Das ist Ihre Lunchbox?«, fragte der Kardinal beeindruckt. »Dafür, dass es diesem Land so schlecht geht, leben Sie ja nicht übel.«

Unbeeindruckt nahm der Ministerpräsident eine Dose Beluga-Cavier zur Hand. »Vielleicht ein kleines Horse d' Euvre, Eure Heiligkeit?«, fragte er den Gorilla.

»Ich will eine Wurststulle.«

»Ein einfacher Mann des Volkes«, strahlte der Kardinal, »wie die Bibel ihn beschrieben hat.«

»Was hilft uns diese Erkenntnis? Wir brauchen eine Wurststulle.«

»Ich habe eine dabei«, meinte einer der Polizisten vorsichtig.

»Mann, her damit. Sie kriegen im Präsidium eine neue.«

»Ist aber mit Knoblauch.«

»Egal. Wir werden ja sehen, ob er es verträgt.«

Unter den strahlenden Augen der Gemeinschaft biss der Affe in die Wurststulle des Polizisten. Dann brachte man ihn ins Bistum nach Oberfeldkirchen. Dort gab es ein verlassenes Kloster der Laurentiusschwesternschaft, das man auf Staatskosten aufwendig sanierte. Seither pilgern jedes Jahr Hunderttausende von Gläubigen aus aller Welt dorthin. Vor allem Ostern, wenn sich Herr Weberknecht als Affe verkleidet am Fenster zeigt. Die angebissene Wurststulle, die er nicht zu Ende aß, weil er kein Knoblauch mag, liegt heute scharf bewacht als heilige Reliquie im Deutschen Museum. Der Polizist, dem sie einst gehörte, hängte seinen Job an den Nagel und wurde Außenminister von Polen. Alexander und Nikolaus betreiben seit neuestem ein Krankentransportunternehmen in Kiew, und Ismail wurde Bischof von Speyer. Der Landrat wurde von einem engen Vertrauten des Mordes an Bruno bezichtigt, weshalb er seinen Posten aufgeben musste und sich als Hilfsarbeiter auf dem Biohof Grüne Sonne verdingte. Raid Iskariot übernahm seinen Posten und wer ihn als Judas bezeichnete, kam ins Gefängnis. Maria traf sich tatsächlich noch mit Thomas auf dem Parkplatz bei Aldi und ist heute eine der höchst bezahlten Erotikmodels aller Zeiten. Die Bäckereiverkäuferin heiratete den Pfarrer, bei dem sie damals Unterschlupf suchte, schenkte ihm drei Kinder und bringt demnächst ihren vierten Kriminalroman heraus. Magdalena berief man in den Rundfunkrat, doch als sie die Fernsehgebühren abschaffte, schmiss man sie wieder hinaus. Woraufhin sie einen reichen Chinesen heiratete und den Sender Pro 7 kaufte. Was aus dem Landesvater wurde, ist lange Zeit unbekannt gewesen. Nach seiner Abwahl tauchte er eine Weile unter, doch sah man ihn irgendwann in einem Berghof im Zugspitzmassiv, wo er, vital wie ein Zwanzigjähriger, die Bergwelt erklomm. Auch Jahrzehnte später schien er nichts von dieser Vitalität eingebüßt zu haben, im Gegenteil. Zuweilen konnte man sich des Eindrucks nicht erwehren, dass Eduard immer jünger wurde und lange Zeit führte man das auf die gesunde Bergluft zurück. 600 Jahre später wurde er schließlich Präsident der neugeschaffenen Weltregierung – ein Job, der ihm kaum Muße zum Lesen lässt. Doch wann immer es die Amtsgeschäfte erlauben, ziehen er und seine Frau sich zurück und braten Leberkäse. Es sei denn, er liest gerade. Harry Potter.

Bella Italia

Sommer 2003. Italien. Ich liege mit Doris am Strand bei Reggio di Calabria und denke daran, wie schön es jetzt in Nord-Lappland sein muss. Die ozonhaltige Luft flirrt über den Sand. Der Versuch, zum Wasser zu gehen, hat mich die Fußsohlen gekostet. Jetzt liege ich bewegungslos unter dem Sonnenschirm, der so wenig Abkühlung bringt, wie man mit einem Löschblatt wirklich löschen kann. 3,5 Wochen Kalabrien, von denen drei glücklicherweise bereits geschafft sind.

»Kannst du mal aufhören zu stöhnen!« Meine Frau blickt genervt von ihrer Frauenzeitschrift hoch.

»Mir ist langweilig«, erwidere ich, »wir hätten niemals nach Italien fahren dürfen.«

»Geh' mir nicht auf den Geist. Wir sind nun mal in Italien. Außerdem wäre dir woanders auch langweilig geworden. Du weißt halt nichts anzufangen mit deiner Zeit.«

»In Lappland hätten wir Elche jagen können.«

»Ja, ja, ich weiß. Oder Grizzlys.« Kopfschüttelnd vertieft sie sich wieder in ihre Lektüre.

Dem Flirren der Mittagshitze erwächst plötzlich eine Fata Morgana. Für einen Moment sieht es so aus, als käme der Oberkellner unseres Hotels mit Getränken auf uns zu, obwohl wir gar keine bestellt haben. Anscheinend fange ich schon an, durchzudrehen. Kurz darauf tritt er tatsächlich mit zwei Cocktails unter unseren Sonnenschirm, die er in einwandfreiem Broken-Deutsch als kleine Aufmerksamkeit des Chefs deklariert. Er überreicht meiner Frau einen Sex on the beach und mir einen Mister Hu. Falls wir noch was wünschen, so meint er, sollten wir es nur sagen. Er verschwindet und verwundert schauen wir auf die Gläser. Sie wirken erschreckend real. »In der Minibar kostet ein stinknormales Wasser vier Euro«, sage ich nachdenklich. »Warum sind sie auf einmal so spendabel? Warum?«

Ich habe diesen Satz kaum zu Ende gebracht, als der Hoteldirektor persönlich an unseren Schirm tritt. »Buon giorno, Signora e Signore. Ich wollte Sie einladen, heute Abend. Sie und die anderen Deutschen. Zu einer kleinen Versöhnungsfeier. Essen, Trinken und Musik … alles kostenlos.«

Als wir wissen wollen warum, winkt er jammernd ab.

»Ach, diese Politiker … alles nur Schwätzer … mi scusi … die haben keine Ahnung … bitte, Signora e Segnore, heute Abend. Seien Sie unsere Gäste, per favore.«

Am Abend, auf der Veranstaltung, erfahren wir die Hintergründe dieser ungewöhnlichen Freundlichkeit. Ulf aus Ulm, ein Softwareentwickler, der genau wie wir Bella Italia gebucht hat, hörte es in seinem Weltempfänger. Der italienische Staatssekretär Stefani hatte die Deutschen in einer Rede als rülpsende, kartoffelfressende, supernationalistische Blonde bezeichnet, die besoffen und von aufgeblasener Selbstgewissheit lärmend über italienische Strände herfielen. Woraufhin einige Deutsche ihren Italien-Urlaub storniert hatten. Allen voran der Bundeskanzler, der, statt an die Adria zu fahren, in Hannover geblieben war.

Während wir Deutschen in kleinen Grüppchen diskutierend beisammen stehen – die Freigetränke in den Händen – ist um uns herum das Personal um Vergebung bemüht. Dass man den Staatssekretär bestimmt entlassen werde, hören wir an diesem Abend mehr als einmal, denn die Deutschen seien alles andere als lärmend und barbarisch. Im Grunde seien sie nicht einmal mehr blond.

Lange vor Ende des Festes gehe ich schlafen. Während meine Frau mit mehreren Kellnern eine Art Trockensex auf der Tanzfläche veranstaltet, liege ich grübelnd wach. Eine plötzliche Krise hat sich meiner bemächtigt. Wer bin ich eigentlich? Hatte ich überhaupt noch eine eigene Identität? Ich war nicht wirklich blond noch barbarisch. Einem Italiener sah man an, dass er Italiener ist; ich konnte genauso gut ein Pole sein.

Als meine Frau voll wie eine Feldhaubitze und weit nach Mitternacht ins Bett torkelt, habe ich mich noch immer nicht gefunden. Und als sie mit Ringen unter den Augen nach dem Frühstück zum Strand hinunterkommt, bin ich schon seit einer halben Stunde dort und blicke sinnierend aufs Meer hinaus. »Wer bin ich?«, frage ich verzweifelt.

»Keine Ahnung«, erwidert sie knapp, lässt sich auf die Decke fallen und fängt an zu schnarchen.

Da sehe ich plötzlich eine Buddelform im Sand. Eine rote Sandkuchenform für Kinder. Einem Einfall folgend fülle ich sie mit Sand und backe einen Kuchen. Und bekomme endlich die Erleuchtung.

Angesteckt von dieser Erleuchtung haste ich ins Hotelzimmer. Ich brauche Geld. Kurz darauf kehre ich mit allen möglichen Buddelformen zurück an den Strand. Als meine Frau eine Stunde später erwacht, forme ich konzentriert an meiner Sandskulptur herum. Einige Sekunden sieht sie mich wie einen Fremden an. »Was ist das?«, fragt sie dann vorsichtig.

»Neuschwanenstein«, erkläre ich stolz. »Ein Stück deutscher Baukultur.«

»Das sieht aus wie ein Wehrmachtsbunker an der Küste der Normandie«, erwidert sie und schaut sich unbehaglich um. Zwei Stunden später habe ich nicht nur Neuschwanenstein nachgebildet, sondern auch Burg Lauenstein und einen Teil der Berliner Mauer. Wuchtig umrundet sie unsere Liegestelle. Mit einem Berliner Bären darauf, den ich aus Muscheln nachgebildet habe.

»Ich gehe nach drüben«, meint meine Frau kopfschüttelnd und schnappt sich ihre Decke. »Das wird mir hier langsam zu peinlich.«

An ihrer statt erscheint kurz darauf der Hoteldirektor. Gequält lächelnd lobt er mich meines Eifers wegen und murmelt etwas von guten Deutschen, trotz allem und so. Leider habe ich keine Zeit, ihm die unterirdischen Wehranlagen vorzuführen. Bevor der Gemischtwarenladen im Dorf in die Mittagspause geht, brauche ich nämlich noch richtiges Werkzeug. Meine Kinderausstattung kommt langsam an ihre Grenzen. Vor allem, weil ich beschlossen habe, einen Zugang zum Meer zu graben. Als ich mit professioneller Ausrüstung zurückkehre, stößt Ulf zu mir. Begeistert erklärt er sich bereit, mitzuhelfen. Per Handy holt er Günther aus Wanne-Eickel hinzu, der wiederum seine Urlaubsbekanntschaft aus Pinneberg mitbringt. Zu viert schaffen wir innerhalb kürzester Zeit einen ansehnlichen Festungsgraben um unsere Kolonie, die wir nun mit TEUTONIA bemuscheln. Der Kanal zum Meer fällt vielleicht eine Nummer zu groß aus, aber man muss ja auch an später denken, und später kommt manchmal früher als gedacht. Ein Baggerfahrer aus Berlin, der ab Nachmittag dabei ist, leiht sich gegen ein geringes Bestechungsgeld die Planierraupe eines nahen Bautrupps aus und schiebt einen Teil des Strandes in unsere Richtung. Mit dem Sand und dem vielen Wasser sind wir nun in der Lage, noch größere Projekte in Angriff zu nehmen. Zumal ein Architekt aus Köln die Berechnungen der Statik übernommen hat. Meine Frau, längst ins Hotelzimmer geflüchtet, simst mir zu, dass Stefani doch recht hatte. »Find' ich auch«, simse ich zurück.

Mittlerweile hat sich unser Projekt herumgesprochen. Außer einem Autoschweißer aus Kiel und einem Bankfachangestellten aus Oberursel sind noch Steffen und Heiko aus Dresden dazugekommen. Sie erklären sich bereit, die

Verpflegung zu organisieren, denn längst ist es beschlossene Sache, am Strand zu übernachten. Während sie mit der Planierraupe einkaufen fahren, erscheint der Hotelmanager und bittet höflichst darum, etwas ruhiger zu werden. Einige Franzosen hätten sich bereits über den Lärm beschwert. Wir kontern, indem wir uns über die Ruhe der Franzosen beschweren und führen den leicht gestressten Mann stolz über unsere Baustelle. Dass wir aus den Tischdecken seiner Hotelanlage eine Deutschlandfahne gebastelt haben, nimmt er verkrampft zur Kenntnis. Seine Bettvorleger aus Lammfellimitat, die uns als Bekleidung dienen, erkennt er glücklicherweise nicht wieder.

Heiko und Steffen haben mehrere Fässer Bier aufgetrieben und in einem Andenkenladen einige Kuhhörner geklaut. Wie gesagt: Geklaut, nicht gekauft! Man kann sie zwar nicht abstellen, aber, mein Gott – wer will sie denn auch abstellen? Während das erste Fass durch unsere Kehlen jagt, dümpeln die anderen Biertonnen kühlend im Meer. Und während der Autoschweißer ein ebenfalls besorgtes Schwein auf dem Grill brät, den er aus einem falschgeparkten Fiat gedengelt hat, stimmt Ulf aus Ulm ein altes Wikingerlied an. Da der Text nur aus zwei Wörtern besteht, ist bald jeder in der Lage, ihn zu begleiten. Björn, ein Bursche aus Göteborg, fragt begeistert, ob er mitspielen kann, und wir willigen ein. Jetzt haben wir endlich einen wirklich Blonden in unserer Mitte. Als Gegenleistung brennt er uns Schnaps aus den Kakteen der Hotelanlage. Er schmeckt ausgezeichnet zu den kleinen Teigfladen, die Günther aus Mehl und Meerwasser anrührt und die er Berlusconis tauft.

Mittlerweile gibt es außer uns kaum noch Leute am Strand, obwohl es sonst immer ziemlich voll war um diese Zeit. Ein junges italienisches Liebespaar, das zum Turteln in die Dünen kommt, entscheidet sich angesichts einer grölenden, lendenbeschurzten, knüppelschwingend auf sie zurennenden Wikingerhorde für einen anderen Strand weit weg von hier. Auf dem Rückweg zum Lager schleifen wir nebenbei noch die Sandburg eines Engländers. »Ich lasse mich scheiden«, simst mir meine Frau vom Balkon aus zu.

Später dann, verköstigt und gesättigt, abgefüllt mit gesottenem Schwein und bis Oberkante Unterlippe mit Bier, schlafen wir aufeinanderliegend ein. Wie ich morgens ins Hotel gekommen bin, weiß ich nicht mehr. Ich kann mich nur an die Walküre erinnern, die mir irgendwann am frühen Nachmittag zu verstehen gibt, dass Männer die dümmsten Lebewesen seien, die sie sich vorstellen könne, und dass selbst ein Weißkohl größere Intelligenz besäße.

Bis zur Abreise wechselt sie kein Wort mehr mit mir. Erst im Flieger, als ich demonstrativ im Katalog des Bordverkaufs blättere, schaut sie mir interessiert über die Schulter. »Dieser Dior-Lippenstift würde dir doch ausgezeichnet stehen, meinst du nicht?«, taste ich mich vorsichtig heran.

»Denkst du, ich bin käuflich?« Angewidert schaut sie weg und notgedrungen lege ich noch die komplette Pflegeserie von Hugo Boss for woman drauf. Doch erst mit dem Mascarastift von Astor wird sie wieder zutraulich. »Du hast dich unmöglich benommen«, schilt sie gespielt böse.

»Aber warum denn? Wir haben keinen Grund, uns unserer Abstammung zu schämen«, erwidere ich, »wir sind nun mal Teutonen. Dieser italienische Ex-Generalsekretär hat es erkannt. Er hat mir die Augen geöffnet.«

»Ihr spinnt beide. Nächstes Jahr fahren wir wieder nach Lappland. Da kennt uns wenigstens keiner.«

Lappland? Mein Blick geht nach draußen auf die italienische Küste, deren unscharf gewordener Rand nur wenig von der Schönheit dieses liebenswerten Landes erahnen lässt. Bella Italia! Das Leben ist schön.

Am Anfang war das Wort

A.C. Houston war der größte unter den Magiern. Er fing dort an, wo andere aufhörten. Stand bei den meisten das Kaninchen am Beginn jeder Veranstaltung, dem Objekte bis zur Größe eines Elefanten folgten, so begann A.C. Houston mit dem Elefanten. Er zauberte ihn fort und wieder zurück, um danach dasselbe mit einem Haus zu machen, einem Turm oder sogar einem Berg. Nichts schien zu groß zu sein für die Macht dieses Zauberkünstlers.

Eines Tages beschloss A.C. Houston, nach Berlin zu kommen, um dort, wie weiland Christo, das Berliner Reichstagsgebäude verschwinden zu lassen. Richtig verschwinden, nicht unter Plastikplane verstecken. Millionen Menschen sollten Zeugen werden, sollten diesem Weltereignis beiwohnen, mit dem Houston in den Zenit seines Schaffens treten wollte.

Die Genehmigung für dieses Spektakel verschaffte sich leicht. Einzig der Landeskonservator intervenierte wie immer, brachte aber kein treffendes Argument gegen den Hokuspokus zustande. Zumal der Magier lachend versprach, das Gebäude wieder heil zurückzuzaubern.

An einem warmen Abend im August strömten die Zuschauer auf das abgesperrte Gelände vor dem Reichstagsgebäude, wo Tage zuvor Dutzende von Helfern unter Ausschluss der Öffentlichkeit gezimmert, geschweißt und aufgebaut hatten. Wo geheimnisvolle Apparaturen errichtet worden waren, Lichtmasten und riesige Spiegel, deren Zweck zwar jedem verständlich erschien, die aber dennoch nicht verrieten, wie dieses Kunststück letztendlich funktionieren sollte.

Als der Meister kam, wurde er mit donnerndem Applaus begrüßt. Auf seine Handbewegung hin senkte sich Stille über den Platz, wie sich kurz zuvor der Abend über die Stadt gesenkt hatte. Es war, als hielte Berlin den Atem an. Natürlich, selbst die Tribüne der Prominenten war einigermaßen weit von der Bühne entfernt. Zu weit, um das Weiße im Auge des Magiers erkennen zu können, sogar zu weit für das kleine Mikrofon, das dieser vor dem Mund trug. Doch der Elefant, eine Leihgabe des hiesigen Tierparks, war unübersehbar. Noch weniger natürlich das Reichstagsgebäude, dessen Fenster das Scheinwerferlicht zu kleinen Sternen brachen, was edel anzusehen war und somit diesem Ereignis entsprechend.

Ebenfalls diesem Ereignis entsprechend, saß auf der VIP-Tribüne alles, was Rang und Namen hatte. Rock- und Popstars, Schauspieler und sogar fast die gesamte Regierung. Einschließlich eines Alt-Kanzlers. Ein Mega-Ereignis – nicht nur was die Zauberei anging. Und wem ein wie auch immer gearteter Bekanntheitsgrad Zutritt zu dieser Tribüne verschafft hatte, der sonnte sich in den Filmleuchten der Kameras, denn natürlich wurde dieses Spektakel in alle Welt übertragen.

Kurz nach zehn scheuchten die Helfer den Elefanten auf die Bühne – die Show begann. Ein kurzer Trommelwirbel, dann hielt der Magier die Arme hoch und das Volk den Atem an. Und tatsächlich, der verdutzte Elefant erhob sich einen halben Meter über den Boden und drehte sich schwebend im Kreis. Der Magier klatschte in die Hände und – schwupps – war das Tier verschwunden. Braver Applaus flutete den Platz. Nicht schlecht, gewiss. Aber verschwindende Elefanten hatten, wie gesagt, auch andere Zauberer im Programm.

»Elefanten verschwinden lassen«, soll der Bundeskanzler mit einem Seitenblick zum Alt-Kanzler angeblich gescherzt haben, »kann ich auch.« Und vom Verteidigungsminister wird berichtet, sinngemäß erklärt zu haben, seiner Meinung nach sei der Elefant wahrscheinlich mit derselben Farbe bestrichen worden, wie man sie auch für Tarnkappenbomber verwendet. Derweil auf der Bühne der Magier erneut die Arme hob, um den Tarnkappenelefanten zurück zu zaubern. Wieder Trommelwirbel, wieder das Klatschen der Hände – doch nichts geschah. Nun lachten die Menschen. Und der Bundeskanzler, wenn es denn wirklich wahr ist, äußerte den Wunsch, diesen Mann sofort ins Kabinett zu bekommen. Denn die Elefanten, die er selbst verschwinden ließ, kämen immer wieder.

* * *

Dieser unbestätigten Anekdote gesellte sich später die Aufzeichnung eines Funkamateurs hinzu, der die Frequenz des Mikrofons abgehört hatte, das der Zauberer vor dem Mund trug. Jene Aufzeichnung bewies nämlich eindeutig, dass bereits in diesem Moment etwas schief gelaufen war. Denn recht eigentlich hätte die Illusion auf einen Knopfdruck von Houstons Mitarbeitern beendet werden müssen. Stattdessen kam es zu folgendem Wortwechsel.

Magier (nervös): »Macht keinen Scheiß, Jungs, ich brauche den Elefanten zurück!«

Techniker (fassungslos): »Houston, wir haben ein Problem.«

* * *

Um es kurz zu machen: Der Elefant blieb verschwunden. Zwar schlug Houston noch einige Male die Hände über dem Kopf zusammen und wiederholte seine gefunkte Forderung, doch nichts brachte das Tier zurück. Warum der Zauberer trotz dieser offensichtlichen Panne gleich zur nächsten Nummer überging, kann im Nachhinein nur damit erklärt werden, dass er, durch Wiederholung des Kunststückes, die Schwachstelle des ersten aufzudecken versuchte.

A.C. Houston, der größte Magier aller Zeiten, drehte sich in Richtung Reichstagsgebäude, hob die Arme, und schwebend löste sich das riesige Gebäude vom Boden. Er ließ es einmal im Kreis drehen, klatschte die Hände zusammen – und es verschwand. Beeindruckt starrten alle auf den großen schwarzen Fleck; es waren nur noch Scheinwerfer übrig geblieben, die nun sinnlos ihre hellen Finger in den dunklen Himmel streckten. Ihrer eigentlichen Bestimmung sollten sie nicht mehr gerecht werden, denn auch das Gebäude blieb verschwunden. Wie sehr sich der Magier auch um dessen Rückkehr bemühte; seine Zurückzauberversuche wirkten plötzlich wie das hektische Spiel eines Schellenaffens. Wirren Blickes wandte er sich wenige Momente später der VIP-Tribüne zu, was eine gewisse Nervosität unter der Prominenz hervorrief. Diejenigen Zuschauer, die gegen das Gitter der Ehrenterrasse gelehnt standen, traten rasch einige Schritte zur Seite, als der Zauberer die Hände hob. »Netter Gag«, soll der Verteidigungsminister noch gemurmelt haben, während der Bundeskanzler »Ach, nö …«, oder so ähnlich, stöhnte.

Die Panik brach in dem Moment aus, als sich die Tribüne auf Geheiß des Zauberers in die Luft erhob, auf dessen Stirn kleine Schweißperlen von den Scheinwerfern glitzernd zu Sternen gebrochen wurden, was edel aussah … aber das hatten wir ja schon. Ein Rockmusiker sprang über die Absperrung in die Menge hinein; zwei Schönchen hangelten sich auf der anderen Seite gerade noch rechtzeitig in die Tiefe. Der Rest hatte keine Chance. Mit dem Klatschen des Magiers verschwand die Tribüne. Und alle, die auf ihr gesessen hatten. Entsetzt starrte A.C. Houston auf den leeren Platz, begeistert starrten die Übriggebliebenen zurück. Was für eine tolle Nummer.

Es irritierte nur, dass Augenblicke später der Magier davonrannte und nicht wieder auftauchte. Fünf Minuten später stürmte die Polizei den Platz.

Gleich nach der Zauberkatastrophe wurde alles, was der Magier zurückgelassen hatte, vom Staatsschutz beschlagnahmt. Kriminalbeamte und andere Spezialisten untersuchten jeden Millimeter Boden, doch fanden sie keinerlei Hinweise auf den Verbleib des Elefanten, des Reichstagsgebäudes oder der VIP-Tribüne. Da mit ihr fast die gesamte Regierungsmannschaft verschwunden war, wurde eilends eine Notregierung gebildet, an deren Spitze der grüne Landtagsabgeordnete Schöbel stehen sollte, der an diesem Abend als einziger im Roten Rathaus geblieben war, um dort Glühlampen gegen Energiesparröhren auszutauschen. Trotz des enormen Drucks, der plötzlich auf ihm lastete, ordnete Schöbel umgehend drei Maßnahmen an: die Suche nach den Verschwundenen, die Suche nach dem Magier und die sofortige Halbierung sämtlicher Abgeordnetenbezüge. Allerdings in umgekehrter Reihenfolge, was ihm später Kritik einbringen sollte, doch die saß er aus. Es kam zu einem Machtkampf, als auch von anderer Seite die Regierungsgewalt beansprucht wurde, und wäre nicht zwei Tage später der Kölner Dom verschwunden, hätte mancher den Zauberer darüber wohl vergessen gehabt.

Die Vermutung, Houston wäre in Köln, verstärkte die Fahndung nach ihm um ein Vielfaches, und tatsächlich konnte der Zauberer einen Tag später verhaftet werden, als er in einem Kölner Hotelzimmer Handtücher verschwinden ließ. Seiner dringenden Forderung, ihn unbedingt in Freiheit zu belassen, damit er nach dem Fehler in seinem Trick suchen konnte, wurde natürlich nicht nachgegeben. Man sperrte ihn stattdessen in das sicherste Landesgefängnis, doch noch in der Nacht verschwand es komplett. Und mit ihm der Magier.

Wieder auf der Flucht, wurde er zum gejagtesten Wild aller Zeiten. Und waren Anfangs nur die offiziellen Menschenjäger dieser Welt an der Hatz beteiligt, so heftete sich jeder auf seine Fährte, der eine Waffe halten konnte, als über Nacht der Eiffelturm verschwand. Die Devise hieß: lieber tot, als lebendig. Denn selbst wenn der Magier all das nicht wollte und sich bemühte, weiteren Schaden zu verhindern, so war er gefährlich, solange er denken konnte. Also musste er sterben. Das wussten alle. Auch der Magier.

Mit dem Anwachsen der Verfolger stieg die Zahl der Verschwundenen. Houston wollte leben. In Bekennerschreiben bat er um Gnade, versuchte sich zu erklären. Versuchte klar zu machen, dass er alles dafür gäbe, diese entsetzliche Macht zu verlieren. Und dass sie ihm ungewollt vermacht worden war, denn recht eigentlich war er nur ein Gaukler wie alle anderen. Nichts von dem, was er bis zum Schicksalstag hatte verschwinden lassen, war wirklich weg gewesen. Sondern versteckt hinter raffinierten Spiegelwänden, doppelten Böden, vorgehängten Tüchern. Er war schnell und geschickt – wirklich zaubern aber konnte er bis dahin nie.

Doch Houston wurde weitergejagt, wenn auch vergebens. Als einmal ein Geheimagent eine Kugel auf ihn abfeuerte, dachte der Zauberer erst die Kugel weg und dann den Geheimagenten, der ein zweites Mal auf ihn anlegte. Ein anderes Mal verschwand ein kompletter Geheimdienst, und – zum Entsetzen aller – plötzlich die gesamte russische Nordmeerflotte.

»Mein Gott«, flehte der amerikanische Präsident insgeheim, »lass ihn nicht an die amerikanische Armee denken.« Doch einen Tag später gab es auch diese nicht mehr. Schnell rüsteten die betroffenen Staaten wieder auf, hoffend, der Zauberer möge endlich getötet werden oder sich zumindest besser konzentrieren können. Doch dessen Konzentration ließ eher nach. Eines Morgens gab es im Empire-State-Building keine Kloschüsseln mehr, einen Tag später verschwand das Elbsandsteingebirge, dann das Bermuda-Dreieck. Alles, was denkbar war, erzeugte einen ununterdrückbaren Gedanken in Houstons Kopf. Alles! Während man noch dabei war, die Kloschüsseln zu erneuern, gab es plötzlich keinen Hass mehr in der Welt. Er verschwand – und mit ihm all seine Unterarten. Also Neid, Habgier und Fanatismus. Ost und West, Alt und Jung, Religion und Religion standen sich gegenüber und lachten einander zu. Doch nur kurz. Denn schon am nächsten Tag war auch die Freude verschwunden. Wie eine Lawine begrub das Verschwinden immer mehr unter sich, wahllos ergreifend, was in Gedanken Platz fand und somit gefährdet war. Der Bürokratie folgten die Hundeauslaufplätze, den Hundeauslaufplätzen die gesamte Nähgarnindustrie. McDonald's verschwand, der grüne Pfeil, das Wort zum Sonntag, die Keßler-Zwillinge. Die Regierungen der Welt riefen ihre Bürger zum Widerstand auf. Dazu, alles neu zu erschaffen, unermüdlich den Kampf gegen das Verschwinden aufzunehmen. Derart angespornt eroberten die Menschen Stück für Stück zurück, was om Zauberer genommen worden war. Den erlust der Copacabana nahmen sie genauso wenig hin, wie sie das lau aufga en, indem sie es aus anderen Far en nachmischten. Das Internet war lötzlich nicht mehr da, also erschuf man ein neues. Dann ga e keinen uckingham ala t mehr, doch die Queen aute chon den näch ten. Al Grönland erchwand, änderten ie die Landkarten; der aikalee urde durch einen Natur ark er etzt. Da Indien elo en ging, me kte chon keine me , enngleic da A andenkommen de inde a n fü F agen o gte. » ilfe«, iefen die Leute, »keine anik«, ma nten die olitike une müdlic , » i a en alle im G iff.« Dann e c anden da e und da i. » lf«, f n d L ut . »K n an k«, ma nt n d ol t un müdl c , » a n all m G ff.«

Sieben

Der Hörsaal war bis auf den letzten Stuhl besetzt. Schon lange vor der Lesung waren die ersten gekommen, hatten sich ihren Platz gesichert und harrten nun entschlossen dem Ereignis entgegen. Und als wäre der Meister bereits anwesend, wagten die Studenten untereinander nur zu wispern. Als könne ein laut gesprochenes Wort, ihn – der sich in einem der Nebenräume des Hörsaales auf seinen Vortrag vorbereitete – verärgern. Und war es schon selten genug, dass sich Wilbert Chester Brown zu einer Lesung überreden ließ, so ergab sich den Studenten des Literatur-Kolloquiums eine wohl nie wiederkehrende Chance. Nachdem er nämlich ein Kapitel seines neuen Werkes vorgetragen hatte, sollten sie tatsächlich die Möglichkeit erhalten, darüber ausgiebig diskutieren zu dürfen; ein Privileg, das den Anwesenden elitäre Würden verlieh. Gleichwohl gab es auch für sie einige Dinge zu beachten: des Meisters Faktotum persönlich hatte ihnen Anweisung gegeben, auf keinen Fall zu klatschen, Notizen zu machen, während des Vortrags zu essen oder gar eines Bedürfnisses wegen den Hörsaal zu verlassen. Frei heraus durften sie die anschließende Diskussion führen, und wenn es an der Zeit wäre, würde man ihnen das Zeichen geben, den Saal zu räumen, dessen Leere dem Meister nach jeder Lesung aufgrund der hohen Anstrengung zur Erholung diente. Leise und rasch sollten sie dann gehen, um auf dem weitläufigen Campus das Erlebte zu reflektieren.

Wilbert Chester Brown, dessen Kürzel W.C.B. jedem Literaturinteressierten nur ehrfürchtig gehaucht über die Lippen kam, galt schon zu Lebzeiten als ein von höheren Weihen Gesegneter. Im Laufe seines literarischen Schaffens waren seine Werke immer kürzer und prägnanter geworden. Als entzöge er jedem zuviel gesprochenen Wort die Nutzlosigkeit, um sie den verbliebenen als Aussagekraft hinzuzufügen. Es wäre respektlos, ihn nur als Literaten zu bezeichnen. Philosoph war er, und er steuerte unaufhaltsam auf den Ursprung aller Dinge, auf das Urwort und somit die Urkraft allen irdischen Lebens hin. Er war ein Gott, und wenn es einem gelänge, den Gipfel der Literatur und gleichsam auch deren Ursprung zu erreichen, dann ihm.

Unten, auf dem Podium des Hörsaales, stand der kleine Tisch. Mehr als den und einen Stuhl brauchte der Meister nicht. Ein Glas Wasser noch, dessen Temperatur, wie jeder wusste, exakt 15 Grad betragen musste und das vom Faktotum in diesem Moment aus einem Nebenraum hereingebracht wurde. Es war das Zeichen für den bevorstehenden Beginn und die Studenten unterbrachen jetzt sogar ihr leises Flüstern. Kein Rascheln mehr mit den Füßen, kein Ruckeln mehr, nur noch gespannte Stille.

Und dann – endlose Minuten später – kam er. Leicht zur Seite geneigt, seinem hohen Alter angemessen, ein Buch in der Hand, lief er gemäßigten Schrittes dem Tische zu. Kein Blick in die Menge, so konzentriert war er schon jetzt. Er nahm auf dem Stuhl Platz, legte das Buch vor sich auf den Tisch und rückte seine Brille zurecht. Schob den Stuhl hin und her, bis er sich offensichtlich im richtigen Abstand zum Tische befand, noch eine kleine Korrektur und dann ein fast meditatives Verharren in dieser Position. Der Meister schloss einen Moment die Augen, öffnete sie wieder und verschob das vor ihm liegende Buch, bis es ebenfalls die richtige, die ideale Stelle auf dem Tisch erreicht hatte. Er nahm einen Schluck Wasser zu sich. Kein Geräusch kam jetzt mehr von den Zuhörern, die fast nicht zu atmen wagten. Mehrmals sah es so aus, als setze der Meister zum Sprechen an, verharrte jedoch immer wieder, um eine Korrektur der Brille oder des Buches vorzunehmen. Endlich aber war es soweit. Nach einem Rundblick über die aufs äußerste gespannte Zuhörerschaft fing der Meister an zu lesen: »Sieben.«

Schwer und bedeutungsvoll hing das Wort im Raum, hielt sich einen Moment in der gespannten Atmosphäre und tränkte die Zuhörer mit kraftvollem Pathos. W.C.B. klappte das Buch zu und lehnte sich erschöpft zurück. Ja, tatsächlich, er hatte das Buch wieder zugeklappt. Im ersten Moment fassungslos, doch nach und nach die Wahrheit erkennend, oder zumindest erahnend, saßen die Studenten wie versteinert in ihren Reihen. Wie unwirklich lange es dauerte, bis sie verstanden, bis sie begriffen, welchem Ereignis ihnen eben beizuwohnen vergönnt gewesen war. Und welches Entsetzen, als sie merkten, wie schwierig es sein würde, derart Konzentriertes in all seiner Gänze erfassen zu können, das jetzt, kaum begonnen, auch schon wieder vorüber war. Damit hatte niemand rechnen können. Hatten sie die Chance vertan? Hatten sie, in Erwartung eines längeren Textes, versäumt, sich rechtzeitig zu öffnen? Was gab ihnen das Recht, irgendeine Vorstellung von dem gehabt zu haben, was sie zu hören erwarteten?

Irgendwann fasste in der ersten Reihe eine junge Frau allen Mut zusammen: »Können Sie den Text wiederholen?« fragte sie zaghaft.

Wider Erwarten gütig machte der Meister die Andeutung eines Kopfnickens und griff erneut zum Buch. Ein Raunen ging durch die Reihen. Wie unendlich dankbar waren die Studenten ihrer Mitkommilitonin für deren Mut, eröffnete er ihnen doch allen eine zweite Chance. Jeder für sich fiel auf seine Art in die größtmögliche Konzentration. Einige stützten den Kopf in die Hände, andere lehnten sich mit geschlossenen Augen zurück. Abermals die dem Ereignis vorausgehende Stille. Die Momente, in denen der Meister seine Brille zurecht schob und mit dem Finger die Seiten drückte, um sie am Zurückfallen zu hindern. Und dann, im Augenblick höchster Konzentration, las er erneut: »Sieben.«

Diesmal waren sie vorbereitet. Einige fingen an zu nicken, als sie sich eine Nanosekunde lang der Erkenntnis greifbar nah wähnten. Unmöglich zwar, das im Hauch Gefühlte auch nur annähernd in Worte fassen zu können, doch da war etwas, das spürten sie ganz deutlich. Was für ein Werk!

Ein hagerer Student aus der dritten Reihe, ein der Philosophie Vertrauter, wagte als erster den Versuch der Deutung: »Es geht um die christliche Einstellung zur Weltpolitik, nicht wahr?«

W.C.B. machte eine Handbewegung, deren Deutung leichter war als die des Textes. ›Sagen Sie es mir‹, gab er den Studenten zu verstehen. Worauf ein anderer, getrieben von starker Erregung, von seinem Sitz hochsprang: »Wir müssen weg vom globalen Betrachten der Dinge«, rief er, während sich seine Finger angestrengt in die Stirn krallten, »christlich ja, politisch ja, aber nein zu einer Deutung, die zu ungenügend ist, weil zu fixiert auf das Ganze. Sieben, sieben, sieben …, es waren sieben Weise im Morgenland, sieben Weltwunder hat es gegeben …« Er wurde von einem anderen unterbrochen. »In mir steigen eher Assoziationen von den sieben Kühen auf, die König Pharao in seinem Traum dem Strom entsteigen sah.«

Andere erhoben sich nun ebenfalls erregt von ihren Sitzen. Aufgewühlt riefen sie durcheinander, bis es einem gelang, die Oberhand zu gewinnen: »Kommilitonen«, mahnte dieser, »liebe Kommilitonen, was um alles in der Welt führt uns immer wieder dazu, im manifestierten Denken zu verharren? Materie, ob Mensch, ob Bauwerk, ob Kuh, ist durch ihren Verfall kein geeignetes Maß, dem Anspruch einer adäquaten Erklärung dienlich zu sein. Nein, liebe Kommilitonen, wenn wir die Schwingung herausnehmen, wenn wir die Schwingung aus dem Wort herausnehmen, sie gleichsam als einen eigenständigen Text betrachten, dann führt das zu weitaus mehr als nur zum profanen Vergleich zwischen Geist und Körper. Denken wir lieber an die sieben Tage der Woche oder an das anthroposophische Jahrsiebt oder an die sieben Todsünden von mir aus.«

»Genau!«, ertönte es von der gegenüberliegenden Seite, »wir dürfen nicht vergessen, von wem dieser Text stammt, in welchem Kontext er gesehen werden muss.«

W.C.B. sagte zu alledem nichts. In seiner unnachahmlichen Art verfolgte er stumm die Diskussion. Mittlerweile verselbständigt hatte sie jenes nötige Eigenleben erreicht, in dem Erkenntnisse überhaupt erst möglich sind. Schon kristallisierten sich Rädelsführer der verschiedenen Meinungen heraus, während vereinzelte Studenten noch unentschlossen waren oder zu unsicher, als dass sie sich am Geschehen beteiligten. Manche versuchten verzweifelt, den Erkenntnissen der anderen zu folgen, und als ein älteres Semester mit weißem Bart die Vermutung aussprach, dass man hier und heute die Schwelle eines Quantensprungs in die literarische Metaphysik miterleben durfte, da fingen einige der empfindsameren Naturen an zu weinen.

Doch dann stellte der radikale Flügel der Universität die unvermeidliche Antithese auf: »Was tun wir hier eigentlich?«, fragte kämpferisch ein akademischer Revoluzzer in einem ruhigen Augenblick, »machen wir uns nicht alle lächerlich?«

Feindliche Blicke trafen ihn, doch tapfer hielt er stand. »Der von uns allen hochgeschätzte W.C.B.«, fuhr der Kämpe fort, »konfrontiert uns mit dem Wort Sieben, und wir versteigen uns in metaphysische Bereiche. Wie die Lämmer reihen wir uns vor der Schlachtbank auf, ohne zu merken, dass wir damit einen akademischen Offenbarungseid leisten. Wie weit ist es mit uns gekommen?«

Betroffen schwiegen die anderen, und ernüchtert hob der Rädelsführer die Arme. »Wir haben Literatur studiert, Philosophie, Geisteswissenschaften überhaupt. Haben in Frage gestellt, quergedacht und opportun gehandelt. Wozu, wenn wir jetzt nicht in der Lage sind, einen Apfel nicht als die Brutstätten alles Bösen anzusehen, sondern als einen Apfel? Müssen nicht gerade wir, wir, die wir zu Höherem berufen sind, immer wieder zurück auf den Boden der Tatsachen, ja sind wir nicht geradezu verpflichtet, immer wieder auch bodenständig zu denken? Müssen wir nicht anfangen, über den eigenen Tellerrand hinauszuschauen?«

Langsam lief er die Stufen des Hörsaales hinunter, gefolgt von nachdenklichen Blicken. »Er hat uns zum Narren gemacht. Aber nicht er ist schuld, wir sind es. Der Meister gab uns die Sieben, und wir langweilen ihn mit den sieben Weisen und den sieben fetten Kühen. Du meine Güte! Haben wir vergessen, was im Lande los ist? Nein, liebe Kommilitonen, nicht Religion noch Geisteswissenschaft noch sonst wie geartetes Gedankengut ist die Botschaft. Sieben bedeutet Handeln, bedeutet Tat. Sieben meint die Tat als logische Folge aller irdischen Erkenntnisse. Sieben als Tat, so wie man Sand siebt vielleicht, oder Menschen.«

»Sieben, natürlich!«, rief ein anderer voller Verblüffung, »siebt, fordert er uns auf. Vielleicht dergestalt, dass Gutes von Schlechtem, Altes von Neuem getrennt werden soll, so wie man die kleinen Sandkörner von den großen durch Sieben trennt.«

Wieder war Bewegung in die Diskussion gekommen. Diese aufregende These war Zündstoff und Neuland zugleich. Alle waren nun aufgesprungen und rangen nach neuen Bildern für das Sieben als Tat, bis das Faktotum erschien und die Studenten zum Reflektieren hinausdrängte. Aufgewühlt verließen die Studenten den Hörsaal. Derweil der Meister die plötzliche Stille erholend in sich aufnahm. Er wirkte erschöpft. »Wie fühlen Sie sich?«, fragte das Faktotum. W.C.B. schüttelte nachdenklich den Kopf. »Komischer Text, nicht wahr?« Er schlug das Buch auf. »Das ist doch eine Sieben, oder?«

Das Faktotum nickte. »Das ist eine Sieben. Die Seitenzahl.«

Erstaunt blätterte der Meister weiter. »Dann ist das hier eine Acht?«

»Genau«, bestätigte sein Helfer.

»Soll ich jetzt den Text lesen?«

»Nein, nein. Nicht mehr nötig. Die Zuhörer sind schon gegangen.«

»Schon gegangen?«

»Ja, sie sind alle weg. Und wir gehen jetzt auch.« Behutsam griff das Faktotum dem Meister unter den Arm.

»Wohin denn?«

»Erdbeerkuchen mit Schlagsahne essen.«

»Au fein. Und Kakao trinken.«

Das Faktotum nickte. Vorsichtig führte er den alten Meister aus dem Hörsaal. Hinaus zum Taxi, das dort wartete. Und gemeinsam fuhren sie in ihren schiefen Elfenbeinturm zurück.

Der kleine Eisbär

Es war Liebe auf den ersten Blick. Als Knut den Eisbären entdeckte, streckte er instinktiv seine kurzen Ärmchen nach ihm aus, doch wurde er in diesem Moment auf die andere Seite gehievt. Seine Mutter, die gerade dabei war, ökologisch wertvolle Bauklötze auf ihren pädagogischen Wert hin zu untersuchen, sah ihn erstaunt an, als er scheinbar grundlos anfing zu zetern. Den noch immer ausgestreckten Ärmchen folgend, erkannte sie schließlich das Objekt der Begierde. »Na, haben wir ein neues Spielzeug entdeckt?«, fragte sie einigermaßen emotionslos und wandte sich wieder den Bauklötzen zu.

»Er scheint ihn ja wirklich zu wollen«, versuchte ich Partei für meinen Sohn zu ergreifen, doch das überhörte sie geflissentlich. »Von mir aus können wir ihm den Bären kaufen«, untermauerte ich daher meine koalierende Einstellung.

»Von mir aus aber nicht«, erwiderte sie knapp. »Was hältst du von diesem Basis-Set?«

Ich gab nicht auf. »Der Bär könnte ein Kamerad werden. Ein Kamerad fürs Leben.«

»Mann, Stephan, so ein Stofftier erfordert doch überhaupt keine kreativen Fähigkeiten. Bei einem Klotz muss er sich alles Mögliche noch vorstellen, aber so ein Vieh ist schon fix und fertig. Außerdem darf man einem Kind nicht alles geben, was es sieht. Sonst zieht man sich ein Monster heran.«

»Unter einem Holzklotz wird er sich kaum einen Eisbären vorstellen können. Und dass er ein Monster wird, nur weil er ein Stofftier hat, erscheint mir aus der Luft gegriffen. Ich hatte früher auch ein Stofftier.«

»Du hast es noch heute. Was peinlich genug ist.«

»Es ist ein Maskottchen.«

»Wie auch immer. Wir kaufen Knut keinen Eisbären. Er kriegt Bauklötzer.«

Meine Frau ist in manchen Dingen ziemlich unnachgiebig. Obwohl Knut deutlich artikulierte, ohne Eisbären nicht mehr leben zu wollen, kaufte sie die Bauklötze. Ich litt. Um meinen Sohn den Trennungsschmerz zu versüßen, gab ich ihm im Auto die Literaturbeilage der ›Zeit‹, die er auch sofort zerriss. Er schien wirklich sehr gefrustet zu sein.

* * *

Der Zufall wollte es, dass ich am Nachmittag noch einmal fort musste und erst gegen Mitternacht heimkehrte. Meine Frau schlief bereits, als ich mich neben sie ins Bett legte. Dafür schlief ich noch, als sie am nächsten Morgen aufstand, um wie immer als erstes nach dem Kind zu sehen. Dass sie kurz darauf wieder im Schlafzimmer erschien, bekam ich im Halbschlaf gerade noch so mit. »Warum?«, herrschte sie mich an.

Ich versuchte wach zu werden. Warum? ›Warum?‹ ist eine Frage, auf die es Tausende von Antworten gibt. Vor allem, wenn man nicht weiß, worauf sie sich bezieht. Krampfhaft überlegte ich, was meine Frau wohl meinen könnte und kam zu dem Schluss, ihr ›Warum?‹ bezöge sich auf meinen vor gut drei Jahren geäußerten Wunsch, einmal im Leben Urlaub in Bolivien machen zu wollen. »Weil es in Bolivien so schön warm ist«, antwortete ich daher, merkte aber gleich, dass das die falsche Antwort war.

»Warum hast du ihm den Eisbären doch gekauft?«, präzisierte sie ihr Anliegen, wobei sie es fertigbrachte, die Betonung auf jedes einzelne Wort zu legen.

Die Frage verwirrte mich noch mehr. Ich hatte Knut den Eisbären nicht gekauft; was also konnte sie meinen?

»Ich habe ihm den Eisbären nicht gekauft«, erwiderte ich wahrheitsgemäß, woraufhin sie mit einem »Ach ja?«, zurück ins Kinderzimmer stürzte und kurz darauf mit einem Eisbären wiederkam. Dem Eisbären. Der zeitgleich einsetzende Klagegesang Knuts deutete darauf hin, dass das Stofftier eben noch neben ihm im Bettchen gelegen haben musste. Wenn es ihm nicht sogar aus den Händen gerissen worden war. Verwundert starrte ich abwechselnd auf den Eisbären und meine Frau. Letztere machte mir plötzlich etwas Angst. Da ich von mir wusste, keinen Eisbären gekauft zu haben und Knut noch zu klein war, um Eisbären zu kaufen, musste er von meiner Frau gekauft worden sein. Eine Tatsache, die sie ganz offensichtlich negierte. Was wiederum zwei Möglichkeiten zuließ. Eine schlimme und eine noch schlimmere.

»Ich habe ihm den Eisbären nicht gekauft«, wiederholte ich tapfer meine Aussage, doch das brachte sie erst recht in Rage. »Ach ja? Dann hat er ihn sich wohl alleine gekauft?«

»Knut kann noch gar nicht selber einkaufen«, erwiderte ich, »er kommt ja nicht einmal allein aus seinem Gitterbett.«

»Aha. Was bleibt also?«

»Du hast ihn gekauft.«

»Ich?«

»Na klar, wer denn sonst? Er kann nicht und ich war's nicht. Also hast du ihn gekauft.«

»Mann, Stephan, was eierst du hier rum? Warum gibst du es nicht einfach zu? Du wolltest doch unbedingt, dass er das Vieh kriegt. Jetzt steh auch dazu.«

Ich schwieg. Offensichtlich traf die noch schlimmere Möglichkeit zu. Meine Frau wurde dement. Mit 35! Sie musste behandelt werden, doch galt es erst mal, die akute Situation zu lösen. Da ich mein Handeln gern nach großen Vorbildern ausrichte, überlegte ich, was Jesus jetzt tun würde und kam auf die Idee, alle Schuld auf mich zu laden. »Okay«, meinte ich, »ich habe ihm den Eisbären gekauft. Um mich bei Knut einzuschmeicheln. Es tut mir leid.«

»Wieso musst du dich bei ihm einschmeicheln?«

»Weil er dich mehr liebt als mich.«

»Na und? Das ist doch normal. Kinder lieben ihre Mütter immer mehr als ihre Väter.«

»Damit wollte ich mich aber nicht abfinden. Da hab ich es mit Geschenken versucht.«

»Vielleicht solltest du öfter mit ihm auf den Spielplatz gehen.«

»Ja, du hast recht. Vielleicht sollte ich das.«

Meine Frau sah mich noch einen Moment zweifelnd an, bevor sie den Eisbären ins Kinderzimmer zurückbrachte. Für den Augenblick hatte ich gewonnen.

Um ihr Vertrauen in mich zu vergrößern, ging ich am selben Tag tatsächlich noch mit meinem Sohn auf den Spielplatz. Während er im Sandkasten Kuchen buk, dachte ich über geeignete Strategien nach. Ich konnte meiner Frau einen Gutschein für eine Psychotherapie schenken. Oder mich mit einem Neurologen anfreunden, der dann immer Samstag zum Essen kam und sie dabei unauffällig beobachtete. Ein Schreien aus dem Buddelkasten lenkte mich ab. Knut hatte bei einem anderen Kind eine gelbe Plastikschaufel entdeckt und versuchte sie ihm wegzunehmen. Da Kinder auch lernen müssen, Konflikte selbst zu lösen, mischte ich mich nicht ein. Zumal Knut einen Kopf größer war und das andere Kind ein Mädchen. Leider sah dessen Vater das etwas komplizierter. Als Knut anfing, seiner Kontrahentin mit deren Schippe auf den Kopf zu hauen, sprang er hinzu und nahm sie ihm weg. Das fürchterliche Wehklagen meines Jungen ging mir ans Herz. Ich holte ihn aus dem Sand, versprach ihm eine wesentlich größere und schönere Schippe und machte mich auf den Weg nach Hause.

Am nächsten Morgen beim Frühstück versetzte mich eine beiläufig geäußerte Frage meiner Frau in Erstaunen. »Wo kommt eigentlich die Schippe her?«, fragte sie, während sie sich Himbeermarmelade aufs Brötchen schmierte.

»Schippe?«, fragte ich zurück.

»Schippe?«, äffte sie mir nach, »ja, Schippe! Die große gelbe Schippe, die er heute Morgen in seinem Bettchen hatte.«

»Knut hatte eine Schippe in seinem Bettchen?«

»Mann, Stephan. Tu doch nicht auf doof. Ihr wart gestern auf dem Spielplatz. Hat er sie da mitgenommen, oder was?«

»Kann sein«, murmelte ich, während mir heiß und kalt wurde. Knut hatte keine Schippe mitgenommen, der Vater der Kleinen hatte sie ihm ja aus den Händen gerissen. Zufällig hatte meine Frau wohl eine gekauft und sie ihm ins Bettchen gelegt. Und wusste jetzt schon nichts mehr davon. Ihr Verfall ging schneller vonstatten als gedacht. Ich musste handeln.

»Woher merken Irre eigentlich, dass sie irre sind?«, fragte ich wie nebensächlich und nahm einen tiefen Schluck Kaffee.

»Wie kommst du denn jetzt darauf?«

»Ach, nur so. Nehmen wir mal an, jemand meint, ein Vogel zu sein? Wenn man dem sagt, er ist keiner, glaubt er es bestimmt nicht. Weil er aus seiner Sichtweise nun mal einer ist, nicht wahr?«

»Nimmst du heute bitte die Gardinen ab? Sie sind mal wieder reif.«

»Du antwortest gar nicht auf meine Frage.«

»Weil sie mir zu blöd ist. Seit wann interessierst du dich für Irre?«

»Es müssen ja nicht gleich Irre sein. Es können ja auch Leute sein, die glauben, Stimmen zu hören. Oder die vergessen, was sie gemacht haben. Leute wie ich ... du.«

»Vergiss bitte nicht, die Gardinen abzunehmen. Und morgen wieder anzuhängen.«

Das Thema anzugehen erwies sich als schwierig. Ich beschloss, behutsam zu sein, wurde aber zwei Tage später von den Ereignissen überrollt. Ein Termin bei einem Vertragspartner in Wanne-Eickel hatte es erforderlich gemacht, aushäusig zu übernachten. Als ich anderntags nach Hause kam, war meine Frau gerade dabei, eine Katzenfutterdose zu öffnen.

»Du wirst Hunger haben,« kommentierte sie meinen erstaunten Blick.

»Ich soll Katzenfutter essen?«

»Nein, Mann. Das ist für die Katze, die uns zugelaufen ist. Du bekommst Lungenhaschee.«

»Uns ist eine Katze zugelaufen?«

»Ja, letzte Nacht. Sie muss durchs Fenster geklettert sein.«

»Du hast nachts das Fenster aufgelassen? Das machst du doch sonst nie, wenn ich weg bin.«

»Es war ja auch nicht direkt das Fenster. Ich hatte das Oberlicht angeklappt. Knut mag es gern luftig.«

»Sie ist durchs Oberlicht in Knuts Zimmer geklettert?«

»Muss wohl. Ich habe sie heute morgen in seinem Bettchen gefunden.«

»Moment mal! Eine wildfremde Katze klettert durch ein wildfremdes Oberlicht und legt sich zu einem wildfremden Kind ins Bett?«

»Warum nicht?«

»Und Knut? Hat er nicht geschrien? Er hat doch noch nie eine Katze gesehen.«

»Doch gestern. Bei Dörthe.«

»Dörthe hat eine Katze? Hat die nicht eine Katzenallergie?«

»Das nennt man Katzenhaarallergie. Aber die hat sie nicht. Sie hat Diabetes.«

»Und ihr wart gestern bei ihr?«

»Hast du heute große Fragestunde? Ja, wir waren gestern bei ihr.«

»Und heute morgen hat eine Katze in Knuts Bett gelegen?«

»Kannst du mal aufhören? Das habe ich doch schon gesagt.«

»Ich kann mir nun mal nicht vorstellen, dass Katzen durch Oberlichter klettern!«

»Diese hat es aber offenbar getan. Und was du jetzt denkst, kannst du gleich vergessen.«

»Was denkst du denn, das ich denke?«

»Dass ich ihm eine Katze gekauft habe und jetzt so tue, als wäre sie durchs Oberlicht geklettert.«

»Wollen wir diese Möglichkeit nicht wenigstens in Erwägung ziehen?«

»Nein, wollen wir nicht. Ebenso gut könnte ich behaupten, du wärest gar nicht nach Wanne-Eickel gefahren, sondern hättest nur so getan, um den Verdacht von dir wegzulenken, die Katze gekauft zu haben.«

»Ich gebe vor, zweihundert Kilometer zu fahren, quartiere mich statt dessen in einem Hotel in der Nähe ein und schleiche nachts in mein eigenes Haus, um meinem Sohn eine Katze ins Bett zu legen?«

»Psychopathen tun so etwas.«

»Ich bin aber kein Psychopath. Ruf meinen Chef an und frag ihn, ob ich mit ihm in Wanne-Eickel war.«

»Habt ihr zusammen in einem Zimmer übernachtet?«

»Natürlich nicht.«

»Du könntest also theoretisch in der Nacht hierher gekommen sein!«

»Das ist doch Schwachsinn.«

»Natürlich ist es Schwachsinn. Aber genauso ist es Schwachsinn, dass ich heimlich eine Katze kaufe, wo ich sie doch auch einfach so kaufen könnte.«

»Vielleicht schlafwandelst du.«

»Sicher. Ich geh mit ausgestreckten Armen im Nachthemd raus, fange irgendwo eine Katze und bringe sie ins Haus. Aber ich hab keine Lust mehr, darüber zu diskutieren. Wir haben jetzt eine Katze. Aus und basta.«

Damit war das Thema für meine Frau erledigt. Vorerst. Als ich meinem Sohn nämlich sein Mitbringsel aus Wanne-Eickel zum Spielen gab, ein quittegelbes Quietscheentchen für die Wanne, haha, griff sie dazwischen. »In gelben Quietscheentchen ist Blausäure in der Farbe«, meinte sie und nahm es ihm weg, »hab ich gestern gelesen. Ich will nicht, dass er das in den Mund nimmt.« Trotz Knuts heftigem Zetern und Schreien, ja trotz meines vorwurfsvollen Blickes, blieb sie hart. Vor allem als sie sah, dass das Quietscheentchen aus China stammte und nicht aus Wanne-Eickel. Doch es sollte noch schlimmer kommen.

Wie immer führte sie ihr erster morgendlicher Kontrollgang ins Kinderzimmer. Und wieder erschien sie kurz darauf in unserem Schlafzimmer. »Was soll der Scheiß?«, herrschte sie mich an. In der Hand hielt sie das Quietscheentchen.

»Ich weiß nicht, was du meinst«, erklärte ich perplex.

»Warum hast du ihm die Ente ins Bett gepackt? Ich dachte, wir hätten die Sache ausdiskutiert.«

»Ich habe ihm die Ente nicht ins Bett gepackt. Du hast sie doch gestern in den Badezimmerschrank verfrachtet.«

»Dort ist sie aber nicht mehr. Weil sie nämlich in seinem Bettchen lag.«

»Ich habe sie da aber nicht reingepackt.«

»Ich aber auch nicht.«

»Dann wird er sie sich wohl selber geholt haben.«

»Weil ein Kind im Krabbelalter auch aus seinem Gitterbett herauskommt und an einen Badezimmerschrank geht, der in zwei Metern Höhe hängt, nicht wahr?«

115

»Vielleicht war es ja die Katze.«

»Mann, Stephan, zieh es bitte nicht ins Lächerliche. Denk nach. Du warst doch bestimmt auf dem Klo heute Nacht.«

»Ich kann mich nur daran erinnern, dass du auf dem Klo warst.«

»Ich war nicht auf dem Klo. Ich habe nach Knut gesehen.«

»Und? War da die Ente schon da?«

»Nein, war sie nicht.«

»Dann muss es danach passiert sein.«

»Offensichtlich. Die Frage ist nur, warum du es nicht zugibst? Willst du mir Angst machen oder was?«

»Mit einem Quietscheentchen?«

»Damit, dass hier sonderbare Dinge passieren. Plötzlich auftauchende Gegenstände wie Eisbär, Schaufel und Ente.«

»Du hast die Katze vergessen.«

»Die Katze kam durchs Oberlicht!«

»Schwachsinn, ich werde dir sagen, was hier passiert. Knut kann teleportieren.«

»Darauf habe ich echt gewartet.«

»Nee, mal ehrlich. In seinem Bett tauchen nur Dinge auf, die er unbedingt haben will, aber aus diversen Gründen nicht haben darf. Vielleicht ist sein Wille so stark, dass er sie sich nachts herbei teleportiert.«

»Vielleicht ist aber auch dein Bedürfnis nach Anerkennung so stark, dass du völlig verdrängst, was du machst.«

»Wie meinst du das?«

»Was war denn mit dem Eisbären? Da hast du zugeben, dich bei Knut einschleimen zu wollen.«

»Das habe ich nur gesagt, um zu deeskalieren.«

»Quatsch. Du konntest dich nicht mehr herausreden, das war alles.«

»Ich brauche mich nirgendwo herausreden. Und mein Gehirn ist noch voll in Ordnung.«

»Tatsächlich? Wer von uns lässt denn ständig den Wohnungsschlüssel auf der anderen Türseite stecken? Oder verwechselt die Mülltüte mit der Stullentüte und geht damit zur Arbeit?«

»Die Tüten waren sehr ähnlich.«

»Hat es bei deinem Opa nicht auch recht früh angefangen?«

»Was hat Opa denn damit zu tun? Der hatte eine Kriegsverletzung. Und heimlich Katzen gekauft hat er auch nicht. Er glaubte nur Hitler zu sein.«

«Ich will dir auch nichts unterstellen. Aber irgendeine Erklärung muss es doch geben. Wenn du und ich es nicht sind, was ist es dann?«

»Wenn ich noch mal auf die Sache mit der Telekinese …?«

»Nein, kannst du nicht. Vielleicht schlafwandelt ja wirklich einer von uns.«

Ich wollte etwas erwidern, doch klingelte in diesem Moment das Telefon. Es war Dörthe. »Was?«, rief meine Frau in den Hörer, »deine Katze ist weg?« Erschreckt sah sie mich an und ungerührt zuckte ich die Schultern. »Sag ihr, sie sitzt bei uns unter dem Schrank«, riet ich, doch sie hielt schnell die Sprechmuschel zu.

»Lass uns einen Test machen«, schlug ich vor, als das Gespräch beendet war.

»Was für einen Test?«

»Wir zeigen Knut jetzt etwas ganz Tolles. Die restlichen Zitronenkekse aus der Dose zum Beispiel. Die will er bestimmt unbedingt haben. Wir zeigen sie ihm, bis ihm das Wasser im Mund zusammenläuft, dann packen wir sie wieder weg. Liegen dann morgen doch welche bei ihm, ist meine Theorie bestätigt.«

»Du bist ja schlau. Wenn er sich welche herbei teleportieren kann, warum sollte er sie dann nicht auch gleich essen?«

»Dann ist meine These eben bestätigt, wenn sie in der Dose fehlen.«

»Und woher weiß ich, dass du sie nicht gegessen hast?«

»Wir können sie ja zu Dörthe bringen, die darf keine Kekse essen. Offensichtlich kann Knut über weite Strecken teleportieren. Bei der Gelegenheit können wir ihr gleich die Katze zurückbringen. Wir brauchen ihr ja nicht zu sagen, dass unser Sohn sie wegteleportiert hat.«

»Das ist nicht Dörthes Katze. Und wenn, dann ist sie ausgebüxt und bei uns durchs Fenster geklettert.«

»Ich glaube, du fürchtest dich vor der Wahrheit.«

»Und du guckst zu viel Fernsehen.«

»Wie du meinst, Schatz. Wir wollten ja nächste Woche mit Knut in den Zoo. Wer weiß, was er dort alles toll findet.«

* * *

Inzwischen war ich völlig überzeugt davon, ein Wunderkind als Sohn zu haben. Zumal meine Frau schwankend wirkte bei der Frage, wie sicher sie sei, dass es sich bei unserer neuen Katze nicht doch um Dörthes handelte. Katzen sehen alle gleich aus, meinte sie nur, doch ich merkte, wie sie plötzlich darauf bedacht war, Knut von allzu verlockenden Dingen fernzuhalten. Was allerdings nicht verhinderte, dass er Bekanntschaft mit einem Spielzeug machte, dass ihm bis dahin noch nicht untergekommen war. Ein kurzer, unbewachter Augenblick hatte dazu ausgereicht. Meine Frau war in die Wohnung gegangen, um sich einen Kräutertee zu holen und als sie wieder auf die Terrasse zurückkam, kullerte Knut ein Original Fifa-Fußball vor die Füße. Gleichzeitig drang die Stimme des Nachbarsjungen durch die Hecke. Flehentlich fast und mit der Bitte, den Ball zurückwerfen, bevor sein Vater nach Hause käme und ihn vermöbelte. Ich kannte Timos Vater, wusste, dass er Deutschland am Hindukusch verteidigt hatte und dabei in einen Hinterhalt geraten war. Und dass er seitdem gerne grundlos zuschlug. Natürlich warfen wir den Ball umgehend hinüber, doch leider hatte Knut ihn bereits liebgewonnen. Jämmerlich weinte er ihm nach. »Schließ mich heute Nacht in der Speisekammer ein«, befahl ich meiner Frau.

»Was?!«

»Nur so kann ich beweisen, ihm keinen Fußball ins Bett gelegt zu haben. Dort wird nämlich morgen einer sein.«

»Du spinnst«, erwiderte sie, doch das leichte Tremolo in ihrer Stimme war unüberhörbar.

* * *

Wir schliefen beide nicht in dieser Nacht. Angespannt lauschten wir auf Geräusche oder darauf, ob der andere sich vielleicht heimlich aus dem Bett entfernte. Wenn einer aufs Klo ging, ging der andere mit und als meine Frau gegen drei Uhr ihren obligatorischen Knutbesuch machte, begleitete ich sie. Friedlich schlafend lag unser kleiner Goldengel in seinem Bettchen. »Kein Fußball«, flüsterte meine Frau erleichtert. »Wahrscheinlich holt er sich die Dinge erst in den frühen Morgenstunden«, raunte ich heiser.

* * *

Als wir am nächsten Morgen gemeinsam zu ihm hineinschauten und tatsächlich einen Fußball neben ihm entdeckten, konnte ich gerade noch verhindern, dass meine Frau zu Boden sackte. Ich schleifte die vorübergehend Bewusstlose ins Schlafzimmer, legte sie auf dem Bett in die stabile Seitenlage und pustete ihr solange Luft ins Gesicht, bis sie wieder die Augen aufschlug. »Unser Kind ist ein Monster«, waren ihre ersten Worte.

»Nur weil jemand telekinetisch veranlagt ist, ist er noch lange kein Monster.«

»Sie werden ihn uns wegnehmen.«

»Das können sie gar nicht. Allenfalls werden sie sein Gehirn untersuchen wollen.«

»Ja, aber sie werden es außerhalb seines Körpers untersuchen wollen.«

»Da haben wir als Eltern wohl immer noch ein Mitspracherecht.«

»Was machen wir denn jetzt?«

»Auf keinen Fall panisch werden. Bestimmt ist es nur eine vorübergehende Erscheinung. Das kindliche Gehirn macht verschiedene Entwicklungsstadien durch, möglicherweise ist eine davon mit der Fähigkeit behaftet, Materie zu bewegen.«

»Hast du schon mal von einem Baby gehört, das so etwas kann???«

»Natürlich nicht. Weil niemand es öffentlich zugeben würde. Zumal das sowieso keiner glaubt. Das ist wie mit Außerirdischen, die man gesehen hat. Das behält man auch besser für sich.«

»Wir können ihn doch aber nicht von allen Dingen fernhalten? Sollen wir ihn etwa im Zimmer einsperren?«

»Wozu? Er wird sich nur Dinge heranholen, die er in die Finger nehmen kann. Und unser Keller ist groß genug.«

»Willst du die Sachen etwa behalten?«

»Was sonst? Zurückbringen können wir sie nicht. Die Leute würden wissen wollen, wie sie in unseren Besitz gelangten. Nur Timos Ball schieben wir durch die Hecke zurück. Und Dörthe kriegt ihre Katze wieder. Wir können ja sagen, wir haben sie gefunden.«

* * *

Die nächsten Tage wurden anstrengend. Für Eltern ist es ein ziemlicher Schock, wenn sie merken, dass ihr Kind teleportieren kann. Viele Dinge gilt es da zu beachten. Zum Beispiel, dass man unbedingt verhindern muss, es ruchbar

werden zu lassen. Knut sollte nicht als moderner Kasper
Hauser enden oder als Versuchskaninchen für das Militär.
Nach und nach richteten wir unser Leben auf seine Fähig-
keiten aus. Wenn er etwas Schönes entdeckte, kauften wir es
lieber, bevor er es sich selber holte. Dennoch lagen morgens
oft Dinge in seinem Bett, von denen wir nicht wussten, dass
er sie gesehen oder in den Händen gehalten hatte. Auch be-
gnügte er sich längst nicht mehr mit einfachen Gegenständen.
So fanden wir eines Tages eine Radkappe bei ihm, ein
andermal sogar einen fast neuen Winterreifen. Und als er
sich einmal königlich über einen Drachen amüsierte, der
hoch über unserem Garten seine Schleifen zog, da wussten
wir schon, was uns anderntags erwartete. Ich begann mich
zu fragen, wie komplex die Sachen sein konnten, die er her-
anzuholen vermochte.

Es ergab sich, dass ich zwei Tage später mit ihm durch
die Gegend fuhr und durch Zufall einen Parkplatz direkt
vor dem Elektronik-Markt ergatterte. Mit Knut auf dem
Arm durcheilte ich die Regalreihen und gelangte unbeab-
sichtigt an den Stand mit den Navigationsgeräten. Eine
Messeneuheit fiel mir sofort ins Auge. Es war mit der deut-
schen Synchronstimme von Bruce Willis programmiert und
besaß Kartenmaterial für die ganze Welt, wenn man Afrika
und China nicht dazu rechnet. Zuerst zeigte Knut nur mä-
ßiges Interesse. Erst der automatisch ausklappende Bild-
schirm weckte seine Begeisterung. Vergnügt klatschte er in
die Hände. »Navigationsgerät«, erklärte ich überdeutlich,
»N a v i g a t i o n s g e r ä t!«

Am nächsten Morgen war ich vor meiner Frau in Knuts
Zimmer und sah sofort die originalverschweißte Verpa-
ckung neben ihm liegen. Tatsächlich – Knut war sogar in der
Lage, solch technische Dinge wie ein Navigationsgerät her-
bei zu teleportieren. Dass er nicht die Messeneuheit geholt
hatte, sondern nur das Vorgängermodell, schmälerte seine

Leistung keinesfalls. Obwohl das neueste besser gewesen wäre.

»Seit wann hast du ein Navigationsgerät?«, staunte meine Frau, als ich sie einen Tag später zu einem Arzttermin fuhr.

»Ein Arbeitskollege hat es mir billig verkauft«, log ich, »weil er sich ein neueres geholt hat.«

Eine Notlüge, denn natürlich würde sie niemals gutheißen, unser Kind für derlei Dinge herangezogen zu haben. Ich beschloss, es eine einmalige Aktion gewesen sein zu lassen.

Leider ging zwei Tage später unser DVD-Player kaputt.

»Mein Arbeitskollege kennt jemanden bei einer Spedition«, erklärte ich meiner Frau, als sie anderntags die neue Heimkinoanlage entdeckte, »wenn da Geräte vom LKW fallen, dürfen sie im normalen Handel nicht mehr verkauft werden, sondern nur noch unter der Hand.«

»Unter der Hand dürfen sie verkauft werden?«, fragte sie skeptisch.

»Inoffiziell schon.«

* * *

Es war nicht etwa so, dass ich kein schlechtes Gewissen hatte. Andererseits verbrachte ich auch viel mehr Zeit mit meinem Kind. Fuhr mit ihm in Fachgeschäfte, Kaufhäuser und einmal sogar auf eine Messe. Mein Geschick, die so erworbenen Neuanschaffungen vor meiner Frau zu verstecken oder sie ihr zumindest plausibel zu machen, wurde immer perfekter. Schwer wurde es bei dem Betonmischer. Knut hatte ihn entdeckt, während ich mir im Baumarkt vom Verkäufer einige Akkubohrer vorführen ließ. Es war ein Schock für mich gewesen, ihn anderntags neben seinem Bett stehen zu sehen. Die Maschine aus seinem Zimmer zu schaffen, bevor es meine Frau bemerkte, war eine heikle Angelegenheit gewesen. Vor allem wegen der Treppe.

Während ich noch damit rang, meine Versuche mit Knuts Fähigkeiten einzustellen, entdeckte ich eines Tages ein Christian Dior Kleid im Schrank meiner Frau. Umgehend stellte ich sie zur Rede.

»Ausverkauf bei Woolworth«, versuchte sie mir zu erklären, doch als ich nur erschüttert den Kopf schüttelte, gab sie ihren Fehltritt zu. »Es sollte nur dieses einzige Mal sein, wirklich. Ich wollte mal sehen, ob er auch solche Dinge wie ein Kleid teleportieren kann.«

»Ich verstehe dich nicht«, schimpfte ich, »du lässt dich dazu verleiten, die Fähigkeiten unseres Kindes für materiellen Gewinn zu missbrauchen?«

»Du hast recht, es wird nie wieder vorkommen.«

Trotz dieser Zusicherung fand ich vier Tage später eine Kiste auf dem Hängeboden, in der ein halbes Dutzend Paar Schuhe von Dolce und Gabbana, eine Lederjacke von Versace sowie diverse Kosmetika mit französischen Namen lagen. Um meine Frau nicht in die Enge zu treiben, verschwieg ich meinen Fund, zumal ich genug damit zu tun hatte, dass Spiegelteleskop in der Garage zu erklären.

Dann, eines Tages, versiegte die Quelle. Knut begann zu laufen und seine Interessen wurden praktisch über Nacht andere. Mit seinem Entwicklungsschritt verlor er die Fähigkeit, Dinge zu teleportieren, und allmählich richteten wir uns darauf ein, alles wieder selber kaufen zu müssen.

Da dies sehr teuer ist, kamen meine Frau und ich stillschweigend zu dem Entschluss, noch ein Kind in die Welt zu setzen, doch Knuts Bruder stellte sich in Sachen Teleportieren als Versager heraus. Auch unsere erste Tochter, die wiederum ein Jahr später geboren wurde, interessierte sich nicht dafür, Dinge allein durch die Kraft ihrer Gedanken transportieren zu können. Wie auch keines der anderen sieben Kinder, die nach und nach folgten. Jedes war für sich einzigartig und gerne sahen wir sie heranwachsen, aus dem

Haus gehen und eigene Familien gründen, doch teleportieren konnte keines von ihnen. Die Sache nahm erst wieder eine Wendung, als Knut uns zu Großeltern machte. Zu stolzen Großeltern, die mit ihrem Enkel Thomas viel unternahmen. Die mit ihm auf den Spielplatz gingen, in den Park und ins Kaufhaus. Zum Beispiel in die Spielzeugabteilung.

Und als Knut mich eines Tages fragte, ob wir den Eisbären gekauft hatten, der morgens bei seinem Sohn im Bett gelegen hatte, nahm ich ihn beiseite. »Wir müssen reden«, sagte ich.

Freie Marktwirtschaft

Der Topf Schwertlilien sah so aus, als habe er immer schon in der Ecke der kleinen Wachstube gestanden. Leicht angefressen lehnten die grünlichbraunen Blätter gegen die gelblichbraune Wand, deren letzter Anstrich Jahre zurückliegen musste und die nach und nach die Farbe der Decke annahm, auf der Generationen von Krankenwagenbesatzungen ihren Tabakrauch geblasen hatten. Vor dem schlierigen Fenster, wenn es denn mal offenstand, vollführte eine nikotingetränkte Gardine ihren schlängelnden Tanz im Zug der hereinziehenden Luft. Als wolle sie dem ständig laufenden MTV-Programm so etwas wie eine Berechtigung geben, denn keiner der Männer sah hin, die hier auf den nächsten Einsatz warteten.

Morgens, wenn die Nachtschicht ging, und mittags, wenn die Spätschicht kam, wurde die Luft besonders dick in dem ungemütlichen Raum. Dann saßen sich doppelt so viel Kollegen gegenüber, tranken Kaffee, den sie gegen ein geringes Entgelt dem geräuschvoll arbeitenden Kaffeeautomaten entnommen hatten, erzählten von ihren Einsätzen oder schoben sich Autoschlüssel und Papiere über die fleckenbesäte Tischplatte.

Einer der Krankenwagenfahrer war Dietrich, ein blasser Jüngling mit abstehenden Ohren – kleinen Radarstationen nicht unähnlich. Unmittelbar neben seinem Elternhaus hatte eine vielbefahrene Straße ihren schlechten Atem über Jahre hinweg in sein Kinderzimmer geblasen. Ein langsameres Größenwachstum war die Folge, ebenso ein geringeres Lungenvolumen. Wahrscheinlich auch das Unvermögen, die Ohren anzulegen. Wenn man ihn aufgestanden sah, dann vermochte man kaum zu glauben, dass er fähig sein sollte, Krankentragestuhl oder Trage in den vierten Stock eines Wohnhauses zu schleppen, geschweige denn mit einem Patienten darauf wieder nach unten zu bringen, ohne zusammenzubrechen. Zumal es eine unheilvolle Korrelation zwischen Gewicht und Stockwerk zu geben schien, wohnten doch die schwersten der Patienten der Statik zum Trotz immer oben. So wirkte Dietrich etwas fehl in dieser Runde, und recht eigentlich hatte er auch Arzt werden wollen. Aber sein Wissen reichte nicht einmal zum Rettungssanitäter – also weder hinten noch vorn, wie es so schön heißt. Statt auf der Rettungsstation eines Krankenhauses war Dietrich hier in dieser Rettungssanitäterwelt gelandet, um wenigstens etwas mit dem zu tun zu haben, was er als seine Berufung empfand.

»Wo bleibt denn dein Neuer? Kommt er schon den ersten Tag zu spät?«, fragte ihn unvermittelt sein Kollege von der Frühschicht und riss ihn aus dem Tagtraum, in dem er einen unerschrockenen Notarzt spielte, der eine junge Frau aus einem brennenden Haus trug. Dietrich zuckte die Schulter. Woher sollte er wissen, was mit dem Neuen war? Ihm sagte ja niemand etwas. Gestern war sein langjähriger Partner in den Ruhestand gegangen. Dreißig Jahre hatte er es beim Roten Kreuz ausgehalten, zuletzt mit starken Rückenschmerzen. Der Neue, so hieß es, wäre noch nie in dieser Stadt gewesen, weshalb er, Dietrich, nun so wichtig sei. Denn auskennen in dieser Stadt tat er sich wirklich.

»Wer weiß, was das für eine Pfeife ist«, beteiligte sich nun ein weiterer an dem Gespräch, das eigentlich keins war, sondern im Grunde nichts anderes als das Festlegen einer Rangordnung, der sich ein neuer Kollege genauso unterzuordnen hatte wie ein neuer Hirsch der Rudelhierarchie. Alle nickten, auch Dietrich. Obwohl es ihm nicht wichtig erschien, wie der Neue war – nur Raucher sollte er sein, sonst gab es bloß Streit. Dem Gedanken an eine Zigarette folgte der Impuls zum Rauchen, und ohne es selbst zu merken, nestelte Dietrich die Packung aus der dafür reservierten Tasche seiner viel zu großen Rettungsdienstjacke hervor. Als er seinen blauen Rauch zur Decke schickte, ging die Aufmerksamkeit der anderen zum Fenster hinüber, an dem in diesem Moment ein langer, schlaksiger Bursche in Begleitung des Chefs vorbeilief.

»Ist er das etwa?« Die Kollegen sahen sich belustigt an. Kurz darauf wurde die Tür quietschend aufgestoßen und der Chef betrat den Raum. »Meine Herren«, begann er, »Sie haben einen neuen Kollegen.«

Er machte einen Schritt beiseite, um den Neuen vorbeizulassen. »Stellen Sie sich am besten selber vor.«

Vorstellungen neuer Kollegen waren nichts Seltenes. Es herrschte eine gewisse Fluktuation unter der Belegschaft, denn der Rettungsdienst des Roten Kreuzes lavierte ständig am Rande der Existenz. Wer was Besseres fand, nutzte die Chance und verschwand. Und die, die nachrückten, mussten sich die Anerkennung derjenigen verdienen, die schon jahrelang dabei waren. Diese Notwendigkeit hing unverkennbar in der Luft und dementsprechend devot traten die Anwärter ihren ersten Tag an. Normalerweise.

»Mein Name ist Thorsten Tok«, stellte sich der Neue mit einer lauten, starken, nicht einmal nervös klingenden Stimme vor, trat dann an den Tisch und griff nacheinander jede Hand, um sie kräftig zu schütteln. »Ich bin Rettungsassistent, komme aus Erfurt und denke, wir werden gut miteinander auskommen.«

Nachdem er die Runde gemacht hatte, stellte er sich zurück neben den Chef, der sichtlich erfreut war über diesen starken Auftritt. Den Altgedienten war zwar fast das Kinn auf die Brust gefallen, doch das ignorierte Thorsten. Er sah anscheinend absolut keine Notwendigkeit zur Zurückhaltung. Nicht wegen der gerade erst erfolgten Dienstzugehörigkeit und auch nicht des sächsischen Dialekts wegen, der breit und unverblümt seine Herkunft zeigte, auch ohne das es hätte betont werden müssen.

»Na, dann viel Spaß«, meinte einer der Kollegen, schlug klatschend die Hand auf den Tisch und schob geräuschvoll seinen Stuhl zurück. Demonstrativ taten es ihm die anderen nach. Geschlossen verließen sie die Wachstube, um ihren Feierabend anzutreten. Übrig blieben nur Dietrich und die beiden Kollegen des zweiten Wagens dieser nachmittäglichen Dienstschicht. Als auch sie aufstanden, um sich um ihr Auto zu kümmern, fühlte Dietrich sich kleiner als ohnehin schon.

»Ich lasse Sie beide jetzt allein«, meinte nun auch der Chef zum Neuen. »Herr Klitze wird Ihnen alles zeigen.«

Der Chef ging. »Klitze?«, fragte der Neue. »Ich hatte mal einen Onkel in Gera, der hieß auch Klitze. Aber mit dem bist du nicht verwandt, oder?«

Rasch schüttelte Dietrich den Kopf. »Ich komme aus dem Westen«, stellte er unmissverständlich klar, »wir hatten keine Verwandten im Osten.«

»Hätte ja sein können. Wollen wir auch mal losmachen?« Thorsten deutete mit dem Kopf nach draußen. Hin zum Wagen, den Dietrich bereits aus der Garage gefahren hatte. Verärgert folgte er dieser Aufforderung. Seinem Verständnis nach hätte das Kommando zum Aufbruch vom ihm kommen müssen, schließlich war er der Dienstältere. Der Neue gab sich wirklich alle Mühe, um unbeliebt zu werden.

Während Dietrich hinter dem Lenkrad geklemmt eine neue Fahrtenschreiberscheibe einlegte, rumorte Thorsten im Patientenraum mit den medizinischen Geräten herum. Ab und zu ließ er einen Kommentar ab, der sich meist auf die Anordnung der Dinge bezog, aber immer kritischen Inhaltes war. Auch das hatte noch niemand gewagt. Am ersten Tag schon die Anordnung in Frage zu stellen. Und dann noch mit diesem Dialekt.

Über das Steuerrad, das er wegen eines dicken Kissens überragte, sah Dietrich die Kollegen aus dem Umkleideraum kommen. Sie warfen ihm ein mitleidiges Kopfschütteln zu, ein Verdrehen der Augen, mit dem sie das Gebaren des Neuen bedachten, und das erste Mal fühlte Dietrich so etwas wie Solidarität. Dann sprang ihr Pieper an und meldete eine hilflose Person in einer Wohnung. Verdacht auf Apoplex. Näheres war der krächzenden Computerstimme nicht zu entnehmen. Thorsten schwang sich auf den Beifahrersitz und schnallte sich an, Dietrich lenkte das Auto vom Hof.

»Welche Krankenhäuser gibt es in der Nähe der Einsatzstelle?«, fragte Thorsten.

»Das Augustenburger und das Zum Heiligen Hirten.«

»Welches hat einen Neurologen?«

»Nur das Zum Heiligen Hirten.«

»Dann werden wir dorthin fahren.«

Dietrich nickte stumm. Ohne den Patienten gesehen zu haben, wusste der Neue schon, wohin es zu gehen hatte. Ein Neunmalkluger. Das konnte ja was werden.

Es stellte sich heraus, dass die alte Dame im Grunde mopsfidel war. Eine kleine Schwäche hatte sie in den Sessel zurückgezwungen, aus dem sie kurz vorher aufgestanden war. Ihre Tochter hatte daraufhin den Rettungsdienst gerufen und bestand nun darauf, die Mutter untersuchen zu lassen. Da sie in letzter Zeit in keinem Krankenhaus gewesen war, spielte es keine Rolle, in welches von beiden sie kam, lagen sie doch in etwa gleich weit entfernt. Der Patientin gefiel jedoch der Name Zum Heiligen Hirten am besten, also brachten Dietrich und Thorsten sie dorthin.

* * *

So problemlos dieser Einsatz verlief, so kompliziert wurde es danach auf dem Heimweg. »Du willst doch nicht etwa im Krankenwagen rauchen?«, fragte Thorsten entrüstet, als Dietrichs Hand die Zigarettenschachtel herausfischte. »Das habe ich immer gemacht«, erwiderte dieser, doch Thorsten schüttelte den Kopf. »Nee, lass mal, ich vertrag keinen Rauch. Außerdem ist es nicht besonders kundenfreundlich, wenn es nach Zigarette stinkt. Vom Gesundheitlichen mal ganz abgesehen.«

»Und wenn ich das Fenster einen Spalt öffne?«

»Auch dann nicht. Ich will es nicht. Wenn wir auf der Wache sind, kannst du dir gern eine anstecken.«

Genervt packte Dietrich die Zigarette wieder ein. Dummerweise konnte er sich noch nicht einmal beim Chef beschweren, denn das Rauchen auf dem Auto war tatsächlich verboten. Nicht zuletzt des Sauerstoffs wegen, den sie an Bord hatten. Frustriert sagte er kein Wort mehr.

»Hör mal«, begann Thorsten vermittelnd, »du solltest dir auch mal Gedanken darüber machen, was du sparen würdest. Nehmen wir mal an – eine Schachtel pro Tag. Vier Euro. Das Ganze mal 30. Macht 120 Euro. Das mal zwölf macht … warte mal.« Er holte einen Taschenrechner heraus und fing an, Zahlen einzutippen.

»1440«, kam ihm Dietrich zuvor und Thorsten sah erstaunt auf. »Wie hast du das denn gemacht?«

»Wir hatten auch Schulen im Westen.«

»Na klar. Kopfrechnen, erste Sahne. Aber warum verkaufst du dich dann so schlecht?«

»Bitte?«

»Ich meine … schau dich doch mal an. Also ehrlich, du machst nicht genug her. Hast du eine Freundin?«

Trotzig schaute Dietrich aus dem Fenster. »Ich wüsste nicht, was dich das angeht.«

»Na, siehst du. Mensch, wir leben im Zeitalter der Gewinnmaximierung. Wer das nicht kapiert, bleibt ganz schnell außen vor.«

»Da hast du dir ja den richtigen Job ausgesucht. Warum machst du denn nicht auf Verkäufer?«

»Weil die Branche wurscht ist. Wer sich richtig verkauft, kommt überall weiter.«

»Weiterkommen«, höhnte Dietrich, »der Staat ist pleite, die Firma ist pleite, alles spart, wo es nur geht. Durch die Wirtschaftskrise entstehen doch überall neue Finanzlöcher. Momentan ist Weiterkommen nicht drin.«

»Quatsch. Durch die Krise ist doch das Geld nicht weniger geworden. Es wird nur anders verteilt. Man muss sich anpassen, das ist das ganze Geheimnis.«

Sie wurden unterbrochen, als über Funk der nächste Einsatz kam. Auf einem Spielplatz war ein kleines Kind vom Klettergerüst gefallen. Dietrich vergaß den Ärger mit dem neuen Kollegen und steuerte stolz seinen blaulichtflackernden Krankenwagen durch den Berufsverkehr. In Momenten wie diesem brauchte er kein Kissen.

* * *

Spät am Abend, kurz vor der Ablösung, warteten sie in der Wache auf die Nachtschicht. Thorsten hatte nicht aufgehört, Dietrich von den phantastischen Möglichkeiten der freien Marktwirtschaft vorzuschwärmen. Das Geld läge im Prinzip auf der Erde, wie er meinte. Man müsse nur auf die günstige Gelegenheit warten. Dietrich hörte ihm kaum zu, sondern saß am spaltoffenen Fenster und paffte so gut es ging den Rauch hinaus. Allerdings überlegte er, sich ein neues Sakko zu kaufen.

* * *

Seine Mutter schlief noch nicht, als er nach Hause kam. »Na, wie war's?«, fragte sie ihn, ohne den Blick von dem Kissen zu nehmen, in das hinein sie im Licht einer Leseleuchte eine Blume stickte.

»Wie immer«, antwortete ihr Sohn lustlos und verschwand schnell ins Badezimmer. Grübelnd betrachtete er sich im Spiegel. Wann war er eigentlich das letzte Mal beim Friseur gewesen? Ein Pickel fiel ihm ins Auge. Und während seine Mutter in der Küche das Abendbrot vorbereitete, versuchte er sich dieses Makels zu entledigen.

»Alles in Ordnung?«, fragte seine Mutter besorgt, denn normalerweise wusch sich der Junge nur die Hände, bevor es zum Essen ging. Dietrich nickte wie abwesend und sie bohrte nicht weiter. Wenn sie Glück hatte, dann rührte die offensichtliche Niedergeschlagenheit ihres Sohnes von einer geplatzten Verabredung. Was wiederum bedeutete, dass er etwas mit Mädchen hätte. Zeit wurde es zumindest dafür.

* * *

Der nächste Tag begann ruhig für die beiden Sanitäter, zumindest was Einsätze anging. Dietrich war gestresst von seinem Kollegen, der ununterbrochen mit seinem Handy telefonierte und dann auch noch recht offensichtlich mit verschiedenen Frauen sprach. Unbeeindruckt davon, dass Dietrich alles mit anhören konnte. Der erste Einsatz rettete den Frustrierten, doch die Freude, die er sonst bei Alarmfahrten empfand, wollte sich diesmal nicht so recht einstellen.

Als sie ihren ersten Patienten im Augustenburger Krankenhaus abgeliefert hatten und zum Auto zurückgingen, kam ihnen ein Arzt hinterher, der sich als Chefarzt Dr. Hauser vorstellte und sie auf einen Kaffee einlud. Überrascht von der Einladung folgten ihm die beiden in sein Büro. Während sie einigermaßen verkrampft in den Besucherstühlen saßen, erzählte der Chefarzt, wie sehr er die Arbeit der Rettungsdienste bewunderte. Und verriet ihnen zum

Schluss, dass für Leute wie sie in Zukunft immer ein Kaffee bereitstünde.

»Da kommen wir ja gerne wieder«, lachte Thorsten.

»Das will ich hoffen«, erwiderte der Chefarzt.

Zwei Stunden später hatten sie eine alte Dame im Auto, die schon seit Tagen nicht mehr richtig aß und völlig entkräftet von Angehörigen aufgefunden worden war. Obwohl das Krankenhaus Zum Heiligen Hirten ein ganzes Ende näher lag, fuhren sie das Augustenburger an. Und tatsächlich – wieder bekamen sie einen Kaffee.

»Verstehst du jetzt, was ich meine?«, fragte Thorsten später im Auto. »Das nennt man freie Marktwirtschaft.«

Dietrich lachte. »Was habe ich davon? Wenn ich jedes Mal am Nachmittag Kaffee trinke, kann ich irgendwann nicht mehr schlafen.«

»Kapier doch! Es geht ums Prinzip. Und außerdem haben wir nächste Woche Frühschicht, da können wir völlig auf den komischen Kaffeeautomat bei uns im Pausenraum verzichten. Und sparen echtes Geld.«

»Ja, Millionen. Wenn wir nur lange genug arbeiten. Ich kann das ja mal ausrechnen.«

Zurück auf der Wache, hielt ihm Thorsten sein Handy vor die Nase. »Warum hast du eigentlich keins?«

»Ich brauche keins.«

»Jeder Mensch braucht ein Handy. Wir leben im Zeitalter der Kommunikation.«

»Der Bekannte eines Schwagers meiner Mutter«, erwiderte Dietrich, »dessen Bruder ist pleite gegangen an so einem Ding.«

»Das ist doch Quatsch. Es gibt City-Optionen, Billig-Tarife und Prepaid-Karten. Man muss nur ein bisschen clever sein.«

»Und wenn schon. Mich ruft eh keiner an.«

»Ja. Aber nur, weil es sich für niemanden lohnt, jemanden anrufen zu wollen, der nicht erreichbar ist.«

Darüber hatte Dietrich einen Augenblick nachzudenken. Eine richtige Erwiderung fiel ihm nicht ein.

»Ich borg dir mein altes«, meinte Thorsten nach einer Weile. »Da kaufen wir dir eine Karte für fünfzehn Euro, damit du erst mal telefonieren kannst.«

»Ich kenne mich nicht aus mit den Dingern.«

»Das zeig ich dir, keine Sorge.«

Einen Einsatz später kauften sie ihm bereits eine neue Prepaid-Karte. Sofort rief Dietrich seine Mutter an.

»Das ist nicht nur ein Spleen«, setzte Thorsten später noch eins drauf, »heutzutage sind Handys besonders im Berufsleben unverzichtbar. Vor allem im Rettungsdienst. Wirst sehen.«

Und als könne es dadurch bewiesen werden, gab er die Telefonnummern der umliegenden Krankenhäuser in sein Telefon ein. »Jetzt können wir zum Beispiel vorher fragen, ob die überhaupt Platz für den Patienten haben.«

»Warum soll ich auf eigene Kosten ein Krankenhaus anrufen wollen?«, fragte Dietrich empört.

Thorsten verdrehte die Augen. »Denk mal wie ein Unternehmer, nicht wie ein Beamter. Berufliches Engagement zahlt sich immer aus.« Er redete solange auf Dietrich ein, bis auch der die Telefonnummern sämtlicher umliegender Krankenhäuser in seinem Handy speicherte. Und als er probeweise das Krankenhaus zum Heiligen Hirten anwählte, stellte die Schwester gespielt böse fest, dass man ihn schon lange nicht mehr gesehen habe. Dietrich – verdattert darüber, dass ihn jemand vermisste, und dann auch noch eine Frau – verriet der Schwester stotternd, dass es Kaffee im Augustenburger gäbe, um rasch hinzuzufügen, dass das natürlich keine Auswirkung auf seine Arbeit hätte.

»Das muss ich denn einfach mal so zur Kenntnis nehmen«, sagte die Schwester ungespielt böse und legte auf.

Erschreckt schaute Dietrich seinen Kollegen an. »Das war doch nur ein Scherz«, stöhnte er.

Beeindruckt zuckte der die Schulter. »Wieso das denn? Du hast gesagt, was Sache ist. So ist das nun mal. Da kann die Schwester sauer sein, solange sie will.«

»Aber jetzt ist sie auf mich sauer.«

»Dafür bist du ihr aufgefallen, das ist doch schon mal was.«

Zehn Minuten später klingelte Dietrichs Handy. Doch es war weder seine Mutter, noch die Schwester aus dem Krankenhaus, sondern der Direktor des Heiligen Hirten. »Kaffee also?«, fragte er direktemang heraus.

»Ja schon, aber das hat natürlich keinerlei Auswirkung auf unsere Arbeit. Also nicht, dass Sie jetzt denken, wir …«

»Auch Kuchen?«

»Bitte?«

»Gibt es auch Kuchen im Augustenburger Krankenhaus?«

»Kuchen? Nein.«

»Aber bei uns.«

»Ich verstehe nicht … wieso …?«

»Ab sofort gibt es Kaffee und Kuchen bei uns. Ihr Job ist schwer genug. Ich finde, Sie haben sich eine kleine Stärkung verdient, wenn Sie zu uns kommen.« Damit war das Gespräch beendet.

»Was war das?« fragte Dietrich verwundert.

»Freie Marktwirtschaft«, erklärte Thorsten.

* * *

Als sie eine Stunde später mit einer geplatzten Krampfader ins Krankenhaus Zum Heiligen Hirten kamen, wurde der Haustischler gerade mit dem kleinen Tisch fertig, der nun an der Stelle stand, wo vorher ein Informationsplakat über Karies hing. Sie waren die ersten, die den frisch gebrühten Kaffee und den köstlichen Kuchen kosten durften.

»Lecker«, meinte Thorsten mit vollem Mund.

»Zum Dickwerden«, erwiderte Dietrich.

»Weißt du was«, schlug Thorsten vor, »wir nennen uns ab sofort ›Rescue Number Seven‹. Was hältst du davon?«

»Ich weiß nicht. ›Rot Kreuz Sieben‹ hat's doch auch getan.«

»Deutsch ist aber nicht mehr zeitgemäß. Darunter können sich die Leute nichts vorstellen. ›RotKreuz Sieben‹ kann auch ein Auto vom fahrbaren Mittagstisch sein. Für eine bessere Performance brauchen wir ein Label. Der Wiedererkennungswert ist wichtig.«

»Ist das nicht etwas albern? Ich meine, ›Rescue Number Seven‹, das klingt nach den Straßen von Manhattan, aber doch nicht nach uns.«

»Genau. Und was ist die Schlussfolgerung daraus?«

»Keine Ahnung.«

»Na, dann pass mal auf.«

Kaffee- und kuchengestärkt dirigierte Thorsten seinen Kollegen zu einem Geschäft für Arbeitskleidung. Während Dietrich befangen im Laden herumstand, ließ Thorsten sich die allerneuesten Kollektionen vorführen. Schließlich entschied er sich für eine schnittige Rettungsdienstjacke, deren Aussehen an eine Pilotenjacke erinnerte. Dazu nahm er noch eine neue weiße Hose und ein Paar dazu passende Schuhe mit Stahlkappen. Das Sahnehäubchen auf dem Ganzen aber war das fesche weiße Käppi. Zufrieden betrachtete er sich im Spiegel. »Und?«, fragte er, »fetzig, nicht wahr?«

»Kein Wunder. Hast ja auch nur vom teuersten genommen.«

»Freie Marktwirtschaft gibt es nun mal nicht zum Nulltarif. Ohne Investitionen kommt man heutzutage nicht mehr weit.«

»Aber nur, wenn man das Geld für Investitionen hat. Zu solchen Leuten gehöre ich nicht.«

»Kennen Sie schon unser Ratenkaufsystem?«, fragte der Verkäufer.

* * *

»Ich muss verrückt sein«, stöhnte Dietrich, als sie den Laden wieder verließen. »Fast 200 Euro. Und dann auch noch auf Pump. Nur, um etwas chicer auszusehen.«

»Bleib locker. Die monatlichen Belastungen sind minimal. Dafür wirst du jetzt von den Leuten ganz anders angesehen. Dazu kommt dann noch die Steuerersparnis. Das rechnet sich schon.«

»Was habe ich davon, anders angesehen zu werden? Denkst du, unser Chef sagt, ach der Dietrich sieht ja heute toll aus, dem gebe ich mal einen Euro mehr die Stunde?«

»So ist das natürlich nicht. Aber es wird einen gewissen Synergieeffekt geben. Weißt du, was Synergie ist?«

»Ja. Wenn eine Hand die andere wäscht.«

Thorsten lachte. »Das auch. Aber ich meine etwas anderes. Nehmen wir mal an, der Chef muss einen Mitarbeiter entlassen, weil es der Firma nicht so gut geht. Wenn er zwei zur Auswahl hat, wird er natürlich den nehmen, der weniger engagiert ist. Und dass du engagiert bist, beweist du ihm dadurch, dass du chicer rumrennst als die anderen. Von mir mal abgesehen.«

Wie recht Thorsten hatte, erkannte Dietrich, als sie den nächsten Patienten ins Krankenhaus zum Heiligen Hirten brachten. Noch während sie am Kuchenstand Pause machten, kamen drei Schwestern vorbei und bemerkten, wie toll sie in den neuen Sachen aussähen.

»Du solltest dich nicht umziehen, wenn du heute nach Hause fährst«, flüsterte Thorsten seinem Kollegen zu, »dann klappt's auch mit der Nachbarin.«

»Die ist fünfundvierzig«, meinte Dietrich entsetzt.

»Das war sinnbildlich gesprochen. Dann halt mit ihrer Tochter.«

»Die hat sich noch nie für mich interessiert.«

* * *

Eines Tages, sie saßen gerade in ihrer kleinen Wachstube, erschien der Chefarzt des Augustenburger Krankenhauses bei ihnen. »Warum kommen Sie eigentlich nicht mehr zu uns«, fragte er, »schmeckt Ihnen der Kaffee nicht?«

Verlegen sahen die beiden Sanitäter sich an. »Es hat sich immer so ergeben«, versuchte Thorsten zu erklären.

»Hat sich so ergeben? Oder liegt es am Kuchen? Man hört da so einiges.«

»Na ja, in gewisser Weise …«

»Also doch. Aber der Mensch lebt nicht vom Kuchen allein, nicht wahr? Kennen Sie eigentlich schon unseren kostenlosen Mittagstisch?«

Nach diesem Gespräch ergab es sich, dass es sich immer so ergab, dass die Patienten ins Augustenburger Krankenhaus gebracht werden mussten. Besonders zur Mittagszeit. Dietrich hatte zwar noch immer Bedenken – er meinte, das wäre Bestechung –, doch Thorsten beruhigte ihn. »Dem Patienten ist es egal, wohin er kommt. Der will nur gesund werden. Es wird also niemand geschädigt. Insofern ist es auch keine Bestechung.«

»Ja … natürlich. Aber das Geld, das die Augustenburger ausgeben, um zum Beispiel unser Mittagessen zu finanzieren, das könnten die doch auch den Patienten zugute kommen lassen. Insofern wird er ja doch irgendwie geschädigt. Oder?«

»Quatsch. Das Geld holen die wieder rein, indem sie mehr Patienten haben als vorher. Die profitieren von uns, wir profitieren von denen. Eine Hand wäscht die andere.«

»Der Synergieeffekt, ich weiß.«

* * *

»Da hat ein Herr für dich angerufen,« sagte Dietrichs Mutter, als er abends nach Hause kam.

»Ein Herr? Was für ein Herr?«

»Das habe ich vergessen. Ich glaube, er ist Arzt in einem Krankenhaus oder so. Warum hast du dich eigentlich nicht umgezogen?«

»Ich will die neuen Sachen nicht in der Firma lassen. Sonst hat er nichts gesagt?«

»Es hatte etwas mit euren Patienten zu tun. Habt ihr keine Schränke mehr auf der Arbeit?«

»Doch, aber da hängen meine alten Sachen drin. Wollte er noch mal anrufen?«

»Ja, in einer halben Stunde. Habt ihr nun doch neue Sachen gekriegt? Geht es dem Roten Kreuz denn inzwischen besser? Finanziell, meine ich.«

»Nein. Hast du eigentlich schon das Backblech zu Frau Schröter zurückgebracht?«

»Du wolltest doch, dass ich am Sonntag Kuchen backe.«

»Ach weißt du, ich esse in letzter Zeit so viel Kuchen im Krankenhaus. Ich werde es mal gleich rüber bringen. Noch habe ich Schuhe an.«

»Wenn du meinst.«

Bevor es sich seine Mutter anders überlegen konnte, hatte Dietrich das Backblech aus der Küche geholt und an der Tür der Nachbarin geklingelt. Nora, die 17jährige Tochter, öffnete. »Ui«, sagte sie anerkennend.

»Ich will euch das Backblech zurückbringen«, meinte Dietrich mit kloßiger Stimme und hielt es dem Mädchen wie zum Beweis hin.

»Wolltet ihr Sonntag nicht Kuchen backen?«

»Nein ... äh ... ich muss auf meine Figur achten. Häh, häh, das war ein Scherz. Also, die Wirklichkeit ist, äh, ich mache mir nichts aus Kuchen.«

»Schade, ich wollte dich gerade zu meiner Kuchenparty am Samstagabend einladen.«

»Ich mache mir ja erst ab Sonntag nichts mehr aus Kuchen.«

»Dann kommst du also?«

»Klar komme ich. Ich …«

»Du müsstest aber einen Kuchen mitbringen.«

»Kein Problem.«

»Dann nimmst du das Backblech am besten wieder mit.«

»Klar, nehme ich wieder. Wann denn, am Samstag?«

»So gegen vier. Geht das?«

»Geht, geht, geht. Ich arbeite bis drei.«

»Dann also bis Samstag.«

Leicht schwebend kehrte Dietrich mit seinem Backblech zur Mutter zurück.

»Sind sie nicht da?«, fragte sie verwundert, doch klingelte in diesem Moment das Telefon. Dietrich drückte ihr das Blech in die Hand und nahm den Hörer ab. »Klitze.«

»Professor Heringsdorf. Krankenhaus Zum Heiligen Hirten. Sind Sie Dietrich Klitze?«

»Ja? Wieso?«

»Tut mir leid, dass ich Sie in Ihrem Feierabend störe. Ich wollte es aber nicht an die große Glocke hängen. Um es kurz zu machen … man will Betten bei uns abbauen.«

»Au weia.«

»Uns wurden die Mittel gekürzt. Gestern wurde ein neues Finanzloch im Finanzministerium entdeckt.«

»Bestimmt wegen der Finanzkrise.«

»Wie auch immer. Fakt ist, dass in letzter Zeit weniger Patienten zu uns kommen. Da meint die Finanzverwaltung, wir bräuchten nicht so viele Betten.«

»Verstehe.«

»Nun habe ich mich gefragt, warum kommen weniger Patienten zu uns als sonst?«

»Das kann verschiedene Ursachen haben.«

»Vielleicht liegt es ja allein daran, dass es im Augustenburger Mittagessen gibt.«

»Das spielt bei unserer Arbeit überhaupt keine Rolle. Wir

fahren das Krankenhaus an, das für den Patienten am besten geeignet ist.«

»Natürlich. Deshalb sind wir vom Heiligen Hirten immens daran interessiert, besser zu sein als andere. Und würden Ihnen das gern beim nächsten Mal beweisen.«

»Ich verstehe nicht.«

»Probieren Sie es aus. Sie werden es nicht bereuen.«

»Schön und gut. Aber uns sind doch die Hände gebunden. Wenn das Augustenburger zum Beispiel näher ist.«

»Wir haben einen Neurologen im Haus.«

»Nicht jeder Patient muss neurologisch behandelt werden.«

»Können Sie das wirklich ausschließen? Ich meine, man steckt ja nicht drin in solch einem Patienten. Passieren kann doch alles Mögliche, heutzutage, oder? Haben Sie eigentlich schon ein eigenes Stethoskop?«

Damit war das Gespräch beendet. »Wieso bringst du das Backblech zurück?«, wollte Dietrichs Mutter wissen, »drüben brennt doch Licht.«

»Ich habe es mir anders überlegt. Vielleicht kannst du mir doch einen Kuchen backen. Zum Samstag, wenn es geht.«

»Ich denke, du isst in letzter Zeit zu viel Kuchen? Im Krankenhaus.«

»Das habe ich mir auch anders überlegt. Ich will nicht, dass die Leute denken, wir fahren nur ins Augustenburger, weil es dort Kuchen gibt.«

»Und was wollte der Herr eben?«

»Der wollte auch, dass ich nicht mehr so viel Kuchen esse.«

»Und warum soll ich dir dann einen backen?«

* * *

Am nächsten Tag wurden Thorsten und Dietrich stolze Besitzer eines eigenen Stethoskops ›Made in Germany‹. Damit

141

konnten sie wesentlich genauer feststellen, dass die Patienten ins Krankenhaus Zum Heiligen Hirten mussten.

»Aber im Augustenburger liegen alle meine Unterlagen«, wandte einer von ihnen ein.

»Die kann man faxen«, beruhigten sie den Mann. »Sie sind gestürzt. Wenn nun eine Ader geplatzt ist? Was glauben Sie, wie schnell Sie da einen Neurologen brauchen.«

»Meinen Sie?«, fragte der Patient erschreckt.

»Da muss man ganz vorsichtig sein. Das sehen wir doch tagtäglich.«

»Lass die Herren mal machen«, mischte sich die Ehefrau ein, »die wissen schon, was sie tun.«

* * *

»Wenn Angebot und Nachfrage«, resümierte Dietrich auf dem Rückweg vom Krankenhaus, »den Markt bestimmen und die Leute nach ihrer erbrachten Leistung bezahlt werden, dann nennt man das Kapitalismus, nicht wahr?«

»Genau. Und wenn die Nachfrage dem Angebot hinterherläuft und alle dasselbe kriegen, heißt es Sozialismus.«

»Es hätte also die DDR nur mehr auf die Nachfrage achten und die Leute unterschiedlicher entlohnen müssen. Vielleicht würde sie dann heute noch existieren.«

»Genauso ist es doch gekommen. Nur heißt die DDR nicht mehr DDR, sondern BRD. Aber Namen sind sowieso nur Schall und Rauch.«

»Dann haben wir jetzt endlich real existierenden Sozialismus?«

»Genau. Allerdings mit Ananasgeschmack.«

»Schade, dass man die Pflücker in Afrika nicht gerecht entlohnt. Ich meine, drei Euro für eine Ananas decken nicht einmal die Transportkosten. Da können die ja schlecht nach Tarif bezahlt werden.«

Thorsten nickte. »Das ist in der Tat blöd. Es bleiben halt

immer welche auf der Strecke. Dagegen müsste man sich was ausdenken.«

»Sozialismus?«, fragte Dietrich vorsichtig.

Ihr Gespräch wurde durch Dietrichs Handy unterbrochen. »Rescue Number Seven«, meldete er sich, während er den Wagen lässig durch den Feierabendverkehr lenkte.

»Schwester Katja hier. Vom Augustenburger Krankenhaus. Ich wollte nur mitteilen, dass wir gerade dabei sind, kleine Geschenke einzupacken. Wenn ihr in der Nähe seid, kommt doch einfach mal vorbei.«

Das ließen sich die beiden nicht zweimal sagen. Mit dem nächsten Patienten, einem Mann mit starken Rückenschmerzen, fuhren sie ins Augustenburger.

»Haben die denn einen Neurologen?«, fragte der Leidende mit schmerzverzerrtem Gesicht.

»Das wird nur ein eingeklemmter Nerv bei Ihnen sein. Das macht heutzutage jeder Internist.«

* * *

Innerhalb der nächsten drei Tage wurden Thorsten und Dietrich stolze Besitzer mehrerer Föns, Bügeleisen und Taschenlampen. »Da habe ich wenigstens was für Nora«, meinte Dietrich lächelnd.

»Nora?«

»Die Tochter der Nachbarin. Sie gibt Samstag eine Party.«

Thorsten grinste schelmisch. »Da bahnt sich doch was an, oder?«

»Keine Ahnung. Aufgeregt bin ich schon.«

»Halt den Ball flach.«

»Was?«

»Ich meine, bleib zurückhaltend. Lass etwas von deiner aufregenden Arbeit durchblitzen, aber hau nicht auf den Putz. Die Mädels wollen von alleine merken, was für ein toller Hecht du bist.«

Dass Dietrich außer einem Blechkuchen auch ein Bügeleisen mitbrachte, machte ihn wirklich zum Hahn im Korb. Nora wollte erst ablehnen, das sei doch bestimmt teuer gewesen, wie sie meinte, aber Dietrich ließ sich darauf nicht ein. Er mache nun mal gern Geschenke, und teuer ist immer eine Frage der Relation. Irgendwo müsse er schließlich hin mit seinem Geld.

* * *

»Und?«, fragte Thorsten am nächsten Tag, »wie ist es gelaufen?«

»Nicht schlecht. Nora meinte, sie hätte was übrig für erfolgreiche Männer.«

»Na, siehst du. Und wir stehen erst am Anfang.«

»Wie meinst du das?«

»Ich meine, wir kratzen noch immer an der Oberfläche. Wird Zeit, dass wir aktiv in das Geschehen eingreifen.«

»Verstehe ich nicht.«

»Dann warte es ab.«

Noch während des nächsten Einsatzes rief Thorsten aus dem Krankenwagen heraus den Direktor des Heiligen Hirten an. Sie hatten gerade einen frischen Hinterwandinfarkt eingeladen, der sich stöhnend die Brust hielt und so aussah, als würde er nur noch wenige Stunden zu leben haben. Er wäre, so meinte Thorsten leise am Handy, noch etwas unschlüssig darüber, wohin er seinen tollen Fang bringen solle.

Der Direktor fragte nach Geburtsdatum und Krankenkasse des Patienten, schaute kurz in seine Prognosentabelle und überschlug im Kopf das Preis-Leistungsverhältnis. Dann ließ er seinen Blick im Büro herumstreifen. »Haben Sie schon einen Flachbettscanner?«, fragte er schließlich.

Zehn Minuten später lag der Patient auf der Intensivstation des Heiligen Hirten.

»Was willst du eigentlich mit einem Flachbettscanner?«, fragte Dietrich seinen Kollegen. »Du hast doch überhaupt keinen Computer.«

»Du hast es immer noch nicht kapiert«, erwiderte dieser.

Auf der Alarmfahrt zum nächsten Patienten, einem Oberschenkelhals, wurde der Direktor des Heiligen Hirten von Thorstens Computerlosigkeit fernmündlich aufgeklärt. Spontan stellte der einen 386er mit Monitor in Aussicht. Leider wurde dieses Angebot vom Chefarzt des Augustenkrankenhauses übertroffen, und kurz darauf wechselten ein 486er Pentium mit CD-Rom-Laufwerk sowie der Oberschenkelhals die Besitzer.

»Verstehst du nun?«, fragte Thorsten.

Euphorisiert von den Möglichkeiten des freien Marktes, hielt es die beiden nicht mehr vor dem unscharfen Bild des flackernden Fernsehers auf der Wache. Stattdessen nutzten sie ihre Pausen und die Zeiten, in denen sie auf Einsätze warteten, dazu, um sich nach neuer Ware umzusehen. Alsbald stellte sich heraus, dass man überaus häufig im Bahnhofsgebiet fündig werden konnte. Vor allem abends, wenn die Obdachlosen aus dem Bahnhofsgebäude wie eine kleine Herde Kühe ins Kalte getrieben wurden, was inoffiziell Pennerabtrieb genannt wurde. Dann standen die beiden Retter gegenüber der Bahnhofshalle und hielten Ausschau nach besonders krank aussehenden Exemplaren.

»Wie geht's dir denn?«, begannen sie meist ihr Verkaufsgespräch.

»Scheiße«, antworteten die Penner stets.

»Was hältst du von einem warmen Bett und einem schicken Abendessen? Serviert von jungen Frauen.«

»Seid ihr Engel?«

»In gewisser Weise schon. Du musst nur tun, was wir sagen.«

* * *

Im Laufe der nächsten Zeit versteigerten sie Dutzende solcher Patienten an den Höchstbietenden, doch irgendwann war der Markt mit Sozialhilfeempfängern gesättigt.

»Vom Prinzip ja nicht schlecht«, bescheinigte man ihnen, »aber die Sozialämter zahlen zu wenig. Versuchen Sie, an bessere Patienten heranzukommen. Privatpatienten vielleicht. Oder zumindest keine Ersatzkassen.«

»Und jetzt?«, fragte Dietrich resigniert, »wir können ja schlecht normale Leute auf der Straße fragen, ob sie ins Krankenhaus wollen.«

»Auf der Straße nicht. Aber im Altersheim. Wir treffen uns am besten morgen vor der Schicht in der Seniorenresidenz am Rathaus. Da wohnen nur Rentner mit viel Geld.«

»Morgen? Nora wollte mit mir zum Baden an den Baggersee.«

»Eins geht nur; Frauen oder Verdienst.«

»Aber ist das jetzt nicht unlogisch? Ich meine, was habe ich vom Geld, wenn ich mir kein Vergnügen mehr leiste?«

»Was du davon hast? Du könntest irgendwann mit dem eigenen Auto an den Baggersee fahren.«

»Wir hätten die Fahrräder genommen. Das ist doch okay.«

»Jetzt noch. Vielleicht. Aber glaube mir, Noras Ansprüche werden steigen. Wenn du da nicht mithältst, bist du sie sehr schnell wieder los.«

Das wollte Dietrich nicht, zumal er noch gar nicht richtig wusste, ob sie überhaupt mit ihm ging. Immerhin war sie bereits mit ihm in einem Bruce Willis-Film gewesen. Und danach im Eiscafé Venezia. Thorsten hatte vielleicht Recht. Kino und Eiscafé waren nicht alles in der Welt. Frauen müssen bei der Stange gehalten werden.

So ging er statt an den Baggersee in die Seniorenresidenz. Die alten Leutchen waren zwar erst skeptisch, freuten sich dann aber doch über den unerwarteten Besuch, denn die eigenen Angehörigen kamen eher selten als oft. Und das einzig königliche an ihrer Residenz war die viele Zeit, die es auszufüllen galt. Bereitwillig erzählten sie von den vielen Unpässlichkeiten, an denen alte Leute nun mal leiden. Mittels ›Bergmanns Buch der schrecklichen Krankheiten‹ waren Thorsten und Dietrich dann in der Lage, aus einer Verstopfung einen akuten Darmverschluss zu konstruieren, aus einem Husten beginnenden Lungenkrebs und aus Brillenträgern zukünftige Blinde. Behutsam schafften sie es, mehrere gutbetuchte Senioren in die jeweils meistbietenden Krankenhäuser zu bringen. »Endlich kümmert sich jemand um uns«, war die Reaktion der meisten Rentner und ein Boulevardblatt brachte sogar einen Artikel über die ›Engel der Alten‹. Dass die Senioren ihnen hin und wieder etwas Geld zusteckten, war für die beiden nur eine weitere Nebeneinkunft neben dem, was sie von den Krankenhäusern bekamen.

* * *

Nach nur zwei Monaten getraute Dietrich sich einen Kredit aufzunehmen und einen alten VW-Käfer zu kaufen. Leider kam er damit etwas zu spät. Nora hatte beim Baden am Baggersee einen Studenten kennen gelernt, der davon schwärmte, irgendwann nach Goa auszuwandern, und sich in ihn verliebt.

»Macht nichts«, tröstete Thorsten seinen Freund, »Noras gibt es viele auf der Welt.«

Um seinen Schmerz zu vergessen, stürzte Dietrich sich noch mehr in die Arbeit. Doch nicht nur aus Verdrängungsgründen war die Mehrarbeit notwendig geworden. Epidemisch breiteten sich Finanzlöcher über das Land aus; von emsigen Beamten des Finanzministeriums entdeckt, als wäre das eine neue Sportart. Einsparen wurde zur Modeerscheinung – kein Bereich, der verschont blieb. Vor allem nicht so kostenintensive wie der der Gesundheit. In Zeiten, in denen angedacht wurde, selbst Bestechungsgelder zu versteuern, konnte man sich unmöglich zwei große Krankenhäuser leisten – eines sollte komplett geschlossen werden.

»Jetzt kommt es auf uns an«, bescheinigten Dietrich und Thorsten sich in einem feierlichen Gelöbnis. Längst, das wussten sie, ging es nicht mehr nur um Profit. Vielmehr war der Kapitalismus aufgerufen zu beweisen, dass nur durch ihn soziales Handeln möglich war. Daher bastelten sie – wenn sie keine Rettungseinsätze fuhren, nach Patienten Ausschau hielten oder in Altenheimen Akquisition betrieben – an neuen Konzepten. Beide Krankenhäuser mussten mit genügend Patienten versorgt werden, zu viele Arbeitsplätze standen auf dem Spiel. In einem alten politischen Manifest, das Thorsten von seiner Tante aus Gera zugeschickt bekommen hatte, entdeckten sie die Familie als Keimzelle des Sozialismus. Ein zündender Impuls. Nacheinander brachten sie von der Oma bis zum Cousin jeden Verwandten dazu, wenigstens ein paar Tage im Krankenhaus zu verbringen. Oder gingen gar mit gutem Beispiel voran und wiesen sich an ihren freien Tagen selber ein. Hypochondern in der Verwandtschaft finanzierten sie sogar einen Schauspielkurs. Den Quantensprung machten sie jedoch, als sie die Patienten am Gewinn beteiligten. Mit einem ausgeklügelten Bonussystem verteilten sie Punkte, die von den Geschäftspartnern gesammelt werden konnten. So gab es für eine Nacht auf der Normalstation fünf Punkte, eine Meniskusoperation brachte ganze 10 Punkte, und die komplette Herztransplantation schlug gar mit satten 50 Punkten zu Buche. Thorsten und Dietrich studierten die Sozialgesetze, um so vielen Menschen wie möglich zu einer krankenhauspflichtigen Krankheit zu verhelfen. Dabei blieb nicht aus, dass sie expandierten. Heute haben die beiden ein prosperierendes Unternehmen mit Filialen in vielen Ländern. Meist führen sie es vom Krankenbett aus, über dem das Firmenlogo prangt: Eine Schlange, die sich um einen Geldbaum windet. Besonders Dietrich geht voll auf in seinem Job. Als er einmal einen leitenden Angestellten entließ, weil der zu oft krank war, ermahnte Thorsten ihn zu mehr Nachsicht, doch Dietrich winkte ab. »Wir leben nun mal in einer leistungsorientierten Gesellschaft. Für Drückeberger ist da kein Platz!«

Nachdenklich nickte Thorsten. Und wünschte sich die alten Zeiten zurück.

Fritze Köhler

Fritze Köhler war im Krieg als Kassenwart einer Fernmeldekompanie auf dem Weg von Berlin nach Polen gewesen, als ihm kurz hinter Strausberg der Sprit ausging und er unter dem Beschuss einer verwirrten Feldhaubitze in einen nahen Weinkeller flüchten musste. Dort fand er einen 41er Hermann Göring, den er sich schnurstracks hinter den braunen Binder goss, dabei ungünstig einschlief und mit dem Gesicht zu Boden rutschte. Ohne es zu merken, litt sein bis dato klarer Geist (soweit man bei der Vorstellung eines Groß-Deutschen Reiches von einem klaren Geist sprechen kann) für zwei Stunden unter leichtem Sauerstoffmangel. Was dazu führte, dass man ihm nach 1945 einen sogenannten Jagdschein ausstellte, und er fürderhin berechtigt war, ungestraft verbotene Dinge sagen zu können. Zum Beispiel, dass die Wehrmacht die beste Armee der Welt ist. Und dass Adolf Hitler noch lebe.

Außer seiner Kassenwartskasse hatte Fritze Köhler nur dieses Kriegsleiden zurückbehalten. Seine kognitiven Schwächen verhinderten jedoch nicht, dass ihm Frau Köhler sieben Jahre nach Kriegsende einen Sohn gebar, der Hartmut hieß. Hartmut sollte das genaue Gegenteil seines Vaters werden, obwohl oder vielleicht gerade weil dieser vergebens darum bemüht war, das Kind bei der Hitlerjugend anzumelden. Das Streben des jungen Köhler galt ab der Hauptschule ausschließlich dem Kommunismus, dessen Manifest er einer Bibel gleich bei sich trug und dessen Begründer als Starschnitt über seinem Bett hing. Was natürlich zu Spannungen führte im Hause Köhler. Immer, wenn Hartmut ›Das Kapital‹ vortrug, hielt sein Vater lautstark mit ›Mein Kampf‹ dagegen. Dieses andauernden Kleinkrieges wegen zog der Junge mit sechzehn von zu Hause aus und gründete die Kommune Zwei. Die Eins gab es ja leider schon.

Bei einer Heilschreitherapie lernte er Gudrun kennen, mit der er in wilder Ehe zusammenlebte und nächtelang über das Formationsverständnis von Karl Marx hinsichtlich der Bourgeoisie und des Proletariats als die Antipoden des Kapitalverhältnisses diskutierte.

Hartmuts Mutter starb 1987, und so rückte der Junge ohne eigenes Zutun in der Erbfolge ein entscheidendes Stück voran. Als anständiger Kommunist kündigte er natürlich sofort an, ein späteres Erbe abzulehnen, schließlich sei die Rente seines Vaters das Blut der Ostvölker. Doch auf Gudruns massives Drängen hin, fing er an zu rechnen: Der Alte gab so gut wie kein Geld aus. Selbst wenn ihm nur 100 Mark pro Monat übrig blieben, wären in den Jahren mehr als 50000 Mark zusammengekommen. Und vielleicht wanderten ja auch 200 Mark monatlich aufs Konto. Oder gar 300. Plus Zins und Zinseszins. Dieses Geld dem Kapital in den Rachen zu schmeißen, anstatt es für den Klassenkampf zu verwenden, konnten und wollten die beiden sich dann doch nicht vorstellen. Und beschlossen daher, das verseuchte Geld anzunehmen, wäre es irgendwann mal soweit. Dass der Alte Adolf Hitler als Alleinerben eingesetzt hatte, ignorierten sie. Erstens stand Hartmut in der Erbfolge vor Adolf Hitler und zweitens war der Führer ja irgendwie schon tot.

So vergingen die Jahre. Doch während der Alte immer älter wurde und sein Konto immer voller, fraß sich der Kapitalismus wie ein Krebsgeschwür in die kommunistische Vision.

Die DDR verschwand, die Sowjetunion und schließlich auch das kubanische Restaurant um die Ecke. Sogar Gudrun und Hartmut trugen in dieser Zeit die eine oder andere marxistische Idee zu Grabe. Ein kleines Reihenhäuschen mit Vorgarten war nun ihr Bollwerk gegen die böse Welt, genau wie Hartmuts 13. Monatsgehalt oder Gudruns Berufung zur Beamtin auf Lebenszeit. Und als es dem Alten immer schwerer fiel, seinen täglichen Verrichtungen nachzukommen, richteten sie die Dachkammer gemütlich her und holten ihn heim in ihr kleines Reich.

Eines Tages stieß Hartmuts Vater im Dachboden auf eine verstaubte Truhe, in der er unter einem Stapel vergilbter Flugblätter, dem ›Kapital‹ von Karl Marx und einem Palästinensertuch auch eine der letzten Ausgaben von ›Der Panzerbär‹ fand. ›Der Panzerbär‹ war die Zeitschrift der Hauptstadt, als die Hauptstadt noch Hauptstadt war, bevor sie Provinzstadt wurde, um dann irgendwann wieder Hauptstadt zu werden. Entsetzt musste Fritze Köhler lesen, dass sein geliebter Führer im Krieg gefallen war. Voller Gram ließ er einen Anwalt kommen, dem er stehenden Fußes eine Testamentsänderung diktierte. Da der Führer nun nichts mehr erben konnte, sollte das Geld wenigstens dem deutschen Volke zugute kommen.

Gudrun und Hartmut trafen sich umgehend zu einem konspirativen Gespräch im Keller ihres Wohnhauses. Würde das Geld wirklich Deutschland vermacht, bekämen sie allenfalls ihren gesetzlichen Anteil zugesprochen, also höchstens die Hälfte. Denn im Gegensatz zu Hitler gab es Deutschland ja noch. Also blieben nur zwei Möglichkeiten: Entweder Deutschland musste weg oder der Führer wieder her.

Sie entschieden sich für den Führer und begannen fieberhaft mit den Vorbereitungen. Ein wenig war es wie früher. Wieder galt es, dem Klassenfeind eins auszuwischen, doch diesmal schlüpften die Schafe in den Wolfspelz. Sie kauften einen langen Mantel, besorgten sich Bilder, alte Wochenschauen und Dokumentationen und studierten den Adolf so lange, bis es Hartmut gelang, ihn nachzuahmen. Als er in theatralischer Größe vor Gudrun posierte, war sie überwältigt. »Klasse! Total echt, irgendwie.«

»Wie heißt das?«, fragte Hartmut gespielt böse.

»Heil Hitler!«, antwortete Gudrun rasch.

Um ganz sicher zu gehen, dass der Alte auf den Schwindel hereinfiel, tauschten sie seine Brillengläser heimlich gegen schwächere aus. Gern hätten sie noch ein wenig länger geprobt, doch auch das Establishment schlief nicht. Zwei Wochen, nachdem der Anwalt das Testament geändert hatte, das nun beim alten Fritz in der Kriegskasse lag, klingelte frühmorgens das Telefon. Das Büro des Bürgermeisters! Man sei auf dem Weg zu ihnen, um Senior Köhler, diesem verdienten Mitbürger und geehrten Mäzenen, im Rahmen einer kleinen Feierstunde Dank zu sagen für die großzügige Geste. Bei der Gelegenheit könne dann auch gleich das Testament übergeben werden, vorsichtshalber.

»Es geht los«, rief Hartmut und sprang aus dem Bett. Während er sich in Windeseile in Hitler verwandelte, besetzte Gudrun den Ausguck am Küchenfenster. Kurz darauf wummerte er an der Tür seines Vaters.

»Wer da?«, rief Fritze von innen.

»Der Führer!«, antwortete Hartmut stramm.

Hartmuts Vater riss die Tür auf und wäre fast ohnmächtig geworden. »Mein Führer«, stammelte er, »mein Führer, Sie leben? In der Zeitung stand, Sie wären gefallen.«

»Lüge, alles Lüge«, erwiderte Hartmut mit rollender Stimme. »Der Feind hat eine Ente in die Welt gesetzt.«

Ergriffen schlug Fritze Köhler die Hacken zusammen und hob die Hand zum Gruß.

»Rühren, Soldat, oder will Er, dass sein Führer sich den Arsch abfriert?«

»Nein, nein, nein«, meinte Fritze rasch, »bitte, mein Führer, treten Sie doch näher.«

Majestätisch schritt Hartmut in das kleine Zimmer.

»Hätte ich gewusst, dass Sie kommen, hätte ich Kuchen da«, bedauerte sein Vater. »Aber vielleicht kann mein Sohn, diese kommunistische Dreckshecke, welchen besorgen.«

»Keine Sorge«, beruhigte der Führer, »bin nicht zum Kuchenessen hier, sondern rein dienstlich. Habe beschlossen, Ihn zum Obersturmbandführer vorzuschlagen. Was hält Er davon?«

»Zu gütig, mein Führer, wirklich zu gütig. Untertänigsten Dank.«

»Ach was, das hat Er sich verdient.« Hartmut kniff seinem Vater in die Wange. »Ohne Ihn hätten wir doch glatt die Ostfront verloren, nicht wahr?«

»Jawoll. Habe sie von Strausberg aus verteidigt.«

»Hat Er geschickt gemacht, der alte Fuchs. Allerdings wäre da noch was …«

»Noch was?«

»Gewiss. Untergruppenführer Hartmann meinte, Er hätte Seinem Führer … also mir … Geld … nicht wahr?«

»Pardon?«

»Die Erbschaft … Er weiß schon!«

»Ach, die Erbschaft. Jawoll, mein Führer, die Erbschaft. Testament befindet sich in meiner Kasse. Habe alles Deutschland vermacht. Ich konnte ja nicht ahnen …«

»Schon gut, schon gut. Müssen wir also das Testament ändern, nicht wahr? Bin ja nun nicht tot.«

»Jawoll, mein Führer. Werde umgehend den Anwalt kommen lassen.«

»Das dauert zu lange. Feindverbände sind bereits im Anflug. Sollten das Testament sofort zerreißen und neues schreiben.«

»Natürlich. Werden es gleich zerreißen. Nur …«

»Ja?«

»Meine Augen. Sind in letzter Zeit schlechter geworden. Das Schloss. Ich kann die Zahlen nicht mehr erkennen.«

»Das macht doch nichts. Dann sagt Er mir die Nummern und ich öffne die Kiste. Meine Augen sind die eines Windhundes, nicht wahr?«

»Gewiss, mein Windhund. Sie werden zufrieden sein mit mir. Habe nämlich Ihren Geburtstag als Geheimzahl genommen, Sie verstehen?«

»Sehr originell. Das Problem ist nur …«

»Ja?«

»… ich habe ihn vergessen. Die Ostfront hat mich durcheinander gebracht.«

»Natürlich. Die ganze Welt ruht ja quasi auf Ihren Schultern.«

»Genau. Wenn Er mir also schnell noch mal sagen könnte, wann ich Geburtstag habe …«

»Mein Führer, wie gern würde ich das … doch leider, ich habe ihn auch vergessen.«

»Er hat den Geburtstag Seines Führers vergessen?«

»Ich bin nicht mehr der jüngste.«

»Natürlich. Aber … was machen wir denn da?«

»Vielleicht weiß die Gattin …«

»Gudrun?«

»Nee, Eva. Die ist doch noch relativ jung. Und auf der hat ja noch nie was geruht.«

»Natürlich.« Hartmut machte einen Ausfallschritt zur Tür und öffnete. »Eva!«, brüllte er die Treppe hinunter. Vorsichtig schaute Gudrun am Treppenabsatz hinauf.

»Ja?«

»Schnell, wann habe ich Geburtstag?«

»Das weißt du nicht? Am 18ten September.«

»Doch nicht den Geburtstag dieser kommunistischen Dreckshecke, sondern den von mir, deinem Führer!«

»Jawoll, mein Führer. Muss ich nachschauen.« Gudrun schlug die Hacken zusammen und hastete runter in den Keller. Hitler trat zurück ins Zimmer.

»Die Eva guckt nach. Gleich haben wir's.«

»Warum kommt sie eigentlich nicht hoch? Könnten gemeinsam Kuchen essen.«

»Eva? Kann nicht. Sie ist sehr schüchtern.«

»Aber ich tu ihr doch nichts.«

»Gewiss, gewiss. Aber sie ist auch gerade ... äh, nackt.«

»Eva ist nackt?«

»Wird gemalt. Für das Stadion der Weltjugend.«

»Ist das nicht von den Kommunisten gebaut worden?«

»Äh ... stimmt. Wir bauen es neu. Haben es zerstört und bauen es jetzt neu.«

»Und Eva soll dort nackt hängen?«

»Wie Gott sie schuf.«

»Das muss ja ein tolles Bild sein.«

»Na ja, geht so.«

»Würde ich gern mal sehen.«

»Was?«

»Eva!«

»Eva?«

»Nackt.«

»Nackt? Alter Bock.«

»Wir haben im Schützengraben immer davon geträumt.«

»Abscheuliche Abgründe. Eines deutschen Landsers Braut ist allein der Führer!«

»Jawoll, mein Führer. Aber wenn mein Blutdruck steigt, wird mein Kopf besser durchblutet. Vielleicht kann ich mich dann an die Zahlen erinnern.«

»Hm ... wenn das so ist. Werd die Eva fragen gehen. Bin gleich zurück.«

Hartmut lief in den Keller zu Gudrun, die aufgeregt in den Unterlagen blätterte. »Ich finde das Geburtsdatum nicht«, jammerte sie.

»Egal! Zieh dich aus und komm hoch.«

»Was?«

»Mein Vater will dich nackt sehen. Er meint, dann kann er sich wieder an die Zahlen erinnern.«

»Was soll der Scheiß?«

»Zick jetzt nicht rum. Wir müssen an das Testament, bevor der Bürgermeister da ist.«

»Und was ist mit unserem Kampf gegen die sexistische Ausbeutung der Frau?«

»Still!« Hartmut lauschte die Treppe hinauf. »Mein Vater. Er folgt seinem Führer.« Deutlich war das Schnaufen des Alten in der Diele zu hören. »Schnell! Ausgezogen erkennt dich keiner. Runter mit den Klamotten!«

Leise protestierend riss Gudrun sich die Kleider vom Leib und ließ sich völlig entblößt die Stiege hinauf zerren. Gleichzeitig mit Fritze trafen sie in der Diele ein. »Darf ich vorstellen …«, begann Hartmut, doch in diesem Moment klingelte es. Bevor irgendjemand etwas sagen konnte, riss der Alte die Tür auf. Draußen stand der Bezirksbürgermeister mit einem Blumenstrauß, umringt von Fotografen und Gefolge. Rasch versuchte sich Gudrun hinter Hartmut zu verstecken, doch Hartmut kam ihr zuvor und versteckte sich hinter ihr. Der Bürgermeister schlug die Hacken zusammen und riss den Arm hoch. »Heil … iger Strohsack, was soll das denn?«

»Der Führer lebt«, rief Fritze, strahlte über das ganze Gesicht, griff sich dann an die Brust und sank mit einem Stöhnen zu Boden. Ein Blitzlichtgewitter ging los, während Hartmut und Gudrun sich im gegenseitigen Verstecken im Kreis drehten und der Bürgermeister versuchte, den Alten zu reanimieren.

* * *

Gudrun und Hartmut leben heute in Chile. In Deutschland war es nicht mehr möglich gewesen, obwohl oder gerade weil Gudrun für eine Illustrierte posieren sollte und Hartmut der Vorsitzende einer rechten, allerdings unbedeutenden Partei hätte werden können. Von ihrem gesetzlichen Anteil kauften sie sich eine Datsche in der Nähe von Santiago, und ab und zu kommt eine gewisse Margot aus dem nahegelegenen Feierabendheim zu Besuch. Hitlers Mantel liegt jetzt in der verstaubten Truhe auf dem Dachboden. Zusammen mit einem politischen Manifest, einem Palästinensertuch und einer alten Kriegskasse. Manchmal raschelt es in der Truhe, doch dann schließen sie die Tür zum Dachboden, stellen das Radio an und reden über die Zubereitung von Baumkuchen.

Himbeermund

Es knarrt und quietscht, als der Zug die erste Kurve nimmt. Im Takt der Bewegungen schlagen die Pfannen und Töpfe gegen die Schrankwand der kleinen Kombüse, wo Sergio emsig damit beschäftigt ist, das Frühstück zu bereiten. Ich bin in Chur gestartet, nicht zu spät, als dass ich dort nicht noch hätte frühstücken können. Preiswerter, bequemer und sicher auch besser als hier im engen Speisewagen der Rhätischen Bahn. Doch reicht mir der Blick aus dem Fenster und ein heißer Kaffee an diesem Morgen, der kleine Eiskristalle auf die Scheiben haucht, wie ich als Kind das Glas einst blind hauchte, um vergängliche Fratzen zu schaffen. Damals.

Mein Blick fällt auf die Berge Graubündens, die düster nur wenig davon ahnen lassen, welche Schönheit sie bergen. Und welche Erinnerungen.

Ich bin der erste im Speisewagen. Geflüchtet vor der alten Dame, die mit mir im Abteil saß und wenig Zweifel daran ließ, mich in ein Gespräch verwickeln zu wollen. Der Speisewagen ist keiner dieser Panoramawagen, aus denen heraus Touristen um die Wette knipsen, allen voran die Japaner, bevor sie in einem Gasthaus am Lago Maggiore zu Mittag essen oder weiterfahren nach Zermatt. Dieser Zug ist zu alt für große Fenster, ein Ersatzzug vielleicht, doch als ich ihn am Bahnhof zur Abfahrt bereitstehen sah, konnte ich mich des Gefühls nicht erwehren, er hätte gerade auf mich gewartet. Ich wollte nicht in die Richtung, in die er fuhr, wollte eigentlich zurück nach Deutschland, doch plötzlich, einem Impuls folgend, saß ich in ihm. Und roch die Melange aus Eisen,

altem Holz und elektrischem Strom, wenn er sich funken-
sprühend an gleitenden Kontakten entzündet. Es war dieser
Geruch, der mich unvermittelt fünfzig Jahre zurückversetz-
te, ein halbes Jahrhundert.

* * *

Vierzehn war ich, ein blasses Nachkriegskind mit Pickeln
und einer vagen Vorstellung davon, wie das Leben ausse-
hen sollte, das ich noch so reich vor mir wähnte. Die Schweiz
hatte die Ärmsten von uns für ein paar Wochen aufgenom-
men; wir waren ›Kinder in Luft und Sonne‹, wie es so schön
hieß und sollten im Grün der Berge das Grau des zerstörten
Berlins vergessen. Wenigstens für kurze Zeit. Und obwohl
uns diese hehre Tat wenig in Freude versetzte – es hieß, wir
hatten Mittagsschlaf zu halten – versprach sie doch, fern der
elterlichen Aufsicht, aufregende Dinge tun zu können.
Wenngleich wir damals noch nicht zu sagen wussten, wie
diese Dinge aussehen mochten. Wir ahnten nur, sie hatten
etwas mit Mädchen zu tun.

* * *

Der Zug hat Chur verlassen, die letzten Häuser fliegen im
schneller werdenden Tempo vorbei. Ich werde meinen An-
schluss in München verpassen; habe nicht einmal gelesen,
wohin die Reise geht. Doch viele Wege gibt es ohnehin nicht
hier draußen. Hier, wo die Berge die Route vorgeben, wo sie
sich allenfalls einen schmalen Pass abtrotzen ließen, eine
hohle Gasse als Bravourstück der Ingenieure. Dass es die
Strecke von früher ist, ahnte ich zwar, als ich den Zug stehen
sah, doch mit dem Geruch bin ich mir sicher geworden. Und
wie zum Beweis kommt für einen Moment die steinerne
Brücke ins Bild, an der sich meine kindliche Phantasie im-
mer entzündete, weil sie mich an die Märchen mit Rittern
und Burgfräuleins erinnerte.

Unwillkürlich muss ich lächeln. Und werde in dieser Erinnerung an die Erinnerung süchtig nach Erinnerungen. Mit geschlossenen Augen beginne ich in meinen Gedanken zu kramen. Gab es Frühstück damals im Zug? Gab es einen Sergio? Einen Kellner, der seinen Vornamen stolz auf dem Revers trug, als wäre er eine Auszeichnung? Vielleicht ja, vielleicht nein. Vielleicht gab es ihn nur in meiner Phantasie. War nicht uns Kindern die Vorstellung, von einem Erwachsenen bedient zu werden, obendrein in einem Zug, der Inbegriff des Erreichbaren schlechthin? So sehr, dass ich heute Zugrestaurants allein deshalb aufsuche, weil es sie gibt. Als Kinder mussten wir in den Abteilen sitzen bleiben, obwohl wir gerne herumgerannt wären. Und statt Kaffee im Zugrestaurant gab es Milch aus braunen Flaschen. Einschließlich des unvermeidlichen Vortrags über die Gesundheit dieses Getränks. Angesichts malerisch grasender Kühe sahen wir das damals sogar ein. Überhaupt hatte die Ernährung einen hohen Stellenwert. Man maß den Erfolg der ›Kinder in Luft und Sonne‹-Verschickungen an der Gewichtszunahme. Vorher und nachher wurde gewogen, Soll- und Ist-Gewicht. Dazwischen lagen drei Wochen Haferbrei. Leichter kam keiner zurück. Essen war Pflicht.

* * *

Sergio hat mir die Speisenkarte gebracht. Die Zeiten haben sich geändert. Es gibt keinen Haferbrei mehr, selbst wenn man ihn jetzt gewollt hätte. Um die Gewichtszunahme der Kinder bemüht sich heutzutage eine rührende Fast-Food-Industrie mit weitaus größerem Erfolg, als unsere Erzieherinnen das jemals vermocht hatten. Ich bestelle die einfachste Variante des Frühstücks: Brötchen mit Marmelade, dazu Kaffee mit Milch. Mit der Fröhlichkeit eines Gondoliere verzieht sich Sergio in sein kleines Reich, und ich lehne mich mit über dem Kopf verschränkten Armen zurück. Es erinnert sich leichter mit über dem Kopf verschränkten Armen. Zwanzig Kinder waren wir gewesen, acht Mädchen, zwölf Jungen. Man hatte uns in Agra stationiert, einem kleinen Dorf in der Nähe von Lugano. Ich kannte keines der anderen Kinder und entsprechend schwer fand ich Anschluss. Und die Mädchen, denen ich vor der Fahrt gewisse Eigenschaften zugedacht hatte, waren anders als erwartet. Doch war ich zuerst noch versucht, meinen fehlenden Erfolg auf die ungünstige Quote zu schieben, so erkannte ich bald, dass es allein an mir lag. An meiner Zurückhaltung und der Angst vor dem Unbekanntem. Die Mutigeren wagten sich in kleine Amouren, ich blieb als sehnsüchtiger Beobachter außen vor.

* * *

Eine Welle schwermütiger Gedanken kommt in mir hoch. Das Leben besteht aus einer Aneinanderreihung verpasster Chancen. Aus Angst vor unkontrollierbaren Konsequenzen lassen wir die goldenen Augenblicke ungenutzt an uns vorüber ziehen, anstatt auf ihnen in andere Welten zu fliegen. Sie hieß Manu, hatte schwarze Haare und die Hautfarbe derer, die Kinder unterschiedlicher Eltern sind. Woher sie kam, wusste keiner so genau. Als wir in Hinterrhein eintrafen, von wo aus wir unsere Bergtour antreten wollten, war sie einfach da. Ich weiß noch, wie mir die Kinnlade herunterfiel, wie ich mich stehenden Fußes verliebte in dieses Mädchen, dessen Anmut bei uns Jungen einen kollektiven Quantensprung in der Vorstellungskraft bewirkte. August, der uns als Bergführer zugeteilt war, bekam einen Lachanfall. Und mehr noch, nachdem er uns erklärte, dass Manu die Jungengruppe begleiten würde, nicht die der Mädchen, die eine Führerin bekommen hatten und einen anderen, weniger beschwerlichen Weg gingen. Diese Aussicht ließ uns auf der Stelle mutieren. Von einer Sekunde auf die andere wuchsen wir, wurden verwegener und stärker. Augusts Kollern, eines Truthahns nicht unähnlich, habe ich erst sehr viel später verstanden.

Alle wurden wir dann mit dicken roten Jacken, Schlafsäcken und Unterlegmatten ausstaffiert, bevor es losging zu einer Bergwanderung, deren Höhepunkt im geographischen wie erotischen Sinne eine Hüttenübernachtung sein sollte. August schritt voran, leichtfüßig mit einem Stock in der Hand und dem schweren Rucksack auf dem Rücken, der unser Essen enthielt. Rechts und links zog sich eine gigantische Felswelt in die Höhe, blühten die Wiesen in verschwenderischer Pracht, doch davon habe ich wenig mitbekommen. Während unser Bergführer die Wildkräuter längs des Weges erklärte, versuchte ich mir vorzustellen, wie ein Kuss von Manu schmeckte. Ich ertappte mich bei Gedanken, die ich mir noch Tage zuvor kaum zugetraut hätte. Mein Mund, offen geblieben seit Hinterrhein, verschluckte mehr Fliegen als irgendwann danach. Doch immer, wenn Manu ihren Blick mir zuwandte, schaute ich weg.

* * *

Wir stiegen ziemlich hoch für mein damaliges Verständnis von Höhe. Die Jacken erwiesen sich als überaus sinnvoll, denn die sommerlichen Temperaturen des Tales lagen alsbald unter uns. Ein scharfer Wind kühlte uns Gesichter und Gemüter, doch wenn August eine Pause einlegte, dann scharten wir Jungen uns um Manu, wie Küken um die Glucke und heizten uns wieder auf. Aber während die anderen dem Objekt unserer Begierde immer näher rückten, saß ich abseits des Rudels und sehnte mir erfolglos Mut herbei.

Dann drängte August zum Aufbruch; es war noch ein Stück zum Nachtlager und das Wetter schien sich zu wenden. Als wollte es meiner verdüsterten Miene ein ebenbürtiges Schauspiel bieten. Sinnfragen kamen in mir hoch. Was hatte ich hier zu suchen, warum musste ich verreisen, warum überhaupt leben? Warum, wenn sich mir doch niemals ein weibliches Wesen nähern würde. Dass ich mit Vierzehn erst am Anfang meiner Geschichte stand, kam mir damals nicht in den Sinn.

Leider schien August meine Gedanken zu erraten und widmete ihnen ein schallendes Gelächter. Ich hasste ihn.

Wir erreichten unser Ziel, rund 1500 Meter über dem Dorf, doch die Hütten waren zu klein für alle. Zwei von uns, so erklärte August, würden in einer dritten Hütte übernachten, einen Kilometer entfernt von hier. Deshalb sei auch Manu dabei. Sie kenne die Berge und wäre vernünftig genug, um allein zurecht zu kommen.

Ich war drauf und dran, mich den Hang hinabzustürzen, bestand für mich doch kein Zweifel, von allen zur Verfügung stehenden Kandidaten, derjenige mit der schlechtesten Nominierung zu sein. Das August dann auf mich zeigte, habe ich erst gar nicht mitbekommen. Ich erkannte die Kehrtwendung meines Schicksals an den hasserfüllten Blicken der anderen, die sich zu fragen schienen, wie eine solche Lusche das große Los ziehen konnte. Benommen schnallte ich mir meinen bereits abgelegten Schlafsack wieder auf den Rücken und hielt August den Beutel hin, in den hinein er Brot, Käse und Himbeermarmelade packte. Die pubertären Sticheleien meiner Kameraden hörte ich kaum, die Gedanken in mir waren zu laut. Was fing ich an mit solch einer Situation?

* * *

August führte Manu und mich zur nächsten Weggabelung, wechselte ein paar Worte mit dem Mädchen und verabschiedete sich dann. Morgen, am späten Vormittag, würden wir uns wiedertreffen. Als er ging, schenkte Manu mir ein Lächeln, nahm ihren eigenen Rucksack auf und lief los. Wie besoffen stolperte ich neben ihr her. Ich kann mich daran erinnern, irgendwas Zusammenhangloses gesagt zu haben, vielleicht habe ich sogar pausenlos gequatscht, um dann wieder zusammenhanglos zu schweigen. Erst eine Frage von ihr brachte Ordnung in mein gedankliches Chaos. »Woher kommst du?«

Derart auf sicheres Terrain zurückgeführt, erzählte ich von Berlin. Von meiner Familie und der viel zu kleinen Wohnung. Danach war es nur ein kleiner Schritt zur Gegenfrage.

»Ich wohne hier«, erklärte Manu. »Unten im Tal. In Thusis. Meine Eltern haben drüben in Italien gelebt und sind dann über die Berge gezogen.«

»Es ist sehr schön hier«, sagte ich und Manu nickte. Verzweifelt suchte ich in der anschließenden Pause nach weiterem Gesprächsstoff. Nichts zu sagen erschien mir strategisch unklug. Also fragte ich, was sie denn mal werden wolle, obwohl mich das in diesem Augenblick überhaupt nicht interessierte.

Was sie mal werden wolle, wisse sie nicht, antwortete sie. Nur, dass sie eine Familie haben wolle. Eine richtig normale Familie mit einem normalen Mann. Und einem Hund.

»Was denn für einen Hund?«, fragte ich hilflos weiter und sie lachte.

»Einen Bernhardiner. Und du?«

»Ich will auch einen Bernhardiner.«

»Ich meine Familie?«

»Familie auch. Aber keinen Mann.«

Nun lachte sie noch mehr, meinte, dass ich witzig wäre und dass ihr das gefiele. Und als wolle sie mir das beweisen, hakte sie sich bei mir unter. Ich fing an zu schwitzen. Ihre Offensichtlichkeit machte mich unglaublich nervös. In mir kreisten die wildesten Vorstellungen. Sie wollte Sex haben, heute Nacht, dessen war ich mir sicher. Was sich seit zwei

Jahren immer häufiger in meiner Phantasie abspielte – heute Nacht würde es Wirklichkeit werden. Doch das Konstrukt, das ich mir für diesen Fall zusammengebastelt hatte, zerbrach an der Aufregung. So, wie mir plötzlich klar war, endlich am Ziel meiner Träume zu sein, wusste ich auch, dass ich versagen würde. Abgesehen davon, dass ich überhaupt nicht wusste, was zu tun wäre.

Derart überfordert fing ich an, Gründe zu suchen, deretwegen es heute noch nicht geschehen konnte. Der rettende Gedanke, diese Situation nicht ausnutzen zu wollen, sondern ein Gentleman zu bleiben, verhalf mir zu einer gewissen Ruhe. Gepaart mit Sehnsucht.

Als wir die Hütte erreichten, über der auf einer Holztafel der Name Glattbärg stand, als wir unsere Schlafsäcke ausrollten, uns auf die Terrasse setzten und die Verpflegung auspackten, versuchte ich der Landschaft etwas abzuringen, was mich von Manu ablenken könnte. Während ich auf eine entfernte Wiese deutete und auf das Hörnerklacken kämpfender Steinböcke aufmerksam machte, rückte sie näher an mich heran. »Mir ist kalt«, flüsterte sie.

Sofort sprang ich hoch und holte eine Decke aus der Hütte. Legte sie ihr über die Schulter, bevor ich begann, den kleinen Kocher in Stellung zu bringen, um Tee zu kochen. Ich zerteilte Äpfel, beschmierte Brote mit roter Himbeermarmelade, machte dies, machte das, machte alles was Zeit brachte.

»Mir ist immer noch kalt«, sagte sie leise, als wir aßen.

»Wird verdammt schnell kühl hier oben«, pflichtete ich ihr fachmännisch bei und schaute mich um, als würden mir die Wolken irgendetwas über das Wetter verraten.

»Wir können ja ins Bett gehen«, schlug sie vor, »die Nacht bricht ohnehin bald herein.«

Da war er! Diesen Augenblick hatte ich befürchtet. Mit einem Kloß im Hals nickte ich und räumte mechanisch den

Tisch ab. Der einzige Trost in diesem Moment war, dass die Betten weit auseinander standen.

Wir schlossen die Tür vor der dunkelblau heraufziehenden Nacht. Manu entzündete eine Kerze, deren Licht unsere Schatten als zuckende Gestalten an die Wand warf. Viel Platz gab es in dem kleinen Raum nicht und nur ein Fenster, aus dem hinaus man auf die Bergwelt schauen konnte. Sie streifte sich den dicken Pullover ab, ließ die Hose zu Boden gleiten und schlüpfte in eines der Betten. Auch ich zog mich tapfer aus, legte mich in das andere Bett und starrte nach draußen. Über dem Kamm der Berge prangten Sterne wie Smaragde auf dunklem Tuch. Eine Weile unterhielten wir uns über alles Mögliche, dann wurde das Gespräch leiser. Atemlos lauschte ich nach jedem Geräusch von ihr, spürte jede ihrer Bewegungen und stellte mir vor, wie sie darauf wartete, dass ich zu ihr hinüberkam. »Was denkst du?«, fragte sie irgendwann unvermittelt in die Stille hinein. »Ich denke daran, wie schön es hier draußen ist«, antwortete ich schnell und merkte meine Hände klebrig werden. In diesem Moment schmiegte sie sich aus dem Bett, kam zu mir herüber und drückte mir einen Kuss auf die Lippen. Er schmeckte nach Himbeermarmelade. »Träum was Schönes«, meinte sie lachend und ging wieder zurück.

In dieser Nacht habe ich wenig geschlafen. Ich bewachte die brennende Kerze, hörte Manus Atemzügen zu, die bald darauf in tiefen Schlaf übergingen. Und dachte mir Gedichte aus. Gedichte, in denen es um Ritter ging. Tapfere und edelmütige Ritter. Leider reimt sich auf Ritter nur bitter.

Am nächsten Morgen war ich vor ihr wach. Fertig angezogen kochte ich bereits Wasser, als sie barfuß vor die Tür trat und ins Sonnenlicht blinzelte. Trotz der Kühle setzte sie sich leichtbekleidet auf die Bank vor der Hütte, wir aßen Himbeerbrote und tranken heißen Tee, bis die Kälte sie zurücktrieb und sie sich anzog. Danach tollten wir über die

Hügel, jagten einander und versuchten Tiere zu entdecken. Und als wir einmal vor Erschöpfung stehenblieben, strich sie mit einem Lächeln meine Haare zurecht.

Nie werde ich die bösen Blicke der anderen vergessen, als wir albernd zu ihnen zurückkehrten. Manu sprach kurz mit August, der nichts von seiner Lustigkeit verloren hatte und bald darauf zum Aufbruch drängte. Und während des Rückwegs kam einer nach dem anderen an mich heran, um zu erfahren, was in der Hütte passiert sei. Ich verlor mich in Andeutungen, verriet nur den Geschmack ihres Kusses, doch gerade diese Auslassungen heizten die Phantasie kräftig an. Zumal Manu und ich uns immer wieder Blicke zuwarfen. An ihrer Seite lief ich allen voran ins Tal zurück. Größer und kräftiger als zuvor.

* * *

Sergio kommt mit dem Frühstück und reißt mich aus den Gedanken heraus. Dampfend gleicht der Kaffee die Bewegungen des Zuges aus, starren mich die Brötchen wie kleine Hinterteile frivol an. Etwas Butter und ein Schälchen gefüllt mit roter Marmelade stehen daneben. Sinnierend tauche ich meinen Finger hinein und schmiere sie mir auf die Lippen. Himbeere. Natürlich. Träumerisch verliert sich mein Blick wieder nach draußen. Geht hinauf in die Berge, versucht sich festzuhalten an den schroffen Felsen, den Zacken und den grünen Wiesen, die sich wie Farbtupfer im Grau der Steine und dem Weiß des Schnees ausgestreckt haben. Und für einen Augenblick glaube ich, rote Punkte in der Wand zu erkennen. Hintereinander gereiht, wie die Perlen einer Kette. Dann sind sie wieder verschwunden oder ich habe mich getäuscht. Egal. Ich schließe die Augen und sehe sie erneut. Sehe mich auf dem Weg hinauf, sehe die anderen, sehe August. Wie er uns lachend vorauseilt. Ob er wirklich auf Glattbärg begraben liegt, wie er sich das einst wünschte? Manu erzählte es mir in einem der vielen Briefe, die wir uns noch jahrelang schrieben, bis die Abstände länger wurden und der Kontakt irgendwann abriss. Ich muss tief durchatmen. Eine Träne hat sich unvermittelt den Weg aus meinem Auge gebahnt. Manu. Was mag aus ihr geworden sein?

* * *

Ein Geräusch lässt mich aufblicken. Die ältere Dame aus dem Abteil ist mir gefolgt, steht neben meinem Tisch im Gang und sieht mich erschreckt an. Rasch lecke ich mir die Marmelade von den Lippen und wische die Tränen fort. Sie sagt etwas, doch das Quietschen des bremsenden Zuges übertönt ihre Stimme. Ich starre sie fragend an, schäme mich, schäme mich nicht. Warum sollte ich mich einer Träne wegen schämen? Sie sagt noch etwas, doch wieder verstehe ich sie nicht. Der Zug hält, zögernd greift sie nach der abgestellten Tasche, sieht mich eindringlich an. Blechern eilt eine Durchsage über den Bahnhof, verkündet Thusis im Klappen der Türen. Reisende steigen aus, Reisende steigen ein. Die Frau geht zögernd los. Etwas zwingt mich hoch, zwingt mich dazu, ihr hinterher zu sehen. Wie sie die Treppe hinuntersteigt, an meinem Fenster vorbeiläuft und zu mir mit einem Blick aufsieht, den ich mir erst nicht erklären kann. Bis ein Bernhardiner freudig bellend an ihr hochspringt, ohne dass sie ihren Blick von mir lässt. Wie unglaublich vertraut sie mir plötzlich ist. »Manu …?«

Türen schlagen, ein Pfiff ertönt. An diesen Stationen halten die Züge nie sehr lange. Sie kommen pünktlich an und fahren pünktlich ab. Lassen dem Unentschlossenen nur Sekunden. Es ist Manu, ganz sicher. Das Alter hat sie verändert, hat die Linien in ihrem Gesicht tiefer werden lassen, doch nicht vermocht, sie zu entzaubern. Die Art, wie sie die

Haare hinter das Ohr streift, ihre Bewegungen – alles. Mein Fuß stößt gegen die Tasche. Ich bräuchte sie nur aufzuheben, bräuchte nur einen Geldschein aus der Tasche zu ziehen und auf den Tisch zu legen. Es gibt niemanden, der auf mich wartet. Habe ich nicht alle Zeit der Welt? Eine zweite Frau, älter als Manu, kommt heran. Die leere Hundeleine in der Hand, schaut sie erst auf Manu, dann verwundert hoch zu mir. Und Manus fragender, eindringlicher Blick ist einem Lächeln gewichen. Als striche sie mir gleich die Haare zurecht. Meine Hand fährt in die Hemdtasche, erfühlt den Geldschein. Es gibt keinen Grund. Nichts, was nicht verschoben werden könnte. Aber dennoch ... ich weiß nicht ... soll ich ...?

Ich leide, also bin ich

Es tut mir leid, das sagen zu müssen, aber mir geht es gut. Ich leide an keiner Krankheit, bin nicht verheiratet und bei meinen Freunden überaus beliebt. Mein einziges Problem sind klemmende Türen. Mein Therapeut meinte zwar, dass ich auch ein Bernhardinersyndrom habe, doch das glaube ich nicht. Oder besser – glaubte ich nicht. Bis Weihnachten.

* * *

Angefangen hatte es am Ersten Advent. Ich saß gerade beim Frühstück und las einen Artikel über erhöhte Selbstmordraten zur Weihnachtszeit, als das Telefon klingelte. »Struwel«, sprach ich in den Hörer, doch statt einer Antwort tröpfelte nur leises Schluchzen zu mir herüber. Rasch wurde mir bewusst, dass sich hier eine Möglichkeit zum Helfen auftat; dass einem Menschen wie mir ein Geschenk gemacht werden sollte, getreu jenem edlen Motto, demzufolge Helfen etwas Tolles ist.

Ich hörte also dieses Schluchzen und ließ dabei meinen Blick über die Hängeschranktür meiner Einbauküchenzeile schweifen, auf der mit einem rotem genau dieses Motto aufgeschrieben stand: ›Tue jeden Tag eine gute Tat‹.

Leider wurde das Schluchzen auch nach zwei Minuten nicht konkreter oder mündete gar in einer Erklärung, der man hätte entnehmen können, wer da eigentlich weinte und wie man diesem Menschen helfen konnte. Also ergriff ich von mir aus die Initiative. »Ja, wer weint denn da?«, fragte ich mitfühlend.

Diese kleine Hilfestellung veränderte die Schwingungsbreite des Schluchzens und formte es zu verbalen Urlauten, deren Klang mich an die Stimme meiner Bekannten Petra Ruschke erinnerte. Und Bingo. Auf die nächste Frage nämlich, ob sich am anderen Ende der Leitung Petra befände, kam ein brüchiges »Ja«.

Als praktizierender Altruist, der ich damals noch war, wurde mir verdammt schnell klar, dass etwas Schreckliches passiert sein musste. Weswegen auch immer Petra schluchzte: Offensichtlich war, dass sie am Rande des Abgrunds stand. Und dass mich das Schicksal auserwählt hatte, sie zu retten.

Irgendwann, nach langen Momenten autistischen Verharrens, in denen ich immer wieder sanftstimmig meine Hilfe anbot, erklärte Petra endlich stammelnd, dass Edwin und sie sich gestritten hätten, dass er nun fort sei und sie nicht mehr wüsste, wie das Leben nun weitergehen solle. Edwin war ihr Freund und mein Bekannter. Mit ihm war ich zur Berufsschule gegangen, einmal sogar nach St. Peter-Ording gefahren, und wenn die beiden sich gerade nicht stritten, dann luden sie mich schon mal auf einen Kaffee ein. Aus dieser engen Verbundenheit sowie meiner heroischen Grundhaltung rekrutierte sich die Verpflichtung, den beiden in allen Fährnissen des Lebens beiseite zu stehen. Ob ich wollte oder nicht.

»Mach' keine Dummheiten«, beschwor ich Petra. »In gut einer Stunde bin ich bei dir.«

Als ich kurz darauf aus meiner Wohnung sprintete, fiel mir sofort der Personalausweis auf, der unübersehbar auf dem Treppenabsatz lag. Ohne ihn mir näher ansehen zu müssen, wusste ich sofort, wem er gehörte. Hildegard Öppelt, meine dickleibige Nachbarin, lässt ihn öfter mal dort liegen. Sofort schossen mir unangenehme Erinnerungen in den Kopf. Wie ich ihn, in der Meinung, er wäre ihr beim

Schlüssel herausziehen aus der Tasche gerutscht, an die Tür bringe und sie mich aus Dankbarkeit auf einen Kaffee hereinnötigt. Wie ich dann unruhig auf ihrer ausgebeulten Couch sitze, ein dickes Stück selbstgemachten Gemüsekuchen in der Hand, während sie mir von ihren vielen Krankheiten erzählt. Von ihrer Zyste, mit der alles angefangen hat, bis zu den entgleisten Drüsen, deretwegen sie so zugenommen habe. »Wissen Sie«, so klagte sie mir, »ich brauche Torten nur anzusehen, schon werde ich dicker.« Sprach's und verschlang das Stück, dass ihr noch eben ein erwartungsfrohes Glitzern in die Augen gezaubert hatte. Obwohl auch die schon krank waren. Geschwächt von der Diabetes, die zu allem Leid hinzugekommen war und die sich keiner so recht zu erklären vermochte. Nur mit Mühe würgte ich damals das schreckliche Stück herunter, das sie mir als gesund beschrieben hatte, obwohl die Sahne nur so aus ihm heraustriefte. Und trotz meines Widerwillens schaffte sie es, mir ein zweites Stück aufzudrängen, wobei sie unaufhörlich den Verlauf ihrer Krankheitsgeschichte in all seinen grausamen Einzelheiten schilderte.

* * *

All das schoss mir also durch den Sinn, als ich ihren Ausweis erneut in der Hand hielt. Ebenso die Erinnerung daran, dass ich bereits dreimal ihr unfreiwilliger Gast gewesen war. Diesmal aber musste ich Prioritäten setzen. Obwohl ich sie hinter der Tür lauern wähnte, warf ich den Ausweis in ihren Briefkasten, setzte mich in mein Auto und fuhr los. Ich konnte mich nicht um jede Seele kümmern; ich war bereits auf einer Rettungsmission.

Natürlich fuhr ich viel zu schnell für die glatten Straßen, natürlich beachtete ich kaum die Verkehrszeichen. Und dort, wo ich dennoch warten musste, nagte das Gefühl der Ohnmacht derart an mir, dass mein rechter Fuß nervös über dem

Gaspedal zitterte. Trotzdem erreichte ich Petras Wohnung in weniger als fünfzig Minuten, stürmte die drei Treppen hinauf und klingelte Sturm.

Zu meiner Verblüffung öffnete Edwin. Beruhigend winkte er ab. »Alles in Ordnung, wir haben uns wieder vertragen.« Erleichtert nahm ich die Einladung an, auf einen Kaffee zu bleiben. Petra setzte extra für mich neues Wasser auf.

»Schade, dass du keine Schrippen mitgebracht hast«, meinte sie, »Edwin hat jetzt nur für uns welche geholt.«

Lächelnd winkte ich ab. Hauptsache, es war nichts passiert.

Als die beiden aufbrachen, um auf den Weihnachtsmarkt zu fahren, machte auch ich mich auf den Weg. Petra bedankte sich für mein promptes Erscheinen, erinnerte mich daran, noch eine CD von ihr zu haben und fuhr mit Edwin los. Trotz ihrer unbekümmerten Lockerheit, die sie in diesem Moment versprühte, konnte ich mich einer gewissen Besorgnis nicht erwehren. Ich kannte beide seit Jahren und war alles andere als überzeugt davon, dass sie zueinander passten. Es würde noch manch Scharmützel setzen, ehe ihr Beziehungsdampfer im sicheren Hafen der Ehe ankerte. Doch solange es Freunde wie mich gab, konnte ihnen nichts Böses widerfahren.

Dass ich in der Eile vergessen hatte, meinen Wohnungsschlüssel mitzunehmen und deshalb die Tür aufbrechen musste, sah ich als den Preis an, den ein jeder von uns bereit sein sollte zu zahlen für ein menschliches Miteinander.

* * *

Fünf Tage später sitze ich erneut beim Frühstück und habe gerade mein Ei geköpft, als Edwin klingelt. »Es ist alles aus«, sagt er mit leerem Gesichtsausdruck und drängt wortlos an mir vorbei. Mein geköpftes Ei in der Hand, folge ich ihm erschreckt. Edwin ähnelt mehr einem Zombie als sich selbst.

Er lässt sich auf einen Stuhl fallen. Wie ein nasser Sack. Mit Armen, die stümperhaft an den Seiten angenäht sind. Sein toter Blick gleitet über das kleine Schlaraffenland meines Frühstückstisches. Frisch duftender Kaffee, aufgebackene Brötchen, die gute Marmelade von Tante Ingrid, Obst und Orangensaft. Mir wird klar, dass der Morgen, den ich so gemütlich begehen wollte, anders verlaufen würde, als ich das geplant hatte. »Was ist passiert?« frage ich, weil mir nichts Besseres einfällt, und Edwin winkt ab, weil ihm offensichtlich auch nichts Besseres einfällt. In sein verhärmtes Gesicht hat sich das Wort Leid gepflügt. Unendliches Leid, dessen graue Schrift die Täler und Berge noch ein wenig besser ausprägen, als das bei Edwin ohnehin schon der Fall ist. Befangen setze ich mich dazu und stelle das Ei in den Eierbecher zurück. Der Duft der noch warmen Brötchen lockt mich mit seinem Sirenengesang. Der gelbe, halbflüssige Dotter des Eies stimmt in diesen Gesang mit ein. ›Bestreu mich mit Salz‹, ruft der Dotter, ›steck' deinen weißen Plastiklöffel in meine Masse und iss mich. Bevor ich noch kalt werde, du Idiot.‹ Doch ich verharre befangen. Schickt es sich, in Gegenwart eines vom Schicksal derart gebeutelten Menschen ein Ei zu essen? Oder sich einen Kaffee einzugießen? Habe ich das Recht dazu?

»Was ist passiert?«, wiederhole ich in meiner Hilflosigkeit, die mir mit einem Mal so verdammt bewusst wird. Um dem Mitgefühl in meiner Stimme mehr Ausdruck zu verleihen, habe ich leiser gesprochen als eben noch, doch wiederum antwortet Edwin nicht. Mit hängenden Lefzen, die mich (wie eine böse Vorahnung) an einen Bernhardiner erinnern, stiert er auf den Tisch. Und sieht so aus, als hätte er schon lange nichts mehr zu sich genommen. Vielleicht ist er schlicht unterzuckert.

»Du musst mir schon sagen, was passiert ist«, bitte ich flehend. Was zur Folge hat, dass Edwin die angenähten Arme auf dem Tisch verschränkt und den Kopf in sie hinein legt. Leises Schluchzen lässt mir einen Schauer über den Rücken laufen. Ich fühle mich schuldig. Schuldig dafür, dass es mir so gut geht. Dass ich hier frohgemut an einem damastdeckenbezogenen Frühstückstisch sitze, während ein Freund genau diese Damasttischdecke mit seinen Tränen einnässt.

Irgendwann, zwischen zwei Schluchzern, entlocke ich ihm die grausame Wahrheit. »Petra hat mich rausgeschmissen«, flüstert Edwin. Das ist es also. Ich nicke stumm. Meine Zweifel, die ich bei der letzten Krise hatte, bestätigen sich auf schlimme Weise. Was mich in diesem Moment allerdings etwas erschreckt, ist, dass ein hässlicher Eigennutz sich plötzlich meiner Gedanken bemächtigt. ›Kann dieser Vorfall‹, so fragt der niedere Nutz, ›es wert sein, dass du dein Ei kalt isst?‹ Mit einem Egoismus, den ich nie zuvor an mir beobachtet habe, beantworte ich diese Frage mit »Nein« und ziehe unendlich langsam den Eierbecher zu mir heran, halte aber abrupt inne, als Edwin den Kopf aus der Versenkung holt. Müde sieht er mich an, schaut dann durch mich hindurch in eine imaginäre Ferne und murmelt mit fester Stimme, dass er sich jetzt umbringen werde.

Einen Selbstmörder in der Wohnung zu haben, ist genau das, was man sich zum Frühstück wünscht. Eine Tageszeitung ist zwar nicht schlecht, aber ein Selbstmörder ist schon was Besonderes. Fieberhaft versuche ich mich an das zu erinnern, was in meinem Buch ›Selbstmörder retten leicht gemacht‹ steht. Ich bin gefordert, bin der einzige, der diesen meinen Freund daran hindern kann, Hand an sich zu legen. Zumindest solange, bis professionelle Rettungsdienste vor Ort sind. Ich muss ihn ablenken, in ein Gespräch verwickeln, irgendwie am Sterben hindern. Instinktiv versuche ich es mit einer Haifi-Rochade. »Willst du vorher einen Happen essen?«

Edwin schüttelt den Kopf. »Ich krieg jetzt nichts runter. Es hat doch alles keinen Sinn mehr.«

»Ja, ja, schon … ich verstehe dich … aber dennoch … lass uns zusammen was essen und dabei reden. Du weißt, ich kann gut zuhören.«

Nun drückt sich ein gequältes Lächeln zwischen den Falten hervor. Dankbar legt er die Hand auf meinen Arm. »Deshalb bin ich hier, wirklich. Du bist der einzige, zu dem ich noch gehen konnte. Du bist nicht wie die anderen … zu dir habe ich Vertrauen.« Er stockt, verzieht das Gesicht – und fängt wieder an zu weinen.

»Erzähl' mir genau, was passiert ist«, bitte ich, stehe rasch auf und hole ihm eine Tasse aus dem Schrank. ›Tue jeden Tag eine gute Tat‹ erinnert mich die Tür.

Als ich Edwin einen Kaffee eingegossen habe, legt er seine zitternden Hände um die Tasse. Und während ich ihm ein Brötchen schmiere, schildert er, was passiert ist. Gut, er hatte wieder getrunken, ach was … beide hatten sie getrunken, man hat schließlich nicht oft den greisen Chef und seine junge Gattin zu Besuch. Lustig war es gewesen, mit Helau und Hopsasa und so, doch irgendwann muss er sich an der Frau vergriffen haben. »Du weißt«, erklärt Edwin mit brüchiger Stimme, »dass ich mir noch nie Gesichter merken konnte.« Und als Petra ihn auf der Gattin seines Chefs entdeckte, noch dazu ohne Hose, machte sie ein Mordskrakeele. Und setzte ihn vor die Tür. »Dabei war es nur ein Jux gewesen«, gesteht Edwin mit Hundeblick.

»Versteh' einer die Frauen«, stimme ich ihm murmelnd bei.

»Die ganze Nacht bin ich durch die Gegend gelaufen«, jammert er.

»Mein Gott, warum bist du nicht gleich zu mir gekommen? Es ist kalt draußen und du irrst auf der Straße herum. Du hättest erfrieren können.«

»Ist doch scheißegal, was aus mir wird. Ich habe es verdient, erfroren zu werden. Außerdem wollte ich dich mitten in der Nacht nicht stören.«

»Na, hör' mal!« Ich bin empört. »Willst du mich beleidigen? Wir sind Freunde. Und was diese Geschichte angeht: Das renkt sich wieder ein, glaube mir. Du wirst sehen, ihr vertragt euch bald wieder.«

Edwin greift wortlos nach meinem Ei und löffelt es lustlos aus. »Das wird nicht wieder«, erwidert er verbittert, »ich habe sie verwechselt, so etwas vergisst eine Frau nie.«

Zu diesem Zeitpunkt bin ich froh, ihn zumindest von seinen akuten Selbstmordgedanken abgebracht zu haben. Und mit jedem Brötchen, das er zu sich nimmt, scheinen Mut und Lebensfreude in ihn zurückzukehren. Nach dem letzten legt er erschöpft die Beine auf den Nachbarstuhl. »Weißt du eigentlich«, beginnt er, während seine Zunge versucht, die Reste meines Frühstücks aus den Zahnlücken zu befreien, »dass du der beste Mensch bist, den ich kenne?«

Ich winke geschmeichelt ab, doch Edwin lässt sich nicht beirren. »Nee, wirklich. Das sag ich jetzt nicht nur so. Es gibt gute und schlechte Menschen, du bist ein Guter. Der beste Gute sogar. Gäbe es mehr von deiner Sorte, dann sähe die Welt anders aus.« Dankbar und auch irgendwie stolz, einen solchen Freund zu haben, sieht er mir dabei zu, wie ich den Tisch abräume. Ich überlege, ob ich es schaffe, noch vor der Arbeit beim Bäcker vorbeizufahren. Ich muss fit sein heute, denn heute ist die große Besprechung für morgen, da muss ich noch fitter sein, denn morgen trifft sich mein Chef mit Herrn Joystix oder so ähnlich, einem Handelsvertreter aus Marseille. Meine Firma – ich meine die Firma Schraubzwingen-Schulz – plant ein Joint-Venture in Frankreich. Schraubzwingen für die Fremdenlegion.

»Was hältst du davon, wenn du dich erst mal bei mir ausschläfst?«, biete ich Edwin an. »Ich muss jetzt leider zur Arbeit, aber natürlich wohnst du erst mal bei mir.«

Edwin schüttelt entschieden den Kopf. »Ich will dir wirklich keine Unannehmlichkeiten machen. Du hast schon so viel für mich getan.«

»Keine Widerrede. Ich bestehe darauf.«

Erschreckend schnell geht er dann doch auf den Vorschlag ein. Ich bin noch gar nicht in den Schuhen, da liegt er schon auf meinem Bett und schnarcht. Er muss wirklich sehr müde sein.

* * *

Kaum bin ich auf der Arbeit, ruft mich Petra an. Leider misslingt es mir, sie abzuschütteln. Zu groß ist ihr Leid. Als sie nach schier endloser Litanei von mir wissen will, was sie nun tun solle, schließlich liebe sie das Schwein noch immer, rate ich ihr, ihm zu verzeihen. Wie zu erwarten, befriedigt sie diese Antwort nicht, doch glücklicherweise kommt in diesem Moment ihre beste Freundin, so dass sie ganz rasch Schluss machen muss. Sie kann mir gerade noch versprechen, sich bald wieder zu melden. Erleichtert lege ich auf.

»Können Sie sich auch mal zur Abwechslung um die Firma kümmern?«, murrt Schraubzwingen-Schulz. Er steht in der Tür meines Büros und wartet darauf, dass ich ihm einen Kaffee bringe. Wir wollen das Konzept besprechen, mit dem Joystix überzeugt werden soll, zukünftig deutsche Schraubzwingen für seine Fremdenlegion zu nehmen. »Nur noch kurz«, flüstere ich meinem Chef zu und tippe meine Nummer in den Apparat. Wenn ich das Gespräch richtig verstanden habe, hat Petra Edwin verziehen. Ich kann ihn also wieder nach Hause schicken.

* * *

»Das kann sie sich abschminken, dass ich gleich wieder angerannt komme«, meint der jedoch, »ein wenig muss sie noch zappeln. Ich bin schließlich auch nur ein Mann.«

Diese Antwort ruft eine gewisse Panik in mir hervor. Ich will nicht, dass Edwin bei mir schläft. Erstens schnarcht er, und zweitens habe ich nur ein Bett. In meiner Not täusche ich Damenbesuch vor, doch Edwin lacht. »Hat es endlich mit deiner Nachbarin geklappt? Du weißt schon – die mit der Hasenscharte.«

»Nein, es ist eine andere Frau.«

»Kenne ich sie?«

»Unwahrscheinlich. Es ist eine völlig andere.«

»Und? Wie sieht sie aus?«

»Keine Ahnung. Wir haben uns noch nie gesehen.«

»Was? Ein Blind-Date? Das wird nie was. Kannste vergessen. Und außerdem – die Kleine mit der Hasenscharte ist doch süß. Nimm die doch.«

»Edwin! Bitte! Lass mich meine Erfahrung selber sammeln.«

»Na klar. Kein Thema. Du bist mein bester Freund. Wenn du mit der Kirsche hier auftauchst, bin ich weg.«

* * *

Als ich abends nach Hause komme, ist er noch da. Er hat sich Essen gemacht, zumindest lassen die Essensreste auf dem Tisch darauf schließen. Außerdem hat er einen Koffer nachgeholt. Ein Stapel Wäsche liegt ungeordnet auf meinem Schreibtisch. Schelmisch grinst Edwin mich an. »Schau' mal ins Schlafzimmer«, fordert er mich auf.

Auf meinem Bett schnarcht ein riesengroßer Bernhardiner. Was erklärt, warum die ganze Wohnung nach Hund stinkt. Edwin tritt hinter mir ins Schlafzimmer, einem klitzekleinen Raum, der gerade groß genug für das Bett ist. »Das ist Finanzministerium, ein goldiges Tier. Ich habe ihn aus dem Tierheim geholt. Damit du nicht mehr so einsam bist. Er hat früher für die Schweizer Lawinenwacht gearbeitet und wurde danach an einen Steuerbeamten verkauft. Doch der ist leider gestorben.«

Finanzministerium schaut hechelnd zu mir hoch, checkt mich kurz ab und legt seine sabbernde Schnauze aufs Bett zurück. »Ich glaube, er mag dich«, meint Edwin selbstzufrieden.

Ich sehe ihn verzweifelt an. »Was soll ich mit einem Hund? Und noch dazu so einem großen?«

Unbeirrt lächelt Edwin weiter. »Hör' mal, mit einem Hund an der Leine kommst du leichter mit Frauen ins Gespräch. Das mit dem Blind-Date ist doch Quatsch.«

Für einen Moment verliere ich meine sprichwörtliche Beherrschung. »Verdammt noch mal, meine Wohnung ist vierzig Quadratmeter groß. Ich kann solch ein Riesenvieh nicht gebrauchen.«

Edwins Gesicht wird grau. Deutlich modellieren sich seine Falten wieder heraus. »Finanzministerium kann rechnen«, versucht er mich zu überzeugen.

»Und wenn er fliegen könnte, ich brauche keinen Hund!«

»Wie viel ist ein mal eins?«, fragt Edwin das Tier. Finanzministerium hebt den Kopf und bellt einmal. Edwin nickt. »Und wie viel ist zwei mal zwei?« Finanzministerium bellt viermal.

»Siehst du!« Mein Freund blickt mich triumphierend an, doch ich lasse mich nicht beruhigen. Und schimpfe weiter mit ihm. Fassungslos schüttelt er den Kopf. »Da will man helfen und das ist dann der Dank.« Er geht zurück in die Küche und lässt sich in der selben Haltung wie heute morgen auf dem Stuhl nieder. Wieder ist sein Blick leer und tot; deutlich ist ihm seine Enttäuschung anzusehen. Doch ungeachtet seines schrecklichen Zustandes baue ich mich wütend vor ihm auf. »Du wirst zum Tierheim gehen und den Hund zurückbringen. Ich will ihn nicht. Selbst wenn er eine Seele von Mensch ist und Mondumlaufbahnen berechnen kann. Bring ihn zurück. Du kannst ja sagen, ich hätte eine Bernhardinerallergie oder so.«

Traurig schüttelt Edwin den Kopf. »Geht leider nicht. Die haben seit heute Winterferien. Drei Wochen lang.« Finanzministerium bellt dreimal und rülpst.

»Tut mir leid«, flüstert Edwin, den Tränen nah. »Ich habe es nur gut gemeint. Aber ich bin ein Idiot, ein Versager.«

»Selbstmitleid hilft uns nicht weiter, wir brauchen konstruktive Vorschläge. Vielleicht … ich meine, du und Petra, ihr habt euch doch wieder vertragen. Was meinst du …?«

»Geht leider auch nicht«, Edwin schüttelt verzweifelt den Kopf, »ich habe ihr gerade am Telefon gesagt, dass ich sie verlassen werde. Da kann ich nicht mit einem Hund ankommen. Wie stehe ich denn dann da?«

»Wie du dastehst? Meine Güte … wie stehe ich denn da? Ein Hund, den ich nicht wollte und um den ich mich noch nicht einmal kümmern kann. Ich gehe den ganzen Tag arbeiten. Wie hast du dir das überhaupt vorgestellt?«

Unendlich müde erhebt Edwin sich. »Ich dachte, andere haben doch auch einen Hund und gehen arbeiten. Aber keine Sorge, du wirst damit keinen Kummer haben. Gib mir nur diese Nacht ein Quartier. Morgen früh werde ich mit dem Tier verschwinden und dich nie mehr belästigen.«

Ohne ein weiteres Wort schlurft Edwin in den Flur und legt sich auf den Stapel Decken, die er sich dort bereits als Nachtlager aufgeschichtet hat. Kurz darauf höre ich ihn schnarchen.

Eine kalte Hundeschnauze holt mich aus meiner Fassungslosigkeit heraus. Sie stupst auffordernd gegen meine Hand, nimmt sie dann ganz sacht zwischen die Zähne und zieht sie zur Leine, die über dem Stuhl hängt. Es ist offensichtlich: Der Hund muss. Notgedrungen klinke ich sein Halsband ein, steige über Edwin hinweg und gehe mit ihm Gassi. Gleich die erste Laterne wird markiert. »Braves Hundchen«, lobe ich, denn dass er in die Wohnung macht, hätte mir gerade noch gefehlt. Wir laufen einmal um den Block, dann noch einmal, weil Finanzministerium keine Anstalten zeigt, auch das große Geschäft zu verrichten. Dabei wäre gerade das wichtig. Hunde neigen zur Inkontinenz, wenn sie in fremder Umgebung sind. Doch das weiß so ein Hund natürlich nicht. Bewusst führe ich ihn deshalb über alle Grünflächen, durch sämtliche Büsche und dicht an jedem Baum vorbei. »Mach' Kacki, Kacki«, rufe ich so flüsternd wie möglich und komme mir wie ein Idiot dabei vor. Irgendwann kapiert er. Das Hinterteil zwischen zwei parkende Autos gesteckt, erleichtert er sich mit angestrengtem Gesichtsausdruck. Verstohlen blicke ich mich um. Glücklicherweise sind die Straßen leer, niemand hat uns gesehen. Zurück in der Wohnung schütte ich dem Tier einen Teller mit Hundefutter voll und bereite mich auf die Nacht vor. Morgen wird ein anstrengender Tag. Einer, der über Wohl und Wehe von Schraubzwingen-Schulz entscheidet.

»Mach' Schlafi, Schlafi«, sage ich zu Finanzministerium, als er vom Fressen aus der Küche kommt und ich bereits im Bett liege. Doch mit einem Satz springt er mir auf die Beine. Freundlich und bestimmt scheuche ich ihn auf den Bettvorleger hinunter. Es reicht, wenn die Wohnung nach ihm riecht. Es muss nicht auch noch in die Bettwäsche ziehen.

Leider sieht Finanzministerium das anders. Jedes Mal, wenn ich ihn des Bettes verwiesen habe, springt er wieder rauf. Also ergebe ich mich in mein Schicksal und versuche, müde zu werden. Doch Edwins Schnarchen durchdringt als tiefes Stöhnen die leichte Rigipswand, die mich von ihm trennt. Zunehmend lauter werdend.

Mit ansteigender Lautstärke wächst auch meine Verzweiflung. Ich werde kein Auge zutun. Ich werde verzweifelt die Decke über mir anstarren und nicht schlafen. Und morgen werde ich aussehen wie ein Drogenabhängiger. Als das Schnarchen aussetzt, aus heiterem Himmel, so als habe jemand Edwin den Mund zugestopft, wähne ich mich für einen Moment im Glück. Allerdings nicht sehr lange, weil schlimme Befürchtungen anfangen, mich zu quälen. Es gibt Menschen, die ersticken im Schlaf. Einfach so. Weil sie vergessen zu atmen. Vielleicht ist Edwin so ein Mensch, vielleicht stirbt er gerade.

Nach einer endlos langen Minute – das Schnarchen hat nicht wieder eingesetzt – kämpfen zwei Kobolde in mir. Eigennutz und Altruismus. ›Jetzt kannst du ruhig schlafen‹, frohlockt der eine, ›Hilf!‹, befiehlt der andere.

Leider gewinnt der andere. Mit einem Ruck löse ich mich aus der Schlaflosigkeit, klettere über den Bernhardiner hinweg und schleiche zu Edwin. Mit dem Ohr über seinen Mund stelle ich fest, dass er noch atmet. Nicht besonders tief, aber für Edwin müsste es reichen.

Zurück im Bett setzt das Schnarchen wieder ungedämpft ein. Als auch noch Finanzministerium mit sonorem Brummen anfängt, kriege ich Panik. Und komme in meiner Not auf die Idee, die heutige Nacht im Auto zu verbringen. Es herrscht zwar seit Tagen Bodenfrost, doch hier in der Wohnung würde ich durchdrehen. Ich beschließe, mir ein Plätzchen in einer ruhigen Nebenstraße zu suchen. Wenn ich erfriere, dann werde ich wenigstens nicht nach Hund stinken.

Bewaffnet mit meinen Bettvorlegern, der Damasttischdecke und einem dicken Mantel schleiche ich mich aus der Wohnung zum Auto, fahre um den Block und stelle den Wagen an die dunkelste Stelle, die zu finden ist. Es schneit dicke Flocken. Mein Auto wird sich in ein Iglu verwandeln, und das ist auch gut so. Eskimos wohnen ihr ganzes Leben in Iglus, da werde ich es ja wohl eine Nacht in einem solchen aushalten.

Gegen drei Uhr, kurz nachdem ich eingeschlafen bin, werde ich vom Piepsen meines Handys geweckt. Petra hat mir eine SMS geschickt. »BITTE RUF MICH AN, ES IST DRINGEND!!! PETRA«

Ich schwanke zwischen erklärlicher Wut und unerklärlichem Pflichtgefühl. Es ist mitten in der Nacht, bitterkalt, und ich hatte gerade einen Zweikampf mit einer Robbe gewonnen. Warum sollte ich unter diesen Umständen mit irgendjemandem telefonieren wollen? Doch würde Petra mich nicht um diese Zeit darum bitten, wäre es nicht wirklich wichtig. Es musste etwas vorgefallen sein. Etwas bisher nie da Gewesenes.

Leider hat der Akku meines Handys die Kälte nicht verkraftet, weil ich wegen des Hundes versäumt habe, ihn zu laden. Tapfer entschließe ich mich daher, eine der Telefonzellen aufzusuchen, deren gelbes Licht sich im gefrorenen Glas meiner Frontscheibe bricht.

Fröstelnd schiebe ich kurz darauf meine Karte in den Schlitz und wähle Petras Nummer. Gleich nach dem ersten Tuten wird der Hörer abgenommen, doch niemand sagt etwas. »Petra?«, frage ich.

Aus dem Schluchzen, das ab und zu ertönt und dessen Modulation ich mittlerweile kenne, schließe ich, tatsächlich Petra am anderen Ende der Leitung zu haben. Wieder ist sie unfähig, komplette Wörter zu formulieren, geschweige denn Sätze. »Petra, bist du es?«, versuche ich es einige Male, bis ich zu »Was ist passiert?« übergehe. Dann endlich, nach etlichen Einheiten, kommt eine Antwort: »Ich kann nicht schlafen.«

Ernüchtert starre ich auf das Tarifsystem der deutschen Telekom, das als abblätternder Aushang vor mir klebt. Petra kann nicht schlafen. Sie ruft mich mitten in der Nacht an, weil sie nicht schlafen kann.

»Ich übernachte übrigens im Auto«, sehe ich mich gemüßigt mitzuteilen. »Bei mir zu Hause war es leider nicht möglich.«

»Ich vermisse ihn so sehr«, kommt es leidend zurück. Kein Problem, sich Petras Gesicht dabei vorzustellen. Sie bittet mich, einen Moment zu warten und geht sich eine Zigarette anzünden. Nach einer Minute höre ich ihre paffenden Lungenzüge.

»Vielleicht sollte ich dich morgen mal anrufen, es ist tierisch kalt hier in der Zelle«, nehme ich die Verhandlung wieder auf. Doch es kommt nur Paffen zurück. »Weißt du eigentlich«, erwidert Petra irgendwann stockend, »dass wir nächste Woche nach Dresden fahren wollten?«

»Das werdet ihr doch auch bestimmt. Glaub' mir, das renkt sich ein.«

»Aber er hat mich verlassen! Verstehst du? Er hat gesagt, dass er mich verlassen wird. Dabei liebe ich ihn so sehr.«

»Das weiß er auch. Er braucht nur etwas Zeit. Übrigens Zeit … ich bin tierisch müde.« Bewusst lege ich Lockerheit in diese Aussage. Ich will Petra nicht das Gefühl geben, sie gehe mir mit ihrem Problem auf die Nerven. Sekundenlang bleibt es ruhig in der Leitung. »Petra …?«

»Ich glaube, es ist endgültig«, schluchzt sie dann, »so gestritten haben wir uns noch nie.«

So geht es weiter, und der einzige Lichtblick, der mir zu dieser Zeit noch bleibt, ist die Tatsache, dass meine Telefonkarte fast leer ist. Kurz bevor das Warnsignal ertönt, weise ich Petra bedauernd daraufhin.

»Schon klar«, meint sie enttäuscht, »du hast auch keine Lust, dir meine Sorgen anzuhören. Irgendwie steht man immer allein da, wenn es Probleme gibt.«

»Hör' mal, das ist nicht wahr. Meine Telefonkarte ist leer. Wir können doch auch morgen noch telefonieren. Morgen Nachmittag, wenn es geht.«

»Ach, lass mal.« Ihr Stimme klingt verbittert. »Warum sollst du dich mit anderen Leuten abgeben? Ich wünsche dir viel Spaß. Lebe wohl.« Die restlichen Einheiten sagen wir nichts mehr, und als es plötzlich tutet, schicke ich ein Stoßgebet gen Himmel. Jetzt nichts wie ins Auto, drei Stunden kann ich locker noch schlafen.

Doch die Telefonzelle lässt sich nicht mehr öffnen. Was auch immer ich mit der Tür versuche, sie bleibt verschlossen. Ein Schild unter den Tarifen macht darauf aufmerksam, dass der nächste kostenlose Notruf von der Nebenzelle aus möglich ist. Durch zwei Scheiben hindurch sehe ich den kostenlosen Notrufhebel. So nah und doch so fern. Glücklicherweise kommt eine Stunde später der Zeitungsjunge, der gesehen hat, wie ich in der Zelle auf und ab springe, um nicht zu erfrieren. Er haucht von außen die zugefrorene Tür auf, wofür ich ihm ein Abo für eine Fernsehzeitung abkaufe. Obwohl ich gar keinen Fernseher besitze. Mit letzter Kraft lasse ich mich schließlich ins Auto fallen – doch ich bin nicht allein in ihm. Neben mir sitzt ein fremder Mann, die Hände um zwei Schraubenzieher gelegt, die rechts und links am Autoradio vorbei im Armaturenbrett stecken. Erschrocken starrt er mich an, erschrocken starre ich zurück. Wir sagen nichts, aber Worte sind auch unnötig. Ich weiß auch so, was er vorhat, ich bin ja nicht blöd.

Nach den ersten Versuchen, mimisch Unschuld vorzutäuschen, verwandelt sich sein Gesicht in ein reuevolles. »Ich habe sehr viel Pech gehabt im Leben«, sagt er, doch so leicht lasse ich mich nicht beeindrucken. »Das ist noch lange kein Grund, fremde Autoradios zu klauen.« Ich gebe mir keine große Mühe, meine Wut zu verdecken.

Darüber denkt er einen Moment nach. »Ich habe drei Kinder«, legt er dann nach, doch auch das erscheint mir nicht ausreichend genug.

»Viele Väter haben drei Kinder. Wenn jeder von denen Autoradios klaute – so viel Autoradios gäbe es ja gar nicht.«

Der Mann, der glücklicherweise nicht besonders kräftig zu sein scheint, sucht fieberhaft nach weiteren Argumenten.

»Meine Frau – sie ist Diabetikerin. Ich muss ihr teure Medikamente kaufen. Und die Kinder haben Blähungen.«

»Das tut mir ja alles sehr leid für Sie«, meine ich schließlich, »aber Sie werden verstehen, dass ich nicht so einfach zusehen kann, wie mein Autoradio geklaut wird. Selbst wenn Ihre Frau zuckerkrank ist und die Kinder blähen.«

»Natürlich verstehe ich das, wirklich. Aber ich dachte, also ich meine … Sie sind doch bestimmt versichert, oder?«

»Ach, und das berechtigt Sie, so mir nichts, dir nichts Autoradios zu klauen?«

»So mir nichts, dir nichts? Hören Sie, es macht mir beileibe keinen Spaß, nachts Autoradios zu klauen. Ich bin werktätig, muss früh raus. Ich mache das nur, weil ich keinen Ausweg sehe. Nicht allen geht es so gut wie Ihnen.«

Diese Worte treffen mich hart. Ich weiß, er hat Recht. Was war plötzlich mit mir? Wurde ich mit dem Alter etwa kleinlich? Ich hatte weder Kinder noch medikamentenabhängige Frauen. Durfte ich mich da der Not anderer Leute verschließen? Betroffen sinne ich darüber nach.

Irgendwann beendet der Mann die Stille. »Vor zwei Tagen ist unser Kanarienvogel verstorben«, sagt er leise. Bedrückt. Verzweifelt. Mutlos.

»Nehmen Sie es«, stoße ich aus, »nehmen Sie das Autoradio und verschwinden Sie. Bevor ich es mir anders überlege.«

Rasch kehrt das Leben in ihn zurück. Mit geübtem Griff hebelt er mein Radio heraus, zupft fachmännisch die Kabel ab. Demonstrativ sehe ich dabei aus dem Fenster. Dass ich ihm auch noch zuschaue, das kann keiner von mir verlangen.

Der Autodieb packt das Radio in ein Tuch, sucht sein Werkzeug zusammen und reicht mir die Hand. »Ich danke Ihnen. Endlich kann ich meiner Frau wieder Medikamente kaufen. Wenn es mehr Menschen wie Sie gäbe, wäre diese Welt besser, glauben Sie mir.«

Flüchtig erwidere ich seinen Handschlag. Er schwingt sich aus dem Auto, schlägt die Tür zu, kommt aber noch einmal heran. »Einen Tipp noch«, meint er herabgebeugt,

»Sie sollten eines der Fenster einschlagen. Sonst denkt die Versicherung noch, Sie hätten nicht abgeschlossen gehabt.«

»Ich weiß selbst, was ich zu tun habe«, antworte ich kurz angebunden und ohne ihn eines Blickes zu würdigen. Eine Verbrüderung mit mir kann er sich abschminken.

Nachdem er fort ist, überlege ich, welches der Fenster ich einschmeiße. Ich betrachte sie eins nach dem anderen und frage mich, warum da plötzlich Aufkleber sind, wo vorher keine waren. Überhaupt erscheint mir dieses Fahrzeug mit einem Mal so furchtbar fremd. Die heraufdämmernde Vermutung wird zur Gewissheit, als mein Blick durch die Frontscheibe auf den vor mir parkenden Wagen fällt, dessen Nummernschild mir seltsam bekannt vorkommt. Was vielleicht daran liegt, dass es mein Auto ist. Durch den Schnee sehen sie irgendwie alle gleich aus.

Die Überlegung, die ich danach anstelle, kommt rasch. Leider nicht rasch genug. Mein Versuch, das Auto zu verlassen, wird zuerst durch eine klemmende Tür verhindert, danach von einem Streifenwagen, der direkt neben mir hält. Kurz darauf wandert der starke Lichtstrahl einer Taschenlampe zwischen meinem Kopf und dem Loch im Armaturenbrett hin und her. Die Finger um das fremde Lenkrad verkrampft, höre ich Türen klappen, spüre die Beamten um das Auto herumkommen und vernehme schließlich, dass ich doch bitte mal das Fenster herunterkurbeln und die Fahrzeugpapiere zeigen solle. Beklommen komme ich der ersten Aufforderung nach. »Ich bin im falschen Auto«, erkläre ich stotternd in den blendenden Strahl der Taschenlampe.

»Das sehen wir auch so«, antworten die Polizisten lapidar und nötigen mich aus dem Wagen heraus. Breitbeinig lasse ich mich nach Waffen abtasten. »Morgen, Herr Struwel«, sagt meine Nachbarin Frau Wagenknecht, die immer um diese Zeit mit ihrem Dackel Lumpi Gassi geht. Unangenehm berührt grüße ich über die Schulter gedreht zurück.

Da die Polizisten weder meinen Ausweis noch das gestohlene Radio finden, nehmen sie mich kurzerhand mit zur Wache. Erst nach einer Stunde gelingt es mir, sie davon zu überzeugen, zu mir nach Hause zu fahren. Dort lägen, so beschwöre ich die Beamten, meine Papiere und mein Freund Edwin. Letzterer würde vielleicht sogar für mich bürgen.

* * *

Edwin kommt dann tatsächlich und bürgt. Allerdings ist er ziemlich genervt. »Mit dir macht man was mit«, meint er kopfschüttelnd. »Weißt du eigentlich, wie spät es ist?« Den Heimweg über muss ich mir seine Predigten anhören. Dass ich ihn gestern noch rausschmeißen wollte, aber dass er jetzt gut genug dafür sei, mich aus dem Knast zu befreien. Ich könne von Glück sagen, dass er es gut mit mir meine. So einen wie ihn fände ich kaum ein zweites Mal.

Während er bei mir zu Hause nahezu übergangslos vom Meckern zum Schnarchen wechselt, zerreißt mein bisheriges Weltbild und gibt die Sicht auf eine neue Welt frei. Auf ein anderes Leben als das eines Bernhardinerhundes. Eines, für das ich allerdings etwas tun muss.

Mit dem Vorsatz, ab morgen mein Leben zu verändern, falle ich in einen unruhigen Schlaf. In einem dramatischen Traum hängt eine Schar Klageweiber an mir und versucht, mich aufzufressen. Ich will fliehen, doch mein ehemaliger Religionslehrer hindert mich daran. Schließlich erscheinen noch der Bundeskanzler und meine Mutter.

Kurz bevor ich verspeist werde, zerrt Finanzministeriums kalte Hundeschnauze an mir. Er muss wieder, gerade rechtzeitig.

Ich ziehe mich an, und als ich gehe, wird Edwin kurz wach. Schlaftrunken raunt er mir zu, ich möge bitte Brötchen mitbringen. »Leck' mich«, erwidere ich, aber da schläft er schon wieder.

Vor der Haustür will Finanzministerium wieder zwischen zwei Autos verschwinden, doch ich zwinge ihn dazu, seinen Haufen mitten auf den Weg zu setzen. Peinlich nach allen Seiten blickend, gehorcht er. Nachdenklich betrachten wir dann beide dieses dampfende Mahnmal. Er verlegen, ich stolz.

»Und das war erst der Anfang«, erkläre ich dem Tier.

Zurück in der Wohnung bitte ich Edwin, sich schon mal nach einer neuen Bleibe umzusehen. Eine Aufforderung, die er lachend quittiert. Als ich abends von der Arbeit zurückkehre, erfolgreich einen lukrativen Schraubzwingendeal erstritten, liegt meine Kaffeemaschine in alle Einzelteile zerlegt auf dem Boden. »Ich baue sie etwas um«, erklärt Edwin, eine Zigarette im Mund, die Beine auf den Tisch gelegt. »Dann läuft der Kaffee besser durch. Allerdings müsstest du vorher zwei neue Dichtungen besorgen.«

»Sie funktionierte ausgezeichnet«, widerspreche ich entsetzt.

»Hinterher wird sie aber noch besser funktionieren. Glaube mir, ich verstehe was davon. Außerdem habe ich euren Aufzug repariert.«

»Unseren Aufzug?«

»Ja. Zufälligerweise war die Tür zum Maschinenhäuschen offen. Ich habe ihn jetzt so umgebaut, dass die Türen schneller aufgehen. Vorher hat das ja ewig gedauert.«

»Aber …?«

»Und noch etwas!« Edwin stellt die Füße auf den Boden und ruft den Hund. Finanzministerium kommt heran und spitzt die schlappen Ohren. »Wie viel ist 312 mal 14?«

Finanzministerium denkt kurz nach und fängt dann an zu bellen. Zufrieden schaut Edwin auf die Uhr. »Das wird jetzt ungefähr eine Stunde und zwanzig Minuten dauern.«

»Okay«, sage ich ruhig. »In anderthalb Stunden komme ich wieder. Bis dahin bist du und der Hund verschwunden.«

Ungläubig sieht er mich an. »Wie jetzt? Das klingt ja fast so, als würdest du mich tatsächlich vor die Tür setzen.«

»Es ist mehr als das – ich schmeiße dich raus.«

»Du schmeißt mich raus? Nach allem, was ich für dich getan habe, schmeißt du mich raus?« Edwins Mund wird von unsicherem Zucken umspült.

»Verschwinde«, erwidere ich.

»Aber … aber … die Kaffeemaschine ist doch noch gar nicht zusammengebaut.«

»Anderthalb Stunden! Dann bist du weg!«

Anderthalb Stunden später bin ich zurück. Edwin ist tatsächlich verschwunden. Allerdings hat er vergessen, den Hund mitzunehmen. Erschöpft liegt er auf meinem Bett und schläft. Egal, der Hund kann schließlich nichts dafür. Hauptsache, ich bin frei. Als ich später tropfnass aus der Dusche trete, sehe ich anstelle meines Handtuchs einen Zettel hängen. »Ich habe Finanzministerium Gassi geführt, weil die Nachbarn sich über das Bellen beschwert haben. Leider hat er sich dabei in frischem Pferdedung gewälzt. Habe ihm deshalb das Handtuch untergelegt. Ich wollte nicht, dass Dein Bett stinkt. Gehe mich jetzt irgendwo erschießen. Lebe wohl, Dein ehemaliger Freund.«

Frierend, tropfend und nackt trete ich an Finanzministerium heran. Da ich mich mit Hunden nicht auskenne, weiß ich nicht, ob sie beißen, wenn man sie wach macht. Also versuche ich, dass Handtuch unter ihm wegzuziehen, ohne dass er es merkt. Den Trick habe ich einer Zauberveranstaltung abgeschaut.

Leider fällt mir der Hund dabei auf den Boden. Doch anstatt zu beißen, trottet er zu seinem Fressnapf und sucht Futter. Rasch trockne ich mich ab und schütte ihm zur Belohnung den Napf voll. Das arme Tier ist auch nur ein Opfer seiner Hilfsbereitschaft. Irgendwie fühle ich mich ihm verbunden. »Wir müssen reden«, sage ich zu ihm.

Bei einem Glas Rotwein sitzen wir dann zusammen. »Das eine oder andere wird jetzt anders werden«, erkläre ich unumwunden. »Zum Beispiel wirst du nicht mehr Finanzministerium heißen, sondern Beppo. Wie es sich für einen Lawinenhund gehört. Außerdem wirst du mir zukünftig Schmarotzer vom Leib halten. Dafür darfst du bei mir auf dem Bett schlafen und deine Häufchen wieder zwischen die Autos setzen. Damit dir keiner dabei zusieht. Was hältst du davon?«

Beppo nickt.

»Und wenn wir gut miteinander auskommen, gehen wir nach Weihnachten aufs Arbeitsamt, um uns die Arbeitslosen anzuschauen.«

Wieder nickt er.

»Schlag' ein«, sage ich und halte ihm meine Hand hin.

Danach krame ich den Diaprojektor heraus, mache Tee und hole Kekse. Wir sehen uns meine Dias vom Weserbergurlaub an – Beppo scheint sehr interessiert. Doch unser gemütlicher Abend wird zwei Magazine später gestört. Heulend platzt Petra dazwischen. Sie will wissen, wo Edwin ist, und ich erkläre ihr, dass er sich irgendwo erschießen gegangen ist.

»Ist schon über eine Stunde her«, füge ich hinzu, »wahrscheinlich ist er längst tot.«

Kreischend fordert Petra mich auf, ihn suchen zu helfen, doch ich verweise auf die noch nicht angeschauten Diakästen. Das letzte, was ich von ihr höre, bevor sie mich panisch verlässt, ist, dass ich der gefühlloseste Mensch bin, den man sich vorstellen könne. Beppo und ich sehen uns grinsend an. »Schlag' ein«, sage ich.

Später am Abend kommt dann dieser nachgemachte Weihnachtsmann. Er redet von Tieren, die in russischen Tierheimen vor sich hinvegetierten, irgendwo draußen in der Taiga, weswegen man auch keine Fotos habe, nur Ein-

193

zahlungsbelege. Professionell umschifft er meine erklärte Abneigung gegen russische Tierheimtiere und meint, ich könne auch etwas für rumänische Kinder spenden, die ja schließlich nichts dafür könnten, dass ihre Eltern Rumänen sind. Doch auch hier verweigere ich mich. Als ich schließlich noch die Patenschaft für einen gestrandeten Buckelwal ablehne, wird er pampig. Ob ich denn nicht wenigstens ein klein wenig Mitleid hätte, schließlich sei Weihnachten. Ich öffne die Tür einen Spalt weiter, um Beppo hindurch zu lassen. »Fass!«, sage ich.

Beppo macht auf seinen vier Absätzen kehrt und trabt in die Küche.

»Sie hetzen Ihren Hund auf mich?«, fragt der Weihnachtsmann entsetzt.

»Einer muss es ja machen«, erwidere ich, »seien Sie froh, dass das Tier so gutmütig ist.«

Ich knalle ihm die Tür vor der Nase zu und folge Beppo in die Küche. Er kramt nach einer Whiskeyflasche. Lawinenhunde und Kampfhunde trennen Welten, aber eigentlich hat er Recht. »Braves Hundchen«, lobe ich. »Was hältst du davon, wenn ich uns was von McDonalds hole, bevor wir weiter Dias gucken?«

Beppo ist einverstanden. Ich ziehe mich an und betrete kurz darauf den Aufzug. Leider zwängt sich Hildegard Öppelt im letzten Augenblick dazu. Sie nickt mir freundlich zu, ich nicke gequält zurück. Die alte Kuh muss mir hinter der Tür aufgelauert haben. Wir fahren los, doch versucht die Tür, sich bereits zwischen zwei Stockwerken zu öffnen. Eine komplizierte Sicherheitsschaltung verhindert das, indem sie die ganze Kabine anhält.

»Na, klasse«, meint Hildegard trocken, »wir stecken fest. Dabei hat erst heute ein Monteur daran gearbeitet.«

Mit ihrer gewaltigen Schwungmasse will sie den Aufzug dazu bringen, weiter zu fahren. Was zur Folge hat, dass sich nun auch die Notklammern klackend ins Gehäuse schlagen.

»Oh, Gott«, stöhnt sie, »und ich bin auch noch Diabetikerin.«

Verzweifelt drücke ich die Notruftaste. Eine Automatenstimme sagt, dass mein Anruf nach Hannover weitergeschaltet wird.

»Das wird eine Weile dauern«, mutmaßt meine Nachbarin, »so über die Feiertage kommt doch keiner.« Sie geht in die Hocke und öffnet ihre Einkaufstasche. »Gut, dass ich immer was zu essen dabei habe.«

Mit zwei Stück Gemüsekuchen in der Hand kommt sie wieder hoch. »Wissen Sie eigentlich, dass ich mir das Insulin selbst spritze?«

Ich schicke ein stummes Stoßgebet zum Himmel.

»Obwohl ich nicht mehr so gut sehe.« Hildegard beißt ein großes Stück vom Kuchen ab und hält mir das andere hin. Dankend lehne ich ab, obwohl ich weiß, auf Dauer keine Chance zu haben. Ihr Mund sprüht Krümel, als sie begeistert fortfährt. »Genau wie die Thrombosespritzen. Ich mache mir da eine kleine Falte in den Bauch – und zack. Mein Arzt meint, er könne es auch nicht besser. Na ja, liegt vielleicht daran, dass ich geübt bin. Hab' ja alles, was man sich vorstellen kann. Angefangen hat es übrigens mit dieser Zyste …«

Leo

Das Land, in dem er geboren wurde, nannten sie »Die endlose Ebene«, was in der Sprache der Massai Siringitu heißt, Serengeti. Ein Meer aus niedrigem Gras und einzelnen Bäumen, wie den spärlich schattenspendenden Dattelpalmen, unter denen sich ein Tag des Nichtstun aushalten ließ oder den Myhrren-Sträuchern mit ihren gelblich, blauen Rinden. Hin und wieder gab es Felsbrocken inmitten der sanft wogenden Gräser, von deren Rücken aus man das Land überblicken konnte, das sich bis zu den Bergen am Horizont erstreckte, der für Leo das Ende der Welt war. Vier waren sie, er und drei Schwestern, die von der Mutter in einem Versteck gehalten wurden, wo sie aufwachsen sollten, bis sie alt genug waren, um sich dem Rudel anzuschließen.

* * *

Eines Tages brach die Mutter zur Jagd auf. Sie ermahnte zur Wachsamkeit, denn es gab Tiere in der Gegend, die nur darauf lauerten, kleine Löwenkinder zu fressen. Wie Recht sie haben sollte, zeigte sich bereits kurze Zeit später. Kaum war sie weg, näherte sich eine Hyäne dem Versteck. Und wenn Hyänen schon im satten Zustand nicht besonders freundlich sind, so sind sie es im hungrigen Zustand noch viel weniger. »Du musst uns verteidigen«, meinten die Schwestern zu ihm, »du bist schließlich ein Mann.«

»Ich bin kein Mann«, antwortete Leo entsetzt, »ich bin ein kleines Löwenkind, das vor ein paar Tagen noch völlig blind war.«

»Egal«, meinten die Schwestern und schubsten ihn aus dem Nest, »kannst ja schon mal fürs Leben üben.«

Als die Hyäne sah, dass ihr ein saftiger Löwenhappen direkt vor die Füße kullerte, leckte sie sich voller Vorgeschmack die Schnauze. »Hallo kleiner Leckerbissen, wo ist denn deine Mami? Ist sie etwa zur Jagd und hat dich hier allein gelassen?« Die Hyäne war groß und stattlich, zumindest für eine Hyäne und Leo wusste, dass er rein körperlich keine Chance gegen sie hatte. Weshalb er es gar nicht erst mit einem Angriff versuchte. »Sie ist nicht zur Jagd«, sagte er daher, »sie hat uns verlassen.«

»Uns? Sind da etwa noch mehr von deiner Sorte?«

»Hörst du mir überhaupt zu? Mutter ist nicht zur Jagd, sondern hat uns verlassen. Verlassen, verstehst du?«

»Nee, verstehe ich nicht. Warum sollte sie euch verlassen haben?«

»Schon mal was vom Feline Immunodeficiency Virus gehört?«

»Äh … Feline Immunodingsadawas?«

»Feline Immunodeficiency Virus, abgekürzt FIV. Eine Immunschwächekrankheit. Wird durch Blutkontakt übertragen und führt zum Zerfall körpereigener Abwehrmechanismen.«

Die Hyäne kratzte sich am Kopf. »Und? Ist das schlimm?«

»Schlimmer als schlimm, es ist tödlich. Wer es hat, wird mit jedem Tag schwächer, kriegt Durchfall und Brechreiz, Aknepickel und Schuppenflechte. Und irgendwann stirbt er auf schreckliche Art und Weise.«

»Na Halleluja, und das wird durch Blutkontakt übertragen? Wie soll ich dich denn dann fressen, ohne angesteckt zu werden?«

»Keine Ahnung. Ich habe FIV, da kann man nicht mehr klar denken. Allein schon der Stimme wegen, die man plötzlich hort.«

»Stimme? Was denn für eine Stimme?«

»Eine Stimme, die ständig ›Irreguläre Desoxyribonukleinsäurederivate‹ sagt. Rund um die Uhr. 24 Stunden lang.«

»Vater mach Licht!«, stöhnte die Hyäne. »Das würde mir ja mächtig auf den Kranz gehen. Weißt du was, ich hatte heute eh vor, einen Datteltag zwischenzuschieben. Hab doch wieder ganz schön zugelegt an den Hüften. Tja, tut mir leid, dass mit deinem Dingsdavirus, aber jetzt muss ich leider weiter.«

Die Hyäne sah zu, dass sie Land gewann und der kleine Löwe kehrte in die Höhle zurück. »Wollte sie uns nicht fressen?«, fragten seine Schwestern verblüfft.

»Nee«, sagte Leo, »sie hat heute ihren Datteltag.«

* * *

Zu Mutters Freude entwickelte sich Leo prächtig, was vielleicht auch daran lag, dass sie ihm besonders viel Futter gab und die Mädels warten mussten, bis er mit Fressen fertig war. Mutig und stark wurde er, groß und schwer und bekam gefährliche Zähne, eine prächtige Mähne und nach und nach auch eine gewaltige Stimme, deren Grollen bis zum Horizont reichte, der, wie schon gesagt, für Leo das Ende der Welt war.

Trotz seiner löwentypischen Attribute war Leo jedoch anders als die anderen, nachdenklicher irgendwie. Eines Tages entdeckte seine Mutter, wie er unter einer Zeder lag und das Buch eines katholischen Missionars las, den sie tags zuvor gefressen hatten. »Du liest?«, fragte sie verblüfft. »Was liest du denn?«

»Josefine Mutzenbacher. Die Geschichte einer Hure, von ihr selbst erzählt.«

»Hure? Was ist das?«

»Ich glaube eine Menschenfrau, die Schwierigkeiten hat, schwanger zu werden. Stell dir vor, sie versucht es manchmal mit 45 Männern an einem Tag.«

»Nicht schlecht. Auf jeden Fall besser als unser System. Wir haben nur einen am Tag, den aber 45 Mal. Doch wo wir gerade beim Thema sind … müsstest du dich nicht auch langsam für Mädchen interessieren? Zum Beispiel für Sina?«

»Sina? Die ist doch mit unserem Rudelführer zusammen.«

»Genau darauf will ich hinaus. Der Rudelführer ist alt geworden. Es ist an der Zeit, ihn aus dem Revier zu jagen. Eine Aufgabe, die dir ganz gut zu Gesicht stünde, denke ich. Du bist mit Abstand der stärkste Nachwuchs im Rudel. Du verjagst Clarence, tötest seinen Nachwuchs und schwups, hast du Sina zur Frau. Was hältst du von dem Plan?«

»Ich soll Cindy und Samba töten? Mit denen habe ich gestern noch gespielt.«

»Ja gut, aber das ist halt Tradition, verstehst du? Deine Gene müssen sich verteilen und solange Sina Kinder hat, wird sie dich nicht an sich ranlassen.«

»Dann suche ich mir halt eine andere. Gibt ja genug.«

»Aber keine, die mit dem Chef zusammen ist. Überleg doch mal … du hättest das Sagen im Rudel. Mutter wäre so stolz auf dich. Also ich.«

»Jemanden aus dem Lager zu jagen und seine Kinder zu töten, nur weil man scharf auf seinen Posten ist? Tut mir leid, das kann ich nicht.«

»Literatur vernebelt bekanntlich das Hirn«, schimpfte die Mutter und rannte davon.

Seufzend vertiefte Leo sich wieder ins Buch, doch kurz darauf trottete Clarence heran.

»Du liest?«, fragte er verwundert. »Was liest du denn?«

»Mutzenbacher. Die Geschichte einer Menschenfrau, von ihr selbst erzählt.«

»Bestimmt spannend. Doch warum ich hier bin: Deine Mutter sagte mir, du forderst mich zum Kampf auf?«

»Hat sie das gesagt? Oje. Sie will, dass ich dich aus dem Rudel jage und deine Kinder töte.«

»So ist es nun mal Brauch. Seit Ewigkeiten schon, wahrscheinlich sogar seit Hunderten von Jahren. Allerdings käme mir gerade jetzt ein Kampf äußerst ungelegen. Hab nämlich mal wieder einen Rheumaschub und kann mich kaum bewegen.«

»Hör mal, Clarence, das ist doch alles unlogisch. Ich meine, wir sind schon so wenige und dann dezimieren wir uns auch noch selbst. Und alles unter dem Deckmantel der Tradition. Wenn ich dich aus dem Lager jage, verhungern deine Erfahrungen mit dir. Wem ist damit gedient?«

»Keine Ahnung. Fakt ist jedoch, dass wir nicht genug Futter haben, um noch mehr von uns satt zu kriegen. Schon gar nicht Alte und Kranke.«

»Dann müssen wir die Jagd optimieren. Wenn wir Männer uns zum Beispiel daran beteiligen, sollte ein Gnu mehr die Woche kein Problem sein.«

»Wir Männer sollen uns an der Jagd beteiligen? Meine Güte, was hast du denn noch gelesen?«

»Überleg doch mal! Das patriarchische System hat sich überholt. Wir können nicht mehr faul in der Sonne liegen, während die Frauen uns das Essen anschleppen.«

»Warum nicht? Unsere Aufgabe ist es, das Rudel zu verteidigen, nicht Essen zu holen.«

»Und warum müssen wir es verteidigen? Doch nur, weil andere Männchen glauben, uns angreifen zu müssen.«

»Denkst du, das werden sie nicht mehr glauben, nur weil wir uns plötzlich wie Mädchen verhalten?«

»Alles eine Frage der Kommunikation. Wenn sie erkennen, dass unser System das bessere ist, werden sie es adaptieren.«

»Was heißt das?«

»Weiß nicht genau. Ich glaube, anpassen.«

»Mein Gott, du hast bestimmt zu viel Hibiskus gegessen.«

* * *

Leo erkannte, dass seine Reformbemühungen von keinem der männlichen Löwen mitgetragen wurden, also versuchte er es bei den Frauen. Doch als er am Wasserloch Sinas Schwester galant vorlassen wollte, wurde er komisch angesehen. »Ich kann doch nicht vor dir trinken, was sollen denn die anderen von mir denken?«

»Meine Güte, ist doch wurst, was die denken.« Leo verdrehte die Augen, doch das Weibchen bestand darauf, nach ihm dran zu sein. Enerviert gab er seine Versuche auf, die Sippe zu bekehren. Er zog sich mit seinen Büchern zurück, jagte, wenn er Hunger hatte und lag faul auf einem Stein, wenn er müde war.

* * *

Eines Tages pirschte sich ein nomadisierender Löwe von außerhalb an das Lager heran und peilte die Lage. Kurz vorher hatte er von den Iboga-Pflanzen gekostet, um sich durch deren psychoaktive Indol-Alkaloiden Mut anzufressen. Als er Leo unter seiner Zeder in ein Buch vertieft sah, stellte er sich breitbeinig vor ihn hin. »He du«, grollte er gefährlich, »ich bin ein nomadisierender Löwe von außerhalb und fordere dich zum Kampf heraus.«

Leo schaute mit einem Auge von seinem Buch hoch. »Was willst du von mir?«, fragte er unwirsch, »der Chef ist da hinten.«

Der nomadisierende Löwe von außerhalb blickte ungläubig zu Clarence hinüber, der schlapp unter einem Trompetenbaum lag und eine Kaktusfeige lutschte. »Das soll der Chef sein? Der ist doch mindestens schon 15 Jahre alt.«

»Im September wird er 18«, entgegnete Leo und versuchte sich wieder auf seine Geschichte zu konzentrieren. Sie handelte von einem alten Fischer, der zwei Tage lang einen riesigen Marlin an der Angel hatte, ihn aber nicht ins Boot ziehen konnte, weshalb er von Haien gefressen wurde. Der Marlin, nicht der Fischer.

»Na, um so besser«, meinte der Rivale, »diesen alten Zottel zu vertreiben, dürfte kein Problem sein.«

»Und dann?«, fragte Leo, ohne von seinem Buch aufzuschauen.

»Dann nehme ich mir seine Frau, fresse ihren Nachwuchs und mache neuen.«

»Bist du sicher, dass du das willst?«

»Warum sollte ich nicht sicher sein? Sicher bin ich sicher.«

»Und dass ich hier abseits liege, während ein zahnloser und hinkender Altlöwe nach wie vor das Rudel führt, wundert dich nicht?«

»Hm, tja, eigentlich schon. Du bist dreimal stärker als er. Wahrscheinlich auch stärker als ich. Du könntest ihn wegpusten.«

»Genau. Und wäre dann mit Sina zusammen, dem schärfsten Weibchen zwischen hier und dem Horizont. Die Frage ist nur – will ich das?«

»Warum solltest du es nicht wollen?«

»Vielleicht, weil ich keine Lust habe, mir den ganzen Tag Gemeckere anzuhören?«

»Sina meckert?«

»Es fängt morgens an und hört abends auf. ›Lieg nicht so faul rum, spiel mit den Kindern, nag die Knochen besser ab, setz dich hin beim Pinkeln‹ …«

»Au Mann, das kenn ich von meiner Mutter. Nervt total.«

»Wem sagst du das? Doch Sina allein ginge ja noch. Richtig schlimm wird's, wenn ihre Schwägerin dazukommt. Weißt du, was ein Synergieeffekt ist?«

»Äh … ehrlich gesagt …«

»Gekeife zweistimmig, sag ich nur. Ich stopfe mir schon manchmal Maniokwurzeln in die Ohren. Ich meine, hübsch sind die beiden ja, keine Frage. Vielleicht solltest du doch…«

»Warte mal, mir fällt da gerade was ein. Ein Kumpel von mir hat mich auf eine Antilope eingeladen. Na ja, muss denn mal. Nett, dich getroffen zu haben.« Der fremde Löwe drehte sich auf seinen vier Absätzen um.

»Ich habe dir noch gar nicht von Sinas Oma erzählt«, rief Leo, doch da galoppierte er schon davon. Zufrieden streckte Leo sich aus, gähnte laut und schaute kurz zum Horizont, der für ihn das Ende der Welt war. Doch das hatten wir ja schon.

Was versteht Horst schon von Lyrik

Ich hatte mir Mühe gegeben. Hatte mich tagelang zurückgezogen in mein Schreibzimmer, hatte Zeile um Zeile entworfen, wieder verworfen und neu ausgedacht, bis endlich ein Gedicht vor mir lag, dessen Poesie in tiefster Seele berührte. Es hieß ›Die Stille des Waldes‹ und tatsächlich war die Stille des Waldes in jeder Silbe zu spüren. Ausgewogen im Versmaß sollte das Gedicht mein Beitrag zum Lyrikwettbewerb der Literaturfreunde Sindelfingen Nord werden, einem kleinen aber illustren Kreis unbekannter Autoren – Wortedrechsler, wie meine Frau meint. Dass diesmal sogar ein Preis ausgelobt worden war – für den ersten Platz satte 100 Euro – änderte nichts an ihrer herablassenden Ansicht über unsere dienstäglichen Treffen in einem Raum der hiesigen Volkshochschule.

* * *

Was ihre Meinung indes geändert hätte, wäre der Anblick des Saales gewesen, in dem der Wettbewerb stattfand. Die Aula des örtlichen Gymnasiums bot Platz für 250 Personen, und obwohl sonst immer nur wenige unsere Treffen besuchen, war sie voll bis auf den letzten Stuhl. Was möglicherweise auch am gemischten Männerchor des Rostocker Hafenorchesters lag, der im Anschluss an den Wettbewerb ein Potpourri finnischer Seemannslieder zum Besten geben wollte. Oder an dem Freibier, gesponsert von einer bekannten Brauerei.

Doch nicht nur zahlreiche Zuhörer hatte das Ereignis angelockt, auch die Presse war erschienen. So saß ein Reporter vom Hindelinger Landboten in der ersten Reihe, daneben ein Vertreter der Apothekenrundschau sowie zwei Redakteure der Schülerzeitschrift eben jenes Gymnasiums. Sogar das Fernsehen hatte es sich nicht nehmen lassen, unsere Lesung filmisch zu begleiten. Ein Camcorder des Offenen Kanals war auf die Bühne gerichtet, wo wir, die Autoren, in einer langen Stuhlreihe nebeneinander Platz nehmen mussten.

Meinen Beitrag hatte das Los an die fünfte Stelle gesetzt, kurz vor die Pause. Das war günstig, kehren doch viele Zuhörer erfahrungsgemäß nach der Pause nicht mehr auf ihren Platz zurück. Ein Umstand, der gerade heute schade gewesen wäre, war doch mein Gedicht, wie schon gesagt, von geradezu herzöffnender Poesie.

Nachdem die ersten vier Autoren ihre Werke vorgetragen hatten, die – wenn ich ehrlich sein soll – viel schlechter waren als meins, kündigte Horst, unser Vorsitzender, meinen Beitrag mit warmen Worten an. Ich erhob mich geschmeichelt und trat ans Rednerpult. Einen Moment lang ließ ich meinen Blick über die erwartungsfroh zu mir aufschauende Menge schweifen. Welch imposantes Bild! Einem solchen Auditorium hatte ich noch nie vorgestanden. 500 Augen, die allein auf mich gerichtet waren. 501 sogar, wenn man den Camcorder dazurechnete. Das war eindeutig meine Stunde!

»Ich möchte Ihnen ein Gedicht mit dem Titel ›Die Stille des Waldes‹ vortragen«, begann ich, wurde aber sofort von einem »Können Sie etwas lauter sprechen?«, unterbrochen.

»Äh … ja, also ich trage Ihnen nun ein Gedicht mit dem Titel ›Die Stille des Waldes‹ vor«, wiederholte ich, diesmal lauter, griff in die Jackentasche und fischte den Zettel mit dem Text heraus. Eine Kunstpause, die der Theatralik diente. Ich legte den Zettel auf das Pult und strich ihn glatt. Und erkannte, dass es der falsche war.

Irritiert starrte ich auf die Einkaufsliste vor mir. Meine Frau hatte sie geschrieben. ›Wenn du mit deinem Debattierklub fertig bist‹, hatte sie gesagt, ›bring ein paar Sachen vom Spätkauf mit.‹ Ein panischer Griff erneut in die Jackentasche – nichts. Wieder ein Blick auf das Papier, doch es war noch immer das falsche. Kartoffeln, Eier, Schweinekoteletts, statt des Flüstern der Winde in den Wipfeln der Tannen. Eine Hitzewelle kroch meine Beine hoch. Ich hatte das Gedicht auf die Kommode im Flur gelegt. Um es auf keinen Fall zu vergessen. Wahrscheinlich lag es dort noch immer. Das gerade noch erwartungsfrohe Publikum verwandelte sich in ein vieläugiges Monster, das mich zu verschlingen drohte. In meinem Kopf überschlugen sich die Gedanken. Das Gedicht aus den Erinnerungen zu rezitieren, konnte ich vergessen. Aber verkünden, dass es zuhause auf der Kommode liegen geblieben war? Ausgerechnet heute? Vor laufender Kamera? Die Hitzewelle erreichte meinen Kopf. Ich fragte mich, wie lang Kunstpausen sein können, bevor einer etwas sagt. Und warum überall auf der Welt Dächer einstürzen, Feuer ausbrechen und Wasserrohre bersten – nur dann nicht, wenn man es braucht.

Irgendwann, in einem Universum endlos erscheinender Sekunden, wurde mir klar, dass es nur eine einzige Möglichkeit gab, der Katastrophe zu entkommen. Das Loch, in das ich zu verschwinden hoffte, musste ich selber erschaffen. Egal, wie viel Überwindung es mich kostete. Mit einem Stöhnen griff ich mir ans Herz, sank zu Boden und blieb regungslos liegen.

Einen Moment herrschte unnatürliche Stille. Dann quiekten Frauenstimmen auf, Männer riefen irgendwas, neben mir wurden hektisch Stühle beseite geschoben. Jemand brüllte nach einem Arzt, ein anderer nach Wasser. Hände waren plötzlich an mir dran, rüttelten mich, schlugen mir ins Gesicht, zwickten mir in den Oberschenkel, doch starr wie eine Schaufensterpuppe hielt ich die Augen verschlossen. Mir war klar, dass ich die Sache durchziehen musste, egal was auch passierte. »Lasst mich hoch«, tönte es plötzlich, »ich bin Ersthelfer!« Schwere Schritte polterten die kleine Treppe zur Bühne hinauf, kurz darauf ließ sich ein Mann neben mir auf die Knie fallen. Ehe mir klar wurde, was er vorhatte, drückte er meine Nasenflügel zusammen, presste seinen bärtigen Mund auf meine Lippen und blies in mich hinein. Einmal, zweimal, dreimal. Mit dem Mut der Verzweiflung bekämpfte ich eine aufkommende Übelkeit, mimte den Besinnungslosen auch dann noch, als er mein Hemd mit brachialer Gewalt auseinanderriss, so dass die Knöpfe wie kleine Ufos durch die Luft sirrten. Als er jedoch seine Hände auf meinen Brustkorb legte, hielt ich ein Lebenszeichen für angebracht. Und öffnete die Augen. »Er ist nicht mehr tot«, rief eine Frau, was den Berserker davon abhielt, mir die Rippen zu brechen. Ohne ihn jedoch daran zu hindern, mir noch einige Atemspenden zu geben.

Irgendwann kam der Rettungsdienst. Mehrere Männer hievten mich auf eine Trage und schleppten mich unter dem Wispern der Zuschauer nach draußen in den Rettungswagen, wo ein Sanitätspraktikant mehrmals versuchte, mir Kanülen in die Vene zu stechen. Ich bekam eine Sauerstoffmaske verpasst und wurde von flinken Fingern nach meiner Krankenkassenkarte durchsucht, bevor es mit Blaulicht und Fanfare ins Krankenhaus ging. Dort angekommen hatte ich das Bewusstsein bereits vollständig wiedererlangt, weshalb die Ärzte eine vorübergehende Schwäche unklarer Ursache diagnostizierten und mir rieten, zur Sicherheit die Nacht auf der Intensivstation zu verbringen.

Meine Frau, die bald darauf neben meinem Bett stand, schimpfte mich aus, weil ich zu viel arbeitete und verkündete, dass es ab sofort weder Kaffee noch fettes Fleisch mehr gäbe, von Alkohol ganz zu schweigen. Später schob noch unser Vorsitzender seinen Kopf ins Zimmer. Sein gramvoll gefaltetes Antlitz erhellte sich angesichts meiner offensichtlichen Genesung. Mitleidsvoll lächelnd überreichte er mir 20 Euro und eine Urkunde. »Der Günther hat deinen Text vorgelesen. Du hast den dritten Platz gemacht«, erklärte er. »Das war das mindeste, was wir für dich tun konnten.«

Stumm starrte ich ihn an.

»Mir hat es ehrlich gesagt nicht so gefallen«, gab er zögernd zu. »Außerdem hätte ich einen anderen Titel gewählt ...«

»Er hat tagelang daran gearbeitet«, intervenierte meine Frau. »Er kam nicht mal richtig zum Essen!«

Der Vorsitzende nickte verständnisvoll. »Seinen Hunger hat man auch heraushören können. Dennoch ... mir ist es zu ... nun ja, avantgardistisch.«

Unbeeindruckt zuckte ich mit den Schultern. Was versteht Horst schon von Lyrik.

Media-Markt

Wenn Hanna nach der Arbeit nach Hause joggte, dann versuchte sie immer in sich hineinzusehen. So tief wie möglich, bis in die kleinste Zelle. Dorthin also, wo das anstrengende Ausdauertraining angeblich für positive Auswirkungen auf das Leben eines Menschen sorgt. Wo im wundersamen Zusammenspiel von Zellkernen, Mitochondrien und zytoplasmatischen Retikula neue Fettverbrenner entstanden oder wo Drüsen die Mühe des Rennens mit der Ausschüttung von Glückshormonen belohnten. All das, so las sie regelmäßig in Frauenzeitschriften, hätten Wissenschaftler nämlich festgestellt.

Doch wenn es in ihre Straße ging, der Zielgeraden sozusagen, dann fühlte sie weder neue Fettverbrenner in sich arbeiten, noch war sie glücklicher über den Stress, der geduldig gewartet hatte, bis sie mit dem Joggen fertig war. Wahrscheinlich waren die Nachweise im Labor erbracht worden, und wahrscheinlich konnte es auch nur dort funktionieren.

Eher noch als durch Joggen, stellte sich das Glücksgefühl ein, wenn sie mit zwei schweren Einkaufstüten in den Händen nach Hause kam und die Kinder ihr auf halbem Weg entgegeneilten. Wenn sie an ihr hochsprangen, mit offenen Mündern wie tschilpende Spatzen und nach Süßigkeiten bettelten, wie ihre gefiederten Kollegen nach Würmern, dann erinnerte sich Hanna daran, wozu sie all die Mühe auf sich lud. Meist gab es einen Bonbon, manchmal sogar Schokolade, die sie aus einer der Edeka-Tüten hervorzog. Und saß ihr der Schalk im Nacken, dann stellte sie sich auch schon mal vor, wie sie ihren Kindern das Naschzeug direkt aus dem Kropf heraus in den Mund würgte. Das wäre Naturkundeunterricht der besonderen Art oder zumindest einer jener herben Witze, mit denen sich das Leben so gern bemerkbar macht. Ungemein komisch, nur nicht für die Beteiligten.

* * *

Seit Hanna sich vom Vater ihrer Kinder getrennt hatte, lebte sie mit ihnen in einer Wohngemeinschaft. Zusammen mit drei anderen Frauen, von denen zwei ebenfalls Kinder in die Gemeinschaft gebracht hatten und die dritte immerhin noch einen alten Bernhardiner. Neben dem Jobben und dem Joggen gab es in Hannas Leben noch ›so etwas wie ein Germanistikstudium‹. Kein echtes, denn das vermochte sie angesichts der überlebenskampfbedingten Fehlzeiten an der Uni schon lange nicht mehr zu bewältigen. Ihren Mitbewohnerinnen ging es nicht viel besser, trotz der Unterstützung, die sie einander gewährten. Tagtäglich standen sie ihre Frau in einem Kampf, dem die Männer abhanden gekommen waren. Aus tausend Gründen heraus, wie das nun mal so ist.

Das Drama an der Sache war aber nicht der Lebenskampf, sondern die niemals sterbende Hoffnung, Mann und Frau könnten vielleicht doch irgendwie zusammen glücklich sein. Irgendwo in dieser großen Stadt, die so voll von ungebundenen Männern ist, musste es doch einen geben, dessen schöner Schein auch im Neonlicht des Alltages noch zu sehen war. Zumindest theoretisch, und so saßen sie abends oft zusammen und fabulierten über die wichtigste Nebensache der Welt: Männer.

* * *

Zwei Wochen vor Weihnachten beschloss Hanna, sich etwas Gutes zu gönnen. Nein, keinen schönen Abend bei den Chippendales, wie die anderen vorschlugen, und auch kein Treffen mit der Brad Pitt-Imitation, die von einem Künstlerdienst für rund 50 Euro die Stunde vermietet wurde. Etwas Brauchbares sollte es sein, länger halten sollte es und obendrein noch schön bleiben. Diese Forderungen trafen nach längerem Nachdenken nur auf eine CD zu und Hanna entschied sich für Musik von McKinley Black. Also ging sie am nächsten Tag noch vor der Uni los, um eine zu erwerben.

Erwartungsgemäß gab es in der örtlichen Media-Markt-Filiale zwar Musik von Dieter Bohlen, nicht aber von McKinley Black, weshalb sie sich an einen der Verkäufer wandte, einen, jungen witzigen Mann. Es war, als drehe jemand den Schalter herum. Hanna wurde schwach. Sie fing an zu stottern, bekam feuchte Hände und als der Mann sie lächelnd bat, den Namen der Sängerin zu wiederholen, da schoss ihr die Wärme ins Gesicht und sie sagte nur »Hanna.«

Ebenfalls sichtlich angetan fand der Verkäufer ihr eigentliches Begehren heraus, bestellte die CD und fing einen Flirt an, dessen Zauber sie wie ein wertvolles Geschenk mit zu sich nach Hause trug.

Doch abends in der Wohnküche kamen ihr die ersten Zweifel.

»Ich lass mich doch nicht mit einem Mann ein, der beim Media-Markt arbeitet. Ich bin doch nicht blöd.«

Ihre Freundinnen begehrten auf. »Ist doch egal, wo ein Mann arbeitet. Hauptsache, er ist nett und hat ein regelmäßiges Einkommen.«

»Was soll ich denn mit einem Fernsehverkäufer? Ich will mich auch mal unterhalten können. Will Goethes Wahlverwandtschaften diskutieren können oder über Satre streiten – also Dinge tun, die so ein Leben erst ausmachen. Was soll ich mit einem Mann, dessen Tellerrand die Wände eines Media-Marktes sind?«

Je mehr Argumente Hanna hervorkramte, wie der Zauberer Kaninchen aus seinem Hut, desto mehr hielten die anderen dagegen. Sie bezichtigten sie des Vorurteils gegen Minderheiten – also schöne, charmante und dennoch kluge Männer – und wiesen ihre Behauptungen als aus der Luft gegriffen zurück. Warum, zum Beispiel, sollte dieser Mann nicht auch klug sein? Woher wolle sie wissen, ob er fest dort arbeitete? Vielleicht jobbte er nur nebenbei, vielleicht war er ein Student genau wie sie und schrieb gerade an seiner Doktorarbeit. Was, um alles in der Welt, veranlasste sie zu solch negativem Denken? »Weil es einen schönen, charmanten und obendrein noch klugen Mann nicht gibt«, antwortete Hanna hartnäckig. »Nicht in einem Media-Markt.«

* * *

In der Nacht träumte sie. Sie tanzte im Media-Markt mit dem Verkäufer, der ihr am Ende des Tanzes gestand, gar kein Verkäufer zu sein, sondern ein verwunschener Ethnologe, dessen Lebenstraum es war, am Amazonas-Becken zusammen mit Indianern den Regenwald zu beschützen. ›Träume sind Schäume‹, dachte sie am nächsten Morgen bitter und versuchte, das Erlebte zu verdrängen. Schwermütig kroch sie aus dem Bett. Das Leben war nur ein übler Witz. Ähnlich derer, mit denen man seine Kinder die Fütterung von Jungvögeln nahebringen konnte. Alle lachten darüber, nur die Betroffenen nicht. Es gab keinen klugen Prinzen. Nicht für sie. Es gab nur Verkäufer oder Taxifahrer, Zugschaffner oder Verwaltungsangestellte.

Würde sie etwas anderes glauben, bliebe ihr am Ende doch nur das Lachen im Halse stecken.

Sie beschloss, die Sache auf sich beruhen zu lassen. Allein die CD würde sie noch abholen, danach wäre Ende mit dieser Geschichte. Nach der Uni ging sie also noch einmal in den Media-Markt. Leider, oder zum Glück, war er wieder da. Und natürlich erkannte er sie sofort und grüßte in einer Herzlichkeit, die sie erneut schwach werden ließ. Geschickt zauberte er die CD hervor und verwickelte sie ebenso geschickt in einen Flirt, so dass sie gar nicht anders konnte, als das Gespräch fortzuführen, sich dies und jenes zeigen zu lassen, Grund um Grund zu suchen, um länger dort bleiben zu können. Und dann, als sie in ihrer Not nach weiteren CDs von McKinley Black fragte, da zierte er sich ein wenig und meinte, darüber nicht so gut Bescheid zu wissen, denn eigentlich arbeite er gar nicht hier.

Hanna wäre beinahe ohnmächtig geworden. Fast, dass sie ihren Ohren nicht traute. Er arbeitete nicht hier, alle hatten sie recht gehabt; die Freundinnen, der Traum, die irrationale Hoffnung. Das Schicksal hatte sie geleitet. Hierher in diesen Media-Markt. Um sie auf den Traummann treffen zu lassen, dessen Schein heller wurde, je näher man ihm kam. Schmachtend sah Hanna ihn an, ergriffen wie ein Rentnerehepaar, an dem Guido Westerwelle vorbei joggt. Mühselig nur gelang es ihr, Worte zu finden. »Wo ... wo ... ich meine ... was machen Sie denn sonst?«

Der Verkäufer deutete mit den Kopf nach rechts. »Normalerweise bin ich drüben in der Fernsehabteilung.«

Penelope

Als wir auf dem Parkplatz ausstiegen, hatte ich plötzlich den Geruch von Malven in der Nase. Dann sah ich die beiden Ebereschen und mit einem Mal kehrte die Erinnerung zurück. War es möglich? Irritiert starrte ich auf die Bäume, deren Äste sich unter der Last der roten Früchte bogen. Ihre Kronen schienen von unwirklicher Größe zu sein, doch war es lange her, seit ich sie zuletzt gesehen hatte. Unendlich lange sogar. Ein ganzes Leben lang. »Geh schön in den Schatten«, rief mir mein Frauchen zu, als ich mich langsam den Bäumen näherte. Dass sie einen immer zu dem aufforderten, was man sowieso gerade tat, konnten sich die Menschen nicht abgewöhnen. Ich ließ mich zwischen den Stämmen nieder, sah mich hechelnd um und versuchte wieder zu Atem zu kommen. Die Hitze war schrecklich, besonders für mich, der ich ein alter Herr geworden war. Doch passte sie zu diesem Augenblick des Erinnerns. Damals wie heute flirrte die Luft über dem Asphalt der Straße, stöhnte das Land unter der sengenden Sonne. Wie oft hatte ich hier zwischen den schattenspendenden Bäumen gelegen und auf Penelope gewartet. Darauf, dass ihre schlanke Gestalt dem Flirren entstieg, dass sie sich vor mich setzte und »Wollen wir los?« fragte. Ich legte meinen Kopf auf die Pfoten und ließ die Vergangenheit noch einmal auferstehen.

* * *

Ein Jahr war ich alt, als ich in diese Gegend kam. Unfreiwillig, denn mein Geburtsort ist der Käfig eines Züchters gewesen. Drei Meter mal drei Meter, von denen ich lange Zeit glaubte, sie wären die Welt. Einige Wochen nach meiner Geburt griff mich eine Hand aus der Menge meiner Brüder und Schwestern und hielt mich einem älteren Menschenpaar hin, das bei meinem Anblick Ausrufe des Entzückens ausstieß. Ich fühlte mich erst geschmeichelt, dann, als ich merkte, worauf das Ganze hinauslief, entsetzt. »Exakt so, wie er sein soll«, lobte der Verkäufer. »Gut geöffnete Nasenlöcher, angemessene Belefzung. Schulter zurückliegend, nicht überladen. Vorderläufe gerade und senkrecht, genau wie die Rückenlinie. Und schauen Sie nur, die kurze Lende, gut ausgewogen, kräftig und biegsam. Man sieht jetzt schon, dass dieser Prachtkerl den Rassestandards der FCI genügen wird.«

»Was für eine schöne Farbe«, schwärmte die Frau, was dem Autohändler ein gewinnendes Lächeln ins Gesicht zauberte. »Tricolor mit offener Decke, das klassische Muster. Wenn Sie mich fragen, immer noch das einzig Wahre bei einem Beagle.«

»Gefällt er dir?«, fragte der Mann und die Frau nickte.

»40 cm Widerristhöhe wird er eines Tages haben, keinen Millimeter mehr«, sprudelte der Verkäufer weiter, als gelte es, letzte Zweifel zu beseitigen. »Seine Mutter ist berühmt für die Einhaltung der Richtlinien. Der spätere Wiederverkaufswert wird beträchtlich sein, wenn ich mal scherzweise sagen darf.«

»Wiederverkaufen werden wir ihn kaum wollen«, erklärte der Mann und eine leichte Traurigkeit schwang in seinen Worten mit.

Der Verkäufer nickte eifrig. »Würde ich auch nicht machen, nicht so einen Rüden.« Er drehte mich herum und reckte den Beiden mein Hinterteil entgegen – es war erniedrigend. »Zwei völlig normal entwickelte Hoden, vollständig im Scrotum gelegen. Besser geht's nicht.«

»Wunderbar«, meinte der Mann wenig beeindruckt. »Können wir ihn sofort mitnehmen?«

»Überhaupt kein Problem. Ich mach nur schnell die Papiere fertig, dann gehört er Ihnen.«

Ohne dass ich mich noch hätte von meiner Familie verabschieden können, wurde ich davongetragen. Meine Mutter und meine Geschwister standen zweibeinig gegen das Gitter gelehnt und jaulten mir hinterher. Wie betäubt schaute ich zum kleiner werdenden Käfig zurück, ließ mich in eine Plastikbox packen und auf die Rückbank eines Autos verfrachten. Wie war mir in diesem Moment elend zumute. Während der stundenlangen Fahrt, die mir tierisch auf den Magen ging, drehte sich die Frau ab und zu herum, versuchte sich einzuschmeicheln und schob mir Cracker zu, doch ich hatte keinen Hunger. Nicht die Fahrt über und auch nicht, als wir im Haus der beiden angekommen waren. Dafür umso mehr am nächsten Tag.

»Mach schön Fresserchen«, lobte die Frau, als ich bereits dabei war, den hingestellten Futternapf zu leeren. Sie bezeichnete sich als Frauchen, als erwartete sie von mir, dass ich sie eines Tages auch so nennen würde. Das Fressen bestand aus einer Huhn-, Fischmehl- und Gerstenpulvermischung – für kleine Babys, wie die Frau erklärte, und ich hatte mich wie ein Wilder darauf gestürzt. Zwar ärgerte mich mein korruptes Verhalten – niemals wäre mir eingefallen, Futter von einer Person anzunehmen, die mich meiner Familie entrissen hatte – doch als Märtyrer wollte ich auch nicht in die Hundegeschichte eingehen. Außerdem schmiedet sich ein Fluchtplan besser mit vollem Magen.

Die nächsten Tage wurden für alle Beteiligten stressig, doch ließen sich die beiden nichts anmerken. Geduldig versuchten sie mich zu beruhigen oder zumindest mein nächtliches Jaulen zu überhören, machten sauber, was ich dreckig machte, verbrachten überhaupt so viel Zeit wie möglich mit mir. Irgendwann passierte das, was ich eigentlich vermeiden wollte. Ich verspürte keine Wut mehr. Von da an wurde es schön.

* * *

Mein neues Zuhause lag oberhalb Kastanars, einer kleinen Stadt, deren Häuser sich in ein Tal zu drängen scheinen, als versuchten sie sich vor der übrigen Welt zu verstecken. Vom Rand unseres weitläufigen Grundstückes aus konnte ich über die in der Hitze flirrenden Dächer schauen, hörte hier und da das Kläffen meiner Artgenossen und spürte den Geruch der Malven, wenn der Wind wie ein warmer Hauch den Hügel hinauf strich. Ich war neugierig auf die Welt dort draußen, doch im selben Maße, wie es mich drängte, meine Umgebung zu erkunden, wurde mir mein Heim vertrauter und lieber. Als wüchsen mir Flügel und Wurzeln zugleich. Meine Besitzer nannten ihr Haus ›Bergschloss‹ und ich betrachtete es als mein Reich. Ein Reich, dessen König ich war und dem zum Glück nur die Möglichkeit fehlte, fremde Territorien zu erobern. Das scheiterte nämlich an dem Maschendrahtzaun, der mein Reich umgab. Er verhinderte, dass jemand auf das Grundstück gelangen, doch leider auch, dass man hinaus konnte. Die anfänglich berechtigte Angst meiner Besitzer, ich könne womöglich weglaufen, hatte zudem dazu geführt, sie argwöhnisch darauf achten zu lassen, mir keine Möglichkeit zur Flucht zu bieten. Gingen wir spazieren, leinten sie mich an, und bevor ich in den Garten durfte, sah die Frau nach, ob die Tür geschlossen war.

Irgendwann vertrauten sie mir jedoch und leinten mich los. Prompt stieg mir die Fährte eines Hasen in die Nase. In diesem Moment gab es kein Halten mehr. Ich keulte los und war für eine halbe Stunde verschwunden.

Der Erleichterung der beiden mich wiederzusehen, folgte nicht die erwartete Bestrafung. Im Gegenteil. Dass sie vor Glück weinten, erschreckte mich, gleichzeitig machte es mir meine Verantwortung klar. Ich wurde gebraucht – eine Erkenntnis, die eine tiefe Befriedigung in mir hervorrief. Dass mich gleichzeitig ein zweiter Wesenszug drängte, jeden Tag zum Zaun zu laufen, um von dort aus ins Tal zu sehen, störte mich, doch vermochte ich es nicht zu ändern. Zu verlockend war das Abenteuer. Und als ich eines Tages die Lücke im System entdeckte – das Loch im Zaun – schwankte ich zwischen Verantwortung und Versuchung.

Eine rostige Klammer hatte sich gelöst, so dass sich ein Teil des Maschendrahts mit der Schnauze beiseite drücken ließ. Der Rest war Fleißarbeit. Zerren und Zotteln vergrößerten das Loch allmählich, ermöglichten mir, mich hindurch zwängen zu können. Ein innerer Kampf entbrannte, der letztendlich zu einem Kompromiss führte. Ich würde hinaus gehen, doch würde ich zurückkommen. Solange es niemand bemerkte, würde sich auch niemand daran stören können. Die Zeit des täglichen Einkaufs schien mir am geeignetsten für meinen Plan, denn der Einkauf folgte einem festgelegten Ritual. Aus Angst, ich könne abhauen, wenn ich vor dem Laden angebunden war, ließen sie mich zu Hause im Garten, den sie sicher wähnten. Ich wartete also, bis die beiden mit dem Einkaufskorb in der Hand am Zaun entlang gingen, wo sie mir jedes Mal einen obligatorischen Gruß zuwarfen. Als die Biegung der Straße sie verschluckte, zwängte ich mich in die Freiheit und lief in entgegengesetzte Richtung davon. Ein unglaubliches Gefühl machte sich in mir breit. Ich war sicher, mir gehörte die Welt.

Die Erfolge meines ersten Ausflugs konnten sich durchaus sehen lassen: zwei verscheuchte Spatzen, eine angebellte Oma und mindestens zwanzig markierte Autoreifen. Damals fehlte mir noch das Gespür für die Zeit, eine Dimension, die es in meiner Welt nicht gab, und so war ich lange vor den beiden wieder zurück. Saß friedlich auf der Terrasse und wurde »Liebes Hundchen« genannt. Diesen kurzen Ausflug wiederholte ich ab da an jeden Tag, und allmählich entwickelte ich ein Gefühl dafür, wie lange ich wegbleiben konnte.

Eines Tages kam mir eine verlockende Fährte in die Nase, die mich fast über die eigenen Füße stolpern ließ und der ich ohne nachzudenken folgte. Bis in einen Garten hinein, dessen Tür einen Spalt offenstand. Gerade groß genug, um hindurch zu passen.

Es war ein von Hecken gesäumtes Paradies. Aus einer Steinwand ergoss sich ein kleiner Wasserfall, dessen Wasser in einem Bachlauf mündete, der wiederum am anderen Ende des Gartens im Boden verschwand. Säulen, auf denen gipsene Engelsputten ihre Flügel spannten, edler Kies aus weißen Steinchen, eine Terrasse aus poliertem Marmor. Und dann sah ich sie. Lasziv langgestreckt auf dem warmen Pflaster liegend, dösend, als ginge sie die Welt nichts an. Ein Traum von einer Hündin, eine exotische Schönheit mit seidig glänzendem Fell, das wellenförmig den schlanken Körper entlang floss. Ein Anblick, der mir die Wärme in die Lende trieb. ›Heiliges Skrotum‹, dachte ich. Mutter hatte uns oft von anderen Rassen erzählt und eine hatte ganz besonders meine Sinne beflügelt: die der Afghanen. Es erschien mir wie ein Wink des Schicksals, eine solche Schönheit nun vor mir liegen zu sehen.

Wie lange es dauerte, bis ich sie mit leisem Kläffen weckte, weiß ich nicht mehr. Mit geradezu gelangweilter Gestik hob die Hündin ihren Kopf und sah zu mir. Dass sie sich nicht erschreckte, ärgerte mich ein wenig. »Na, Kleiner!«, hauchte sie, als wolle sie der Tiefe ihrer Augen ein akustisches Gegenstück bieten. »Hat dir Mutti erlaubt, allein wegzugehen?« Ihre Arroganz hatte Klasse. »Ja«, erwiderte ich, wobei ich meiner Stimme einen rauen Unterton zu geben versuchte, »sie hat sogar gesagt, ich soll mich mal so richtig amüsieren. Wie heißt du, Kleine?‹

»Du willst meinen Namen wissen? Wie amüsant. Nun, ich sag ihn dir – Sina. Und nun husch ins Nachbardorf. Die haben dort einen Streichelzoo mit Meerschweinchen, da kannst du dich amüsieren.«

»Die Meerschweinchen habe ich gestern aufgefressen. Jetzt will ich mich amüsieren. Und vor allem will ich nicht lange quatschen.«

»Ach, ich bin ganz sicher, dass du nicht lange quatschen wirst.« Sina gähnte und legte ihren Kopf zurück auf die Pfote. Es wurde Zeit, ihr zu zeigen, wer hier das Sagen hatte.

Leider wusste ich nicht, wie. Und leider hatte ich eine Kleinigkeit übersehen.

Die Kleinigkeit verursachte ein dumpfes Grollen hinter mir, das wie ein fernes Gewitter klang. Ein Rottweiler, eine Mischung aus Hund und Pferd, war unbemerkt in den Garten gekommen. Trotz der eher ungünstigen Gesamtsituation ertappte ich mich bei der Frage, wie ein solcher Koloss so leise schleichen konnte. Als das Vieh seine Unterlippe angewidert hochzog, hätte ich viel darum gegeben, in einem Streichelzoo zu sein. »Ich geh denn mal besser«, meinte ich und trat einen Schritt rückwärts. »Warte«, sagte der Koloss, »ich bringe dich zur Tür.« Er spannte die Muskeln an und federte wie ein Geschoss auf mich zu.

Dass ein Rottweiler noch im Flug jemandem eine scheuern kann, verblüffte mich. Ich flog gegen eine der Marmorsäulen, sie wackelte bedrohlich und benommen blieb ich liegen. Gleich darauf verdunkelte ein Schatten die Sonne. »Hast du noch einen letzten Wunsch, bevor ich dich fresse?«, fragte der Rottweiler über mich gebeugt. Dass ihm in diesem Moment eine Engelsputte auf den Kopf fiel, hat mein Überleben in nicht unerheblicher Weise begünstigt. Auch, dass der Dicke nicht durch den Spalt der Gartentür passte, als ich wie ein Blitz flüchtete.

Diese Nahtoderfahrung (Nah-Tod-Erfahrung, nicht Naht oder Fahrung!), fehlte mir noch zum Erwachsenwerden, aber das erkannte ich erst viel später. Ich war die Straße hinunter gekeult und hatte mich panisch hinter eine Hecke gerettet. Dort blieb ich atemlos liegen und sondierte die Lage. Wo meine Schulter weh tat, fehlte ein Stück Fell – es würde Fragen geben zu Hause.

»Respekt, Respekt«, tönte es plötzlich über mir und erschreckt sah ich hoch. Auf einem Mauervorsprung saß eine Katze. Auf die Vorderläufe gestützt taxierte sie mich mit giftgrünen Augen, eine Mischung aus Spott und Anerkennung im Blick.

»Respekt?«, fragte ich zurück.

»Die Braut von Wotan anzumachen und zu überleben. Das schaffen die wenigsten.«

Ich tat gelangweilt. »Och weißt du ... ab und zu brauche ich halt ein wenig Spaß.«

»Na sicher. Und die Erde ist eine Scheibe. Wie ist dein Name, Fremder?«

»Mein Name? Max. Und deiner?«

»Penelope.«

»Komischer Name. Hast du keine Angst vor mir, Penelope?«

»Hast du Angst vor meinen Krallen?«

»Weiß ich nicht. Aber man muss ja nicht alles wissen.«

»Sehr vernünftig. Und um deine Frage zu beantworten: Nein, ich habe keine Angst vor dir. Aber weil du so ein tapferer Held bist, lade ich dich zu einem kleinen Essen ein. Magst du Trüffel?«

»Keine Ahnung. Was ist das?«

»Eine Spezialität, die im Boden wächst. Man muss ein wenig danach buddeln, aber ein Held wie du wird damit keine Schwierigkeiten haben.«

»Ich kann sogar sehr gut buddeln«

»Dachte ich mir.« Penelope sprang von ihrem Podest herab. Hatte sie wirklich keine Angst, so war sie doch zumindest kampfbereit – das war unübersehbar. Sie musterte mich einen Augenblick, sagte dann »Komm«, und schmiegte sich durch das Gebüsch. Ich drückte mich hinterher und folgte ihr über die Straße. An ihr dran zu bleiben, war kein Problem, denn sie hinkte leicht. Doch weder ihr leises Keuchen bei jedem Sprung, noch ihr Fell, das an manchen Stellen seinen Glanz verloren hatte, änderte etwas an der Eleganz, mit der sie sich bewegte. Die Attribute eines fortgeschrittenen Lebens wurden von ihr würdevoll und ohne Leid getragen und ich kann nicht verhehlen, dass es mich beeindruckte. Penelope führte mich zu einem kleinen Platz, auf dem zwei junge Ebereschen standen.

Ich kannte ihn schon von den Spaziergängen, hatte die Bäume sogar schon markiert.

»Hier musst du buddeln«, meinte die Katze, stützte sich auf ihre Vorderpfoten und ich, der Held, fing an. Kurz darauf hatte ich einige Knollen frei gegraben. Penelope kam heran, beschnupperte eine davon und biss dann vorsichtig in sie hinein. »Weißer Trüffel«, meinte sie schmatzend, »es gibt nichts Besseres.«

Mein Geschmack waren sie nicht, diese komischen Knollen, und so saß ich nur dabei, und schaute ihr beim Fressen zu. »Manche meinen, Trüffel lägen nur unter Eichen«, erklärte Penelope, nachdem sie fertig war, »aber das stimmt nicht. Sie kommen überall vor, wo es sauren Boden gibt. Aber weil das niemand weiß, gräbt hier niemand danach. So bleiben sie allein für mich.«

»Lebst du schon lange hier?« fragte ich.

»Seit meiner Geburt.« Penelope legte sich sphinxartig vor mich hin.

»Und wo wohnst du? Ich meine, welches der Gärten ist dein Reich?«

»Die Welt ist mein Garten. Ich lebe nicht mit Menschen zusammen. Ich bin frei.«

»Du hast keinen Besitzer? Aber wie machst du das mit dem Futter?«

»Davon gibt es hier genug. Man muss es nur jagen.«

»Aber wenn du mal alt bist, ich meine … älter? Noch älter?«

»Dass ich nicht mehr jagen kann?«

»Genau. Kann doch passieren, oder?«

»Irgendwann ist halt Ende.«

»Das ist alles? Vor Hunger zu sterben ist doch grauenvoll.«

»Katzen sind Kinder des Zeus. Sie sterben nicht.«

»Quatsch. Als ob es keine toten Katzen gäbe. Ihr sterbt genauso wie wir. Jeder stirbt.«

»Katzen nicht. Jede Katze lebt in der anderen weiter, wir sind ein einziges Wesen.«

»Das glaube ich nicht, aber egal. Weißt du was, wenn du mal nicht mehr jagen kannst, jage ich für dich. Oder grab dir Trüffel aus. Ich lasse dich nicht verhungern.«

»Hunde!« Penelope rollte mit den Augen. »Wenn ihr nicht jemanden retten könnt, fühlt ihr euch nicht wohl.«

»Aber das ist doch nichts Schlimmes?!«

»Sicher nicht. Von allen Macken ist es die beste. Aber um zu retten, bedarf es jemandes, der gerettet werden muss. Wo das Hilfreiche wächst, wächst auch das Hilflose. Das eine ist ohne das andere nichts.«

»Oh je, das ist mir zu viel Philosophie. Lass uns lieber irgendwas anstellen, ich muss bald zurück.«

»Verstehe. Frauchen ruft. Warst du eigentlich schon mal nachts unterwegs?«

»Nee. Da bin ich immer im Haus. Außerdem sehe ich bei Tage besser.«

»Pech für dich. So wird dir die Nacht auf ewig ein Geheimnis bleiben.«

»Egal. Kannst du eigentlich auch lächeln?«

»Lächeln?«

»Ja, lächeln. Du bist die ganze Zeit nur ernst. Philosophierst mit traurigem Gesicht. Ist es nicht viel schöner, zu lachen ohne nachzudenken?«

»Keine Ahnung. Darüber habe ich noch nicht nachgedacht.«

»Du denkst zu viel. Das ist dein Problem. Komm, lass uns zum Obsthändler rennen und eine Kiste mit Apfelsinen umkippen. Der Laden liegt an einem Hügel.«

»Ich wüsste nicht, warum ich das tun sollte.«

»Nur so. Um eine Apfelsinenlawine zu sehen. Ich wette, dann erlernst auch du das Lachen.«

»Katzen lachen nicht.«

»Ich weiß, sie sind die Kinder des Zeus. Na ja, seine Eltern kann man sich nun mal nicht aussuchen.«

An diesem Tag kam ich erst in letzter Sekunde nach Hause. Die Frau war schon zurück und rief meinen Namen in den Garten, als ich mich durch den Zaun zwängte. Ich reckte und streckte mich, als hätte ich unter dem Busch gedöst. Natürlich entdeckte sie sofort mein lädiertes Fell. »Oh Gott, Kind«, rief sie, »wo bist du denn hängen geblieben?« Den Rest des Tages verbrachte sie damit, mich zu pflegen. Penelopes Worte kamen mir in den Sinn. Einen Altruisten hatte sie mich genannt, und gesagt, dass von allen Egoisten die Altruisten zwar die nettesten seien, sie einem aber doch manchmal auf den Geist gingen. In einer kleinen Plastikwanne zu sitzen, Waschen, Trocknen und Kämmen über sich ergehen lassen zu müssen, verdeutlichte mir ein wenig diese Worte. Die Frau würde einen guten Hund abgeben.

* * *

Der Sommer wurde heiß. Luftbilder flirrten über dem heißen Asphalt der Straßen, Fata Morganen, trügerisch und geheimnisvoll. Fast täglich war ich nun mit Penelope zusammen, immer länger sogar, da mein Herrchen krank geworden und ins Krankenhaus gekommen war. Frauchen besuchte ihn dort oft und ließ mich allein im Garten zurück. So zog ich mit Penelope durch die Gegend, stromerte entlang der Prößnitz oder saß mit ihr auf einer Anhöhe und schaute ins Tal. Und wir philosophierten. Über das Wesen der Tiere, über die Menschen, über Sorgen, Nöte und Freuden. Über all das, was ein Leben halt so ausmacht. Doch niemals sah ich Penelope lächeln. Als verlöre sie sonst die Würde, die sich in ihren Bewegungen, Verhalten und Denken ausdrückte. Das Lachen nicht würdelos sei – im Gegenteil – davon schien sie sich nicht überzeugen lassen zu wollen. »Wir sind viel mehr das, was wir nicht können, als das, was wir können«, versuchte sie sich herauszureden und so ließ ich es dabei bewenden. Und liebte sie, so wie sie war.

Irgendwann wurde Herrchen mit einem Krankenwagen zurück nach Haus gebracht. Er wirkte sehr schwach und lag den ganzen Tag nur im Bett. Frauchen musste ihm alles bringen, musste ihn waschen und später sogar füttern. Ich verstand das alles nicht, genauso wenig, wie ich die bedrückende Stille verstand, ihr ständiges Weinen, wenn sie mit sich allein war. Nur selten noch ging sie einkaufen, ließ sich meistens alles liefern, sodass ich kaum Gelegenheit hatte, hinaus zu gehen. Penelope kam daher zu mir und saß mit mir im Garten zusammen oder fraß von meinem Futter.

Eines Tages, die Frau war kurz hinaus gegangen, um etwas aus der Apotheke zu holen, hörte ich leises Rufen aus dem Schlafzimmer. Die Vorhänge waren zugezogen, der Mann stöhnte. Seine Hand hing schlaff aus dem Bett, bleich und kalt. Ich stupste sie mit der Nase und kraftlos strich er mir über den Kopf. »Hol die Frau«, sagte Penelope, die leise hinterher gekommen war, »er stirbt.«

Es brauchte einen Moment, ehe ich begriff, dass es ernst war. Dann lief ich aus dem Haus, zwängte mich durch den

225

Zaun und rannte bellend die Straße hinunter zum Markt. Die Frau stand vor einem Laden und starrte mich verwundert und erschreckt an. Ich bellte sie an, drehte mich um und lief ein Stück zurück. Kam wieder heran, bellte erneut, wiederholte das Weglaufen, bis sie begriff – bis sie ihre Einkaufstüte fallen ließ und mir folgte.

Sie blieb bei Herrchen, bis er starb. Mit seinem Tod legte sich ein Schatten über das Haus, die Zeit blieb stehen. Penelope und ich saßen wie zwei bedrippte Pudel da und schwiegen. Sie ging dann und ich nahm meinen Platz an der Seite der Frau ein. In dieser Nacht bin ich erwachsen geworden, war nicht länger nur Kinderersatz, sondern Rettungsring. Die Frau klammerte sich an mich, heulte mir das Fell voll, erzählte mir Dinge, die ich zwar nicht verstand, denen ich aber geduldig lauschte. Die Wochen danach wurden bleiern und düster. Frauchen aß kaum noch, starrte mit leerem Blick ins Nichts und verfiel immer wieder in endloses Weinen. Doch auch Penelope machte mir Sorgen. Wacklig war sie geworden und manchmal hatte ich den Eindruck, sie sähe nicht mehr richtig. Sie saß jetzt nur noch bei mir im Garten und teilte sich mit mir mein Futter. Hühnchen mit Fischmehl und Gerstenpulver mochte sie am meisten. Und als ich ihr eines Tages eine Trüffelknolle holte, lächelte sie sogar.

»Ich denke, Katzen lächeln nicht?«, sagte ich, woraufhin sie erwiderte, nicht gelächelt, sondern sich nur das Maul geleckt zu haben. Wenngleich ihr Körper schwach geworden war, so mangelte es ihr nach wie vor weder an Wortwitz noch an Würde. Dass sie dann ganz zu mir zog, freute mich sehr. Die Frau duldete ihre Anwesenheit ohne Probleme, ja mehr noch – dass Penelope so kränklich wirkte, baute sie sogar etwas auf. Nach und nach verschwand die Leere aus ihrem Blick.

Eines Tages verabschiedete Penelope sich von mir. Ich wusste, was geschehen würde und bat sie zu bleiben, doch sie wollte den letzten Weg allein gehen. »Katzen sind so«, erklärte sie mir in ihrer unnachahmlichen ruhigen Art. »Aber keine Angst, wir werden uns wiedersehen.«

»Du wirst nie mehr zurückkommen, nicht wahr?«

»Wenn du jemanden aus den Augen verloren hast, musst du immer an die Stelle zurückkehren, wo du ihn zuletzt gesehen hast.«

»Verstehe ich nicht. Das wäre doch hier.«

»Genau, mein Freund. Und nun Adios.«

* * *

Penelope zwängte sich durch den Zaun und verschwand für immer. Der Frühling kam, der Sommer, der Herbst. Ein Jahr verging, zwei Jahre, drei Jahre. Das Grau wich allmählich wieder der Farbe, das Leben verdrängte den Tod. Einige Hündinnen der Umgebung wurden durch mich Mutter, Freunde schlossen sich mir an oder ich prügelte mich mit ihnen. Und als die Frau eines Tages kaum noch laufen konnte, zog sie in ein Altersheim. Fernab Kastanars lag es inmitten eines riesigen Parks mit alten Bäumen. Ich war der absolute Liebling bei den alten Leutchen und musste aufpassen, dass mich all die zugesteckten Leckereien nicht dick machten. Drei Jahre später wachte die Frau eines Morgens nicht mehr auf. »Sie ist ihrem Mann gefolgt«, versuchte mich eine der Schwestern zu trösten. Sie nahm mich mit zu sich nach Hause und das erste Mal waren um mich herum ganz viele Kinder. Sie tobten mit mir, waren wild und unberechenbar, naiv und genau wie ich neugierig auf jeden Halm am Wegesrand. Stundenlang gingen wir spazieren. Über Felder mit hohen Gräsern oder Stoppeln im Herbst. Wir bauten Abenteuerburgen aus Sand, waren bei Wind und Wetter draußen. Sogar auf die Reisen wurde ich mitgenommen. Quer durch das Land, und es erstaunte mich auf meine alten Tage, wie groß die Welt doch war. Und auf einer dieser Reisen gelangten wir schließlich in den Ort zurück, den ich vor fast einem Hundeleben verlassen hatte. Die Gegend hatte sich verändert, die Bäume waren größer geworden, doch der Duft der Malven war geblieben. Er weckte in mir all jene Erinnerungen, die sich die Jahre über versteckt hatten, so wie sich manche Orte in einem Tal verstecken, als warteten sie auf den günstigsten Augenblick ihrer Entdeckung.

* * *

Eine Stimme rief nach mir. »Komm Max, wir müssen weiter.« Ich schaute mich ein letztes Mal um, doch keine Penelope entstieg dem Flirren der Luft. Aber natürlich wäre das auch nicht möglich gewesen. Sie war jetzt im Katzenparadies. Dort, wo alle Kinder des Zeus eines Tages hinkommen. Mühsam erhob ich mich und trottete zurück zum Auto. Die Kinder halfen mir hinein, hievten mich über die Rückbank auf meinen Lieblingsplatz. Ganz hinten am Fenster fühlte ich mich am wohlsten. Dort konnte ich der Landschaft beim Entschwinden zusehen. Der Motor wurde gestartet, der Wagen setzte sich in Bewegung. Wir fuhren an der Apotheke vorbei, an der Bäckerei, die jetzt zu war und dann den Berg hinauf. Das Haus der Müllers kam, die alte Scheune, die Brücke. Und dann das ›Bergschloss‹, mein altes Heim. Ich erkannte es sofort. Erkannte die Hecke mit ihrem dichten Buschwerk, den Zaun, angerostet und verwittert, das Tor aus rotem Holz, dessen Farbe sich wie kleine Locken abblätterte. Und plötzlich sah ich die Katze. Sie saß auf einem der Pfosten, auf denen auch Penelope immer gesessen hatte, jung und mit seidigem Fell. Unwillkürlich entrann mir ein Fiepsen. Und als hätte sie mich gehört, schaute sie dem Wagen hinterher, hin zu mir, der ich langsam entschwand. Und dann lächelte sie.

The lonely cowboy with the sad horse

Sonntag, 8 Uhr früh. Auf dem Gelände des Ponyhofes, der im Schatten der Hochhäuser von Berlin-Rudow wie eine Oase anmutet, ist es noch ruhig. Keine Kinder, die sich ein Pony leihen, keine Eltern, die ihnen dabei zusehen. Und keine Nachbarn. Vor allem keine Nachbarn. Heimlich schleiche ich mich aus der Wohnung. Dass ich heute das erste Mal in meinem Leben reiten gehe, braucht keiner zu wissen. Schon gar nicht Jörg Wonterra, der Dicke von gegenüber.

Mit wachsender Aufregung laufe ich hinüber zum Stall. »I am a lonely Cowboy«, summe ich in leiser Vorfreude vor mich hin. Ich glaube genug über das Reiten gelesen zu haben, um die Basics zu beherrschen. Hauptsächlich kommt es darauf an, dem Pferd zu zeigen, wer die Hosen anhat. Der Rest ist Übungssache.

Ali, der Besitzer des Ponyhofes, ein Araber, kratzt gerade einen Huf aus. Fragend sieht er mich an, als ich lockeren Schrittes zu ihm an die Pferdebox trete und meinen fachmännischen Blick über die anwesenden Reittiere schweifen lasse. Am größten bleibt er hängen. Ein schwarzes Pferd, das treudoof und irgendwie trübsinnig gegen die Wand stiert. »Ich glaube«, sage ich lässig, »dass mir das hier gut zu Gesicht stünde.«

Für einen Moment scheint es, als vergliche Ali mein Gesicht mit dem des Pferdes. »Die traurige Mähre?«, fragte er ungläubig. »Aber von mir aus. 8 Euro die halbe Stunde. Wenn du sie nass zurückbringst, das doppelte.«

Ohne mit der Wimper zu zucken, ziehe ich einen Zehner aus der Tasche meiner Lederweste. Eine wie nebensächlich hingeworfene Handbewegung deutet an, dass der Rest Trinkgeld sei.

»Schon mal geritten?«, fragt Ali, während der Geldschein mit der selben Nebensächlichkeit in seine Hose wandert. Meine Antwort reduziert sich auf ein kurzes, trockenes Lachen. Er nickt verstehend, greift nach einem Sattel und fängt an, das Pferd zu satteln. ›Tulpe‹ steht auf einem kleinen Schild.

»Sie lahmt links etwas«, erklärt er, während seine Finger die Schnallen unter dem dicken Bauch verzurren. »Aber das macht sich nur in Linkskurven bemerkbar.«

Wieder gebe ich mimisch zu verstehen, dass ich quasi auf einem Pferd geboren wurde, doch instinktiv fühlt meine Hand nach ›Klostermanns Lehrbuch des ganzheitlichen Pferdeverstehers‹.

Ali führt das Pferd an der Leine nach draußen, wo ich erschreckt feststelle, dass es plötzlich wesentlich größer wirkt. Offensichtlich hatte es in einer Kuhle gestanden. Sein Rücken überragt meinen Kopf um einige Zentimeter, die Steigbügel hängen mir in Höhe des Bauchnabels. Aber jetzt gibt es kein Zurück mehr. Mit Müh und Not gelingt es mir, den linken Fuß in das Eisen zu schieben. Dann mit gewaltigem Schwung hinauf in den Sattel. Ali hat Mühe, Tulpe ruhig zu halten, als ich auf der anderen Seite fast wieder herunterfalle. Scheiße, ist das hoch! Blind stochert mein rechter Fuß nach dem zweiten Steigbügel, während sich meine Finger am Sattelknauf festkrallen, bevor sie hektisch zu den Zügeln greifen. Der schwere Leib unter mir schwankt wie ein Schiff. Ali lässt das Zaumzeug los und instinktiv presse ich die Schenkel zusammen. Der Gaul macht einen Satz nach vorn, panisch reiße ich die Arme an. Glücklicherweise ist Ali gleich heran und hält Tulpe wieder fest. »Alles klar?« Sein Blick spricht Bände, doch dünn lächelnd täusche ich Lockerheit vor. »Die Kupplung kommt recht schnell, nicht wahr?«

»Vielleicht solltest du erst mal in der Koppel reiten«, schlägt er vor, aber da habe ich aus Versehen erneut die Schenkel zusammengedrückt. Ali lässt los und aus dem Stand heraus trabt das Pferd vorwärts. Dass er uns beiden hinterher schaut, kann ich in diesem Moment nur vermuten. Die Koordinierung meiner Gliedmaßen ist im Moment das wichtigste. Habe ich das Prinzip erst begriffen, ist der Rest ein Kinderspiel.

Die ersten fünfzig Meter geht es richtig gut. Das Gefühl von Freiheit und Abenteuer überkommt mich. »I am a lonely cowboy«, trällere ich wieder, doch plötzlich bleibt Tulpe abrupt stehen. Vorsichtig drücke ich ihr die Fersen in die Seite. Vergebens. Ein rascher Rundumblick überzeugt mich davon, dass der Pferdebesitzer wieder im Stall verschwunden und ansonsten auch niemand zu sehen ist.

»Ksch!«, zische ich, doch außer, dass Tulpe mit den Ohren zuckt, tut sich nichts. Nach und nach probiere ich alles aus, was so ein Tier zum Weitergehen bewegen könnte. Aber nichts. Auch kein Schnalzen mit der Zunge bei gleichzeitigem Vorschieben des Beckens erzielt irgendeine Wirkung. Aus! Nada! Niente! Wie angeschraubt verharrt der Gaul in seiner Position. Die Chance, ihn nass zurückzubringen, habe ich jetzt nur noch, wenn es anfängt zu regnen. Doch danach sieht es nicht aus. I am a lonely cowboy with a stupid horse. Zu allem Überfluss kommt in diesem Moment auch noch Nachbar Wonterra mit seinem Mountain-Bike um die Ecke geschossen. Reaktionsschnell beuge ich mich hinunter zum Pferdebauch und fange an, die Sattelschnallen zu verstellen. Wenn ich ihn nicht sehe, sieht er mich vielleicht auch nicht.

Doch Wonterra lenkt sein Rad in meine Richtung. In gebührendem Abstand bleibt er stehen und schaut mir interessiert beim Verstellen der Sattelschnallen zu. Und hat leider mehr Zeit, als es Sinn macht, Sattelschnallen zu verstellen.

»Oder will er etwa nicht?«, feixt er nach einer Weile.

Ohne auf seine Anspielung einzugehen, deute ich mit dem Kopf nach hinten. »Ich warte noch auf meine Freundin. Aber das kann dauern. Sie wissen ja … Frauen!«

In diesem Moment ertönt Geklapper vom Stall her. Ein kleines, dickes Mädchen mit Pferdezöpfen kommt auf einem kleinen, dicken Pony angeritten. Wonterra sieht mich komisch an, doch bevor ich seinen Gedankengang richtig deute, ist die Kleine auf unserer Höhe und gibt ihrem Pony mit einem Schnalzen freien Lauf. Aus dem Stand heraus prescht es los. Aus dem Stand heraus prescht Tulpe hinterher.

Ich komme mir vor wie ein Gummiball, der mit einem Seil an einem Presslufthammer festgebunden ist. Jetzt geht es nicht mehr darum, eine gute Figur zu machen. Jetzt geht es ums nackte Überleben. Mich an allem festhaltend, was greifbar ist, versuche ich, nur irgendwie drauf zu bleiben auf dem Pferd. Wenn es etwas bringen würde, würde ich sogar lauthals um Hilfe rufen.

Die Kleine mit dem galoppierenden Pony verschwimmt vor meinen Augen. Meine Brille – ein teures Modell mit wunderschönem Rahmen aus poliertem Magnesium – wandert entgegen aller Schwerkraftgesetze langsam aufwärts. Da ich keine Hand frei habe, nehme ich schon mal Abschied von ihr. Nachdem sie meine Stirn passiert hat, fliegt sie in hohem Bogen in die Pampa. Lange Zeit, ihr nachzutrauern, habe ich nicht. Ein anderes Problem, ein weit größeres, deutet sich unaufhaltsam an. Der Sattel sitzt offenbar zu locker. Irgendwas stimmt mit den Schnallen nicht. War ich bislang auch nicht gerade aufrecht sitzend, zumindest aber oben, so wandere ich jetzt komplett mit Sattel langsam um Tulpes Längsachse. Wie der große Zeiger einer Uhr stehe ich wenige Augenblicke später bereits auf fünf nach Zwölf. Durch den Nebel meiner Kurzsichtigkeit hindurch sehe ich das kleine Birkenwäldchen auf mich zurasen.

Glücklicherweise bleibt Tulpe vorher stehen. Unter ihr hängend werde ich mir der Tatsache bewusst, noch am Leben zu sein. Tiefe Dankbarkeit durchflutet mich. Eine Weile sehe ich dem Tier kopfüber beim Grasen zu. Dann lasse ich mich fallen und krabble auf allen Vieren von ihm weg. Dass ich nie wieder ein Pferd besteigen werde, steht in diesem Augenblick außer Frage. Das Thema hat sich ein für alle Mal erledigt. Es gibt andere aufregende Sportarten, Minigolf zum Beispiel. Ich beschließe, Tulpe eine Weile fressen zu lassen und dann am Zügel nach Hause zu führen. Vielleicht werde ich sie vorher sogar nass spritzen, damit es so aussieht, als hätte ich sie verwegen über die Hügel gehetzt.

Ich habe den Gedankengang kaum zu Ende geführt, als das feine Surren eines schnell herannahenden Mountain-Bikes zu hören ist. Kurz darauf schießt Wonterra über einen Hügel direkt auf den Pferdearsch zu. Seine Super-Cantilever-Bremsen, die er im letzten Moment panisch zieht, bleiben im freien Flug nutzlos. Krachend schlägt er in Tulpes Weichteile. Ein Tritt nach hinten, der vom Vorderreifen in Verformungsenergie umgewandelt wird, dann keult Tulpe wieder los.

Entsetzt sehe ich ihr nach. Unwahrscheinlich, dass sie nur eine Kurve rennt und dann zur selben Stelle zurückkehrt. Sie wird für immer verschwinden. Aber wenn ein Pferd, das man nass zurückbringt, das Doppelte kostet, um wie viel teurer muss es sein, wenn man es gar nicht zurückbringt?

Ich nehme die Beine in die Hand und verfolge es, doch Minus sieben Dioptrien machen die Verfolgung eines Pferdes nicht gerade leicht. Im Glauben, es vor mir zu haben, renne ich eine Weile sogar einem braunen Kleinlaster nach. Passanten, die mir entgegenkommen, schütteln auf meine Frage, ob sie ein Pferd gesehen hätten, das den Sattel unter dem Bauch trägt, verwundert den Kopf. Dann aber entdecke ich eine Reihe von Pferdeäpfeln; eine Spur, der ich nur zu folgen brauche. Sie führt zum U-Bahnhof Wutzky-Allee. Besser gesagt, in ihn hinein.

Als ich in böser Vorahnung auf den Bahnsteig komme, verschwindet Tulpe gerade im abfahrbereiten Zug. Im letzten Moment, kurz bevor die Türen schließen, kann ich hinterher springen.

Tulpe hat sich an das Kopfende des Waggons gestellt und macht insgesamt einen eher nervösen Eindruck. Wahrscheinlich ist es ihre erste U-Bahn-Fahrt. Mit beruhigenden Worten nähere ich mich ihr. Glücklicherweise gibt es noch kaum Fahrgäste. Nur einen kleinen Jungen mit seiner Mutter, die dessen Frage, warum der Sattel nicht auf dem Rücken des Pferdes liegt, sondern unter ihm hängt, mit der Vermutung beantwortet, dass ich wahrscheinlich ein Kunstreiter sei.

Tulpe lässt zu, dass ich das Zaumzeug greife und den Sattel wieder auf ihren Rücken bugsiere. Das ist schon mal die halbe Miete. Wenn ich an der nächsten Station aussteige, kann ich sie locker zum Stall zurückführen.

Leider steige ich nicht an der nächsten Station aus. Tulpe will nicht. Sie will auch an der übernächsten Station nicht. Zehn Stationen weiter bekomme ich langsam Panik. Wie kann ein Gaul nur so blöd sein, in einen U-Bahn-Waggon zu rennen, aber Angst zu haben, aus ihm wieder auszusteigen? Zu allem Überfluss füllt sich der Wagen allmählich mit Leuten, die noch nie ein Pferd gesehen zu haben scheinen. In meiner Not beschließe ich, bis zur Endstation zu fahren und dann wieder zurück nach Rudow. Dort hält der Zug immer eine Weile, so dass ich mehr Chancen habe, Tulpe aus dem Waggon zu locken.

Kurz vor Tegel steigen dann die drei Kontrolleure ein. Während einer von ihnen meine Monatskarte kontrolliert, fragt er wie nebensächlich, ob ich der Besitzer des Pferdes sei.

»Pferd?«, frage ich zurück.

»Na ja, das Pferd, das neben Ihnen steht. Ist das Ihrs?«

»Ach so, das! Ja, das ist meins. Wieso?«

»Haben Sie dafür auch einen Fahrschein?«

»Ich habe doch eine Umwelt-Karte. Auf der darf man ein Tier mitnehmen.«

»Einen Hund, aber kein Pferd.«

»Nur Hunde dürfen auf der Karte mitfahren? Das wusste ich nicht.«

»Dann wissen Sie es jetzt. Ich muss Sie bitten, an der nächsten Station mit uns auszusteigen.«

»Hören Sie«, sage ich gestresst. »Seit Wutzky-Allee versuche ich diesen verdammten Gaul aus dem Wagen zu kriegen, aber es gelingt mir einfach nicht.«

»Sie müssen aber aussteigen, wenn Sie kein Ticket für Ihr Tier haben.«

»Hören Sie mir überhaupt zu? Das Pferd will nicht raus! Es hat Angst!«

»Ach, da helfen wir Ihnen schon. Im Rausschmeißen sind wir spitze.«

Mit vereinten Kräften gelingt es in Tegel, Tulpe aus dem Wagen zu zerren. Noch auf dem Bahnsteig bezahle ich die erhöhte Beförderungsgebühr von 40 Euro und löse ein Ticket nach. Als ich jedoch gleich ein Rückticket kaufen will, schüttelt der Kontrolleur den Kopf. »Pferde sind von der Beförderung ausgeschlossen.«

»Aber ich bin doch mit dem Pferd auch hier hergekommen. Dafür haben Sie mir gerade ein Ticket verkauft.«

»Pferde sind aber von der Beförderung ausgeschlossen.«

»Und wie soll ich jetzt nach Rudow kommen?«

Ungerührt zuckt er die Schulter. »Versuchen Sie es doch mal mit reiten.«

Oben auf der Straße braust rechts und links der Verkehr an uns vorbei. Mehr als einmal muss ich Tulpe am Ausbrechen hindern; sie ist nervös und deprimiert zugleich. Ziellos wandern wir nordwärts. Keine Ahnung, wie es mit uns weitergehen soll. I am a lonely cowboy with a sad horse. Dann aber, als wir irgendwann aus der Stadt herauskommen, weist ein Schild in Richtung eines Pferdehofes. Ich folge ihm. Kurz darauf, an einem weiten Feld, sehen wir auch schon die Koppel, den Stall, das Gehöft. Und als wir durch das schmiedeeiserne Tor treten, kommt uns ein Mann entgegen. »Na, alles klar gegangen?«, fragt er und beginnt, Tulpe abzusatteln. Ich nicke stumm.

»Und, warst du bis zu den Wiesen?«

Wieder nicke ich. Der Mann nimmt Tulpe auch das Zaumzeug ab und scheucht sie auf die große Koppel. Freudig rennt sie los, hin zu den anderen Pferden, die sie wiehernd begrüßen.

»Nächste Woche kriegen wir noch eine Koppel dazu«, meint der Mann, »dann haben sie noch mehr Platz.«

Er geht zurück in sein Kassenhäuschen und sinnierend schaue ich auf die Koppel hinaus. Tulpes Wiehern dringt freudig zu mir heran. Sie wendet ihren Kopf zu mir, ein Grinsen im Gesicht, das mir Tränen des Glücks in die Augen treibt. »Leb wohl, mein Freund«, flüstere ich, drehe mich um und gehe. I'm a lonely cowboy. But my horse is happy.

Können Pinguine fliegen?

Es versprach eigentlich, ein ruhiger Tag zu werden. Die Towercrew hatte gerade gewechselt, und der kleine Flughafen am Rande der Stadt erwartete nur noch eine Fokker aus Schweden und eine Cessna aus Kyritz. Kai Mauer, der Anlernling aus Hövelhof, ein in der Ausbildung stehender Fluglotsenanwärter, lehnte schon den ganzen Nachmittag mit seinem Fernglas über dem Geländer und suchte nach Flugzeugen in der Luft. Der Flughafenchef leitete in der Flughafenkantine die Versammlung der Flughafenchefs des Landkreises; der Luftdruck war gut, Wind Nordost.

Da kam plötzlich der Funkspruch: »Bremen Turm, Bremen Turm! Delta, Echo, Lima, Tango, Alpha.«

Der diensthabende Fluglotse zuckte zusammen. »Wer ist das denn?«, brummelte er, beugte sich nach vorn und drückte die Sprechtaste: »Delta, Tango, Alpha. Bremen Turm.«

»Tango, Alpha, 3 Meilen nordöstlich Sierra eins in 1000 feet, zur Landung, kommen.«

Der Fluglotse sah in die Runde: »Hat der Pilot sein Fluggerät benannt?«

Alle schüttelten den Kopf.

»Delta, Tango, Alpha, nennen Sie ihren Flugzeugtyp!«, sprach er ins Mikrofon. Eine kurze Pause entstand.

»Ich bin kein Flugzeug«, sagte die Stimme dann zögernd, »ich bin ein Schwein.«

Jetzt entstand die Pause im Tower. Die Fluglotsen sahen sich etwas verärgert an. Irgendwer wollte sie verarschen oder der Pilot war besoffen. Doch der Fluglotse war ein humorvoller Mensch. »Tango, Alpha, Schweine können nicht fliegen«.

»Doch, ich kann«, tönte es zurück.

Als alle noch nicht so recht wussten, wie nun zu reagieren sei, ließ sich der fernglasschauende Fluglotsenanwärter-lehrling aus Hövelhof, wenn auch recht tonlos, vernehmen: »Schweine können doch fliegen.« Er starrte unentwegt auf einen fixen Punkt am Himmel, drehte sich dann um und bot das Fernglas dem hinter ihm stehenden Reservefluglotsen Hoffmann an. »Da fliegt ein Schwein«, wiederholte er, »ein Schwein!«

Reservefluglotse Hoffmann griff das Fernglas und stieß, als er einen bestimmten Punkt am Himmel entdeckt hatte, erregt aus: »Da fliegt ein Schwein!«

Wieder kam eine Meldung rein: »Delta, Tango, Alpha, Sierra eins in 800 feet, erbitte Landeanweisung und Frei-gabe.«

Der diensthabende Fluglotse sah sich hilflos zu seinem unmittelbaren Vorgesetzten, dem Oberfluglotsen Fried-helms, um. Dieser zuckte mit den Schultern. »Erteilen Sie dem Schwein doch die Landefreigabe.«

Der Lotse drückte die Sprechtaste. »Delta, Tango, Alpha, Einflug in die Kontrollzone über Sierra zwo, nicht unter 400 feet, wir haben nur eine Landebahn, QNH 1008 hPa, kom-men!«

»Delta, Tango, Alpha, verstanden.«

Alle Lotsen hatten sich das zu ihrer persönlichen Ausrüs-tung gehörende Fernglas gegriffen und starrten in den Him-mel.

»Delta, Tango, Alpha, Sierra zwo in 400 feet«, bestätigte das Schwein den Kontrollpunkt.

»Bei außergewöhnlichen Ereignissen muss die Feuerwehr verständigt werden«, ließ sich der Fluglotsenanwärter ver-nehmen. Der Oberlotse grunzte nur.

»Delta, Tango, Alpha, Platz in Sicht«, meldete das anfliegende Schwein.

»Fliegen Sie Rechtsplatzrunde«, wurde es aufgefordert. »Wind 090 Grad, 8 Knoten, machen Sie lange Landung.«

Einen Moment überlegte der Reservelotse, welche Landebahnlänge wohl ein normales Hausschwein benötigt, wurde aber vom Oberlotsen aus seinen Gedanken herausgerissen.

»Hoffmann, gehen Sie runter zum Chef und holen Sie ihn in den Tower!«

»Nein!«, sagte Hoffmann bestimmt. »Ich geh doch nicht runter und sag ihm, dass er mal in den Tower kommen soll, weil gerade ein Schwein landet.«

»Sagen Sie einfach nichts, sagen Sie nur, es wäre wichtig. Los, gehen Sie.«

Reservelotse Hoffmann machte sich wenig überzeugt auf den Weg. Er öffnete die Tür zur Flughafenkantine, setzte ein gequältes Lächeln auf und ging den langen Tisch hinab zu seinem Chef, der an der Stirnseite saß. Er beugte sich zu ihm und bat ihn, doch mal dringend in den Tower zu kommen.

»Gern«, antwortete dieser, »sagen Sie mir nur rasch, um was es geht.«

»Bitte, ich kann es hier nicht sagen, aber es ist wirklich dringend.«

»Hoffmann, ich habe hier eine Besprechung. Sagen Sie, was los ist und ich entscheide, ob ich kommen muss oder nicht.«

»Nun gut, also; da landet gerade ein Schwein.«

Der Chef lachte: »Was denn für eins, ein Wildschwein oder ein Hausschwein?«

»Es ist eindeutig ein Hausschwein. Bitte Chef, kommen Sie hoch.«

»Hoffmann, Schweine können nicht fliegen!« Auch der Chef war ein humorvoller Mensch.

Der Ausdruck im Gesicht des Reservelotsen aber schien, als ob sie es doch konnten – oder aber die Mannschaft war verrückt geworden. In beiden Fällen war es wohl nötig, in den Tower zu kommen.

Der Chef entschuldigte sich bei den Delegierten; er müsse wegen einer dringenden Angelegenheit mal eben in den Tower, aber es wäre nichts Außergewöhnliches, reine Routine. Stumm lief er dann neben seinem Angestellten, aber es war kein Schwanken zu beobachten, alles ganz normal – komisch. Sie betraten den Tower, und der Oberlotse grüßte mit den Worten: »Es ist soeben gelandet und befindet sich schon auf der Rollbahn zum Hanger. Sehen Sie bitte selbst.« Er reichte dem Chef das Fernglas.

Während der Chef durchs Glas auf die Stelle sah, die ihm sein Angestellter zeigte, erklärte dieser: »Ich habe so etwas noch nie gesehen, einwandfreie Landung, dann ist es über die ganze Landebann gerannt, wahnsinnig schnell für ein Schwein. Jetzt steht es dort drüben am Hanger, bei den Hafenarbeitern. Ich glaube, sie füttern es gerade.«

Durch das Glas war das Schwein eindeutig als offensichtlich völlig normales Hausschwein zu erkennen und die Flughafenarbeiter, die die Reinigung eines alten Doppeldeckers unterbrochen hatten, hatten ihren Spaß mit dem Schwein. Der Chef setzte das Fernglas ab und drehte sich zum Oberlotsen: »Wir haben doch einen Zaun um den Platz?«

Oberlotse Friedhelms nickte.

»Wie also kommt das Schwein hierher?«

Mit einer Mimik, die so aussah, als würde er sagen wollen, ›Verdammte Scheiße, das ist doch gerade das Problem!‹, antwortete Friedhelms: »Es ist wie ein normales Flugzeug gelandet, wir haben es doch alle gesehen.«

»Es hat ständig mit uns Funkkontakt gehabt«, ließ sich der diensthabende Fluglotse vernehmen, »nach der deutschen Flugfunkordnung völlig korrekt.«

»Ich hätte nicht gedacht, dass Schweine auch ein Flug-funkzeugnis machen dürfen«, murmelte der Anwärter, der immer noch unentwegt durch sein Fernglas schaute.

Der Flughafenchef glaubte sich in einem Irrenhaus. Seine sonst so normalen Mitarbeiter standen bierernst um ihn her-um und versuchten, ihm ein Märchen von einem fliegenden Schwein aufzutischen. Als er gerade schnaufend lospoltern wollte, wurde der Tower erneut angesprochen.

»Bremen Turm, Delta, Tango, Alpha. Erbitte Rollanwei-sung.«

»Das Schwein will wieder wegfliegen«, sagte Friedhelms leise und senkte verlegen den Blick.

»Darf ich ihm Rollfreigabe erteilen?«, fragte der Dienst-habende genauso leise seinen Chef.

Der Chef war überzeugt, dass irgendein Funkamateur Schabernack trieb. Die beste Gelegenheit, die Idioten hier bloßzustellen. »Natürlich«, sagte er daher übertrieben freundlich, »Rollfreigabe und Startfreigabe.«

Der Fluglotse setzte sich auf seinen Platz und drückte die Ruftaste: »Delta, Tango, Alpha, rollen Sie zum Rollhalteort über M und L.«

»Verstanden«, antwortete das Schwein.

Gespannt sahen sie auf das Vorfeld. Das Schwein lief zü-gig auf der Rollbahn über M und L und blieb genau am Roll-halteort stehen. »Bremen Turm, Delta, Tango, Alpha – ab-flugbereit.«

Die Lotsen sahen zu ihrem Chef, dessen gesunde Haut-farbe einer vornehmen Blässe gewichen war. »Startfreiga-be!«, presste er zwischen seinen Lippen heraus.

»Delta, Tango, Alpha – Start frei, Rechtskurve nach dem Abheben, verlassen der Kontrollzone über Sierra 2 und 1 in 1000 feet.«

»Delta, Tango, Alpha - verstanden.«

Das Schwein fiel in leichten Galopp, wurde schneller und

schoss dann mit einer für Schweine ungewöhnlich hohen Geschwindigkeit über die Startbahn. Nach wenigen hundert Metern hob es vom Boden ab und gewann zusehends an Höhe. Die vornehme Blässe des Flughafenchefs wich einer hässlichen bläulichen Marmorierung. Er setzte sich leise schnaufend.

»Oh, mein Gott, die Fokker«, schrie plötzlich der Fluglotsenanwärter, der die Lichter der herannahenden Schwedenmaschine gesehen hatte.

»Bremen Tower – Sierra, Lima, bravo von Schweden zur Landung über Sierra 1 und 2 in 1000 feet«, war auch schon aus den Lautsprechern zu hören.

Der diensthabende Fluglotse riss das Mikrofon an sich, um eine Kollision zu verhindern: »Sierra, Lima, bravo – gehen Sie sofort auf 1500 feet, fliegen Sie starke Rechtkurve, Ihnen kommt ein Schwein entgegen!«, schrie er hinein.

Die Piloten reagierten sofort in vorbildlicher Weise. Professionell zogen sie die Maschine hoch und zwangen sie in eine starke Rechtskurve. Sie hatten zwar nicht richtig verstanden, was der Grund war (sie glaubten gehört zu haben, ein Schwein käme ihnen entgegen), aber solche Anordnung bedurfte keiner Plausibilitätsüberprüfung.

Das Schwein bestätigte noch einmal den Kontrollpunkt, bedankte sich für den Service und entschwand bald ihren Blicken. Die schwedische Fokker landete nach einem zweiten Versuch sicher auf dem Flugplatz, und im Tower herrschte große Ratlosigkeit.

»Das glaubt uns doch kein Mensch«, meinte der stellvertretende Fluglotse Hoffmann, »was wollen wir denn jetzt unternehmen?«

»Nichts«, sagte sein Chef, »wir unternehmen absolut nichts. Wir tun einfach so, als hätte es dieses Schwein nie gegeben.« Er blickte in die Runde und wartete auf das zustimmende Nicken jedes Einzelnen.

»Was ist mit Ihnen?«, fragte er den Hövelhofer Anwärter, der immer noch unentwegt durch das Fernglas starrte.

Dieser antwortete nicht gleich.

Erst, als er noch einmal aufgefordert wurde, fragte er leise, ohne sein Fernglas abzusetzen: »Können Pinguine fliegen?«

Seemannsgarn

»Wirklich Hannes, jetzt übertreibst du.«

Sie sind bei Hannes, um ihm die Post zu bringen. Postbote Süverkrüpp und dessen Enkel. Der stiert mit großen Augen zu Hannes hinüber, und Hannes lehnt sich genüsslich zurück und zieht noch genüsslicher an seiner qualmenden Pfeife.

Draußen klatscht die Ostsee gegen die aufgeschichteten Findlinge, die dem Leuchtturm als Fundament dienen und an denen sich die Wellen brechend teilen. Bei klarer Sicht kann man die Silhouette Kap Arkonas am Horizont erkennen, doch jetzt stiebt die eisige Gischt gegen den Turm, dass es eine wahre Freude ist.

»Du übertreibst«, wiederholt Süverkrüpp. »Mensch, der Junge glaubt dir am Ende noch.«

»Aber es ist wahr«, beharrt Hannes, und sein dänisches Kraut taucht den Raum in süße Duftschwaden. »Bei Neptun, es ist wirklich wahr!«

»Der Leuchtturm hat sich wirklich beiseite gebogen durch den Sturm?«, fragte der Enkel atemlos. Kein Zweifel, er glaubt es tatsächlich.

»So wahr ich hier sitze!« Hannes lässt seine Faust auf den Tisch fallen. »Draußen stürmte es gewaltig, bald Windstärke 12, ein höllischer Nord-West. Ich hab schon in der Koje gelegen, als sich plötzlich alles zur Seite neigte. Ist natürlich 'ne dumme Sache, weil dann doch das Leuchtfeuer nicht mehr zu sehen ist, um die Schiffe zu warnen.«

»Oh, ja«, der Junge reist die Augen noch weiter auf. »Und was haben Sie gemacht?«

»Ich bin natürlich raus aus der Koje, Regenzeug und Südwester über, hab mir ein dickes Seil geschnappt, bin hoch zum Leuchtfeuer, hab das Seil aus dem Fenster geworfen und damit den Turm wieder zurückgezogen.«

Süverkrüpp verdreht die Augen. »Mensch, Hannes, du hast aber auch schon mal besser gesponnen. Wo hast du denn das Seil draußen festgemacht? An einem Wellenberg?«

»Na, an meiner Lore. Hab ich achtern verknotet und bin dann ein Stück gerudert. Schwielen hab ich mir gerudert.« Zum Beweis hält er ihnen die Handflächen hin. Tellergroß sind seine Hände und von Wind und Wetter wie Stiefelsohlen gegerbt. Solch mächtige Pranken hat der Junge noch nie gesehen. Ehrfürchtig starrt er sie an. Selbst im Licht der Petroleumlampe ist zu erkennen, wie sich seine Nackenhaare aufstellen. Wenn jemand in der Lage ist, einen Leuchtturm grade zu biegen, dann nur ein Seebär mit solchen Händen.

»Mensch, Hannes.« Süverkrüpp schüttelt den Kopf. Der heiße Grog macht sich langsam auch bei ihm bemerkbar. Eigentlich dürfte der Junge so etwas noch gar nicht trinken, denkt er sich.

Doch da ›eigentlich‹ ein Wort ist, auf das man immer ein ›aber‹ folgen lassen kann, hat er es ihm ausnahmsweise erlaubt. Außerdem passt zu einem Schwätzchen mit einem Seebären auf einem Leuchtturm nichts so gut wie ein heißer Grog.

Das Licht der Petroleumlampe glitzert in den Messingbeschlägen der Bullaugen. Wie oft hat er mit Hannes hier schon gesessen und geklönsnackt. Süverkrüpp hat wohl die interessanteste Briefträgerroute, die ein Briefträger auf dieser Welt haben kann. Quer durch Hiddensee und ab und zu rüber zum Leuchtturm. Seit fünfzehn Jahren macht er das, und fünfzehn Jahre ist auch Hannes auf diesem Posten. Auf seinem Leuchtturm Eugen-Ost, hier draußen, inmitten der Schifffahrtsrouten nach Skandinavien, wo die Ostsee sich in die Mecklenburger Bucht und die Oderbucht teilt, einige Seemeilen vom Festland entfernt.

An Hannes verdient die Post nichts, das ist amtlich. 55 Cent für einen Brief und 40 Cent für eine Karte reichen bei weitem nicht aus, um das kleine Kü-Mo-Schiff zu unterhalten, mit dem Süverkrüpp von Kloster herüber getuckert kommt, wenn mal wieder Post für Hannes dabei ist. Aber die Deutsche Post – bekanntlich eine der besten der Welt – scheut weder Kosten noch Mühe.

Und Süverkrüpp ist das natürlich recht. Jede Karte, jeder Brief, jedes Paket bedeuten einen netten Nachmittag auf dem Leuchtturm, einen heißen Grog und eine neue Geschichte von Hannes. Ach ja, und geröstete Kartoffelviertel. Wie jetzt, wo sie im Backofen schon fast goldgelb sind, noch in Schale und, bei Neptun, die besten gerösteten Kartoffelviertel zwischen Bornholm und Neufundland. Was für ein freudiges Ereignis also, wenn aus dem Postsack etwas für Hannes heraus fällt. Und war lange Zeit nichts gekommen, dann griff Süverkrüpp auch schon mal selbst zum Stift und schickte dem alten Seebären eine Karte, die er ihm noch am selben Tag zustellte.

Hannes grinst über das ganze Gesicht. Zufrieden und wohlig blinzeln seine Augen, wie sie es stets tun und wahrscheinlich nie anders getan haben. Mächtig ist alles an ihm. Nicht nur seine Hände, wie gesagt, auch der Bart, die Stimme und überhaupt alles. Wenn er sich aufrichtet, ist er so groß wie ein Grizzly, und wenn er einem auf die Schulter schlägt, glaubt man, von einem Schiff gerammt zu werden. Hannes hatte sein Seemannspatent noch auf einer Fünfmastbark gemacht, und weil es jetzt keine Segelschiffe mehr gibt, hatte er auf diesem Leuchtturm angeheuert, spann sein Garn und warnte die anderen Kapitäne auf den neumodischen Containerschiffen, damit sie sich nicht die Nase stießen an den Felsen, auf denen der Leuchtturm stand. Süverkrüpp glaubte zuweilen, dieser Leuchtturm warnte vor sich selbst. Als wären die Steine nur aufgeschichtet worden, um einen Leuchtturm drauf zu stellen, der die Schiffe mit seinem Leuchtfeuer steuerbord und backbord an sich vorbeiführt. Vielleicht existierte der Turm ja auch nur, um alten Seebären ein Seemannsheim zu geben. Denn wahrlich – schöner kann es wohl nirgends sein. Ganz aus Schwedenstahl trotzte er Wind und Wetter und barg eine Gemütlichkeit mit Eisenstufen, Mahagoniholz und blinkendem Messing. Es gab eine Offiziersmesse, einen Stock unter dem Leuchtfeuer, Kombüse, Vorratsraum und ein klitzekleines Klo. Sogar eine Dusche, die funktionierte, wenn es vorher geregnet hatte, eine Schlafkammer, einen Kartenraum mit Funkgerät und Wetterstation. Im Vorratsraum lagerten stets die Vorräte für zwei Wochen. Kartoffeln, Mehl, Eier, Wasser, Brot und Schinken. Und was man sonst noch so braucht, um auf einem Leuchtturm zu leben.

»Die Kartoffeln sind gut.« Hannes legt seine Pfeife in den Ständer. Dann entwickelt er sich zur vollen Größe und dreht sich dem Backofen zu. Die Kartoffeln zischen, als er sie auf dem Blech herausholt und mit Kümmel und grobem Salz bestreut. Er stellt das dampfende Blech auf den massiven Holztisch, der wohl schon viele solcher Prozeduren über sich ergehen lassen musste. Ohne zu fragen, schenkt Hannes auch noch vom Grog nach. Was Wangen rot macht, kann nicht verkehrt sein.

»Wenn du meinst, nur du kannst solche Geschichten erzählen, dann irrst du dich.« Süverkrüpp fängt jetzt genauso an zu grinsen wie Hannes. Er stößt seinem Enkel in die Rippen. »Los, erzähl mal deine Geschichte.«

Der Junge ziert sich ein wenig. »Ist doch nicht so wild«, versucht er sich herauszuwinden.

»Ach was, das reicht mindestens an Hannes Geschichte mit dem Marianengraben heran.«

»Mit dem Marianengraben?«

»Jo!«, fährt Hannes angesteckt dazwischen. »Hab ich echt gebracht, zwei Wochen lang. Bevor ich hierher kam.«

»Hannes hat den Marianengraben bewacht«, erklärt Süverkrüpp lachend.

»Jo, hab ich. Damit keine Schiffe hineinstürzen können. Ist ja auch Tausende von Metern tief.«

Der Junge zieht ehrfurchtsvoll die Luft ein. »Also ich weiß nicht. Ob ich da noch von meiner Geschichte erzählen soll? Hat mir doch sowieso keiner geglaubt.«

»Macht nix«, winkt Süverkrüpp ab. »Also Hannes, das war auch so ein Ding. Vorher musst du aber wissen, wie der Junge heißt. Und zwar Mauer mit Nachnamen. Seine Eltern heißen Elfriede und Sigurd Mauer. Und jetzt rat mal, wie sie den Jungen genannt haben?«

Hannes hat sich ein Kartoffelviertel in den Mund gesteckt. Seine Augen werden ganz kleine Knöpfe, so angestrengt denkt er jetzt nach. »Keine Ahnung, wie der Junge heißen könnte.«

»Stell dir vor, Hannes, sie haben ihn doch tatsächlich Kai genannt.«

»Kaimauer«, brummelt Hannes verblüfft.

»Kai kommt aus Hövelhof. Das ist ein Nest irgendwo im Münsterland. Kennt kein Mensch. Und was denkt Kai? ›Mit dem Namen‹, denkt er, ›kannst du doch bloß zur Seefahrt gehen‹. Weil es aber keine Seefahrt in Hövelhof gibt, geht er zur Luftfahrt. Macht 'ne Ausbildung als Fluglotse in Bremen.«

»Aber in Bremen gibt es doch Seefahrt«, wirft Hannes ein.

»Hat er aber nicht gewusst. Ist ja nie rausgekommen aus seinem Dorf. Also, Kai geht nach Bremen und lernt Fluglotse. Und jetzt erzähl mal, Kai. Was hast du da erlebt?«

»Das glaubt mir doch kein Mensch.«

»Ist doch egal. Erzähl es einfach.«

Kai rückt auf seinem Stuhl zurecht, und Hannes schiebt sich noch ein Kartoffelviertel in den Mund. »Jo, erzähl einfach!«

»Also gut. Ich stehe da auf dem Turm. Ist aber kein Leuchtturm wie hier, sondern ein Tower auf dem Flughafen. Ich steh da also und schaue durchs Fernglas. Und nach einer Weile, wie ich da so stehe, sehe ich doch plötzlich ein Schwein anfliegen.«

»Ein Schwein?« Hannes verliert fast den Bissen aus dem Mund.

»Ja, tatsächlich. Da kommt ein Schwein angeflogen.«

Süverkrüpp lehnt sich zurück und schlürft an seinem Grog. Freut sich, dass sein Enkel eine Geschichte erzählt, die den alten Hannes fast umhaut. Freut sich, als wäre es seine eigene Geschichte.

Kai kommt langsam in Fahrt. »Das Schwein spricht uns an. Über Funk. Fragt, ob es landen darf. Als wäre es ein Flugzeug.«

»Wow!«, macht Hannes.

»Dann landet das Schwein. Und nach einer kurzen Weile fliegt es wieder weg. Wie ein Flieger.«

»Das ist doch noch nicht alles«, fordert Süverkrüpp ihn auf.

»Ja, genau. Wie es dann weg ist und wir alle ratlos herumstehen, da schau ich weiter durch das Fernglas und sehe …«

Hannes hört auf zu kauen.

»… da kommt ein Pinguin geflogen.«

Der alte Seebär ist tief beeindruckt. »Da soll mich doch einer mal kielholen. Ich bin ja nun schon auf allen Meeren gefahren und in allen Ländern gewesen, aber nie hab ich auch nur ein Schwein oder einen Pinguin fliegen sehen.«

»Siehste, Hannes«, freut sich Süverkrüpp. »Sogar du kannst noch etwas lernen.«

Hannes kratzt sich einen Wuschelkopf. »Mann, da werd ich doch mal die beiden Pinguine fragen, die ab und an bei mir Tee trinken kommen, ob sie fliegen können.«

»Sie kriegen Besuch von Pinguinen?« Kai Mauer ist baff.

»Jo, kommen ab und zu vorbei gerudert in ihrem alten Holzkahn, und dann trinken wir einen schönen Tee und essen Butterkekse.« Süverkrüpp lässt sich resignierend in seinen Stuhl zurückfallen. »Das gibt es doch nicht, Hannes. Kannste mir nicht wenigstens die Pinguine lassen?«

»Wenn es doch aber so ist? Sie kommen seit mehreren Jahren. Vielleicht ein- oder zweimal im Monat. Und immer trinken wir Tee mit Zitrone und essen Butterkekse.«

»Und warum habe ich sie noch nie gesehen? Immerhin komme ich fast einmal die Woche.«

»Was weiß ich? Zufall vielleicht?«

»Können Pinguine nicht schwimmen?«, fragt Kai dazwischen.

»Schon«, brummt Hannes. »Aber die beiden wollen nicht schwimmen. Wegen ihrem Rheuma.«

»Nimm dir was von den Kartoffeln, Kai.« Süverkrüpp lacht wieder. »Gegen Hannes hast du keine Chance. Der hat weißgott mehr gesehen in seinem Leben als irgendein anderer von uns. Nimm dir ein paar Kartoffeln, bevor sie alle sind und du nur Grog im Bauch hast.«

* * *

Dann sitzen sie noch eine Weile zusammen. Essen und trinken und klönsnacken, wie sie das immer getan haben.

»So, jetzt müssen wir aber los«, sagt irgendwann Süverkrüpp. »Hab Dank für das Essen, Hannes. Und lass dir die Zeit nicht lang werden.«

»Jo, kein Thema. Hab Dank für die Karte aus Kapstadt. Ist von Schorsch. Hat auf einem australischen Kutter angeheuert und lässt es sich ein paar Tage gut gehen am Kap. Und wenn du das nächste Mal rüberkommst, dann bring mir bitte mein Unterwasserfernglas wieder mit.«

»Unterwasserfernglas?«, fragt Kai verblüfft.

»Brauch ich, um Fische zu beobachten.«

»Ich werd dran denken.« Süverkrüpp schlägt sich auf den satten Bauch. »Komm jetzt, Junge. Olga wartet bestimmt schon.«

Sie klettern die Wendeltreppe hinunter. Klong, klong, klong, hallt es metallisch durch den Turm. Die Treppe führt an der Kombüse vorbei, an Hannes' Schlafkoje, dem Seemannsgarnraum, der Funkerstube, dem Vorratskeller. Dann treten sie aus der Tür hinaus auf die Plattform. Ihr kleiner Kutter, die Svenska Troll schaukelt auf den Wellen und gibt Hannes' Lore ab und an einen kleinen Stups mit ihrer autoreifenbehängten Seitenwand.

»Gruß mir die Olga«, ruft Hannes den beiden hinterher, als sie in ihren Kutter klettern. Er ist stehen geblieben auf der Plattform. Die Pfeife im Mund, Wollmütze auf dem Kopf, den dicken Schal um den Hals geschwungen und die Hände in den Taschen.

»Mach ich, Hannes. Bis bald.«

Mit brabbelndem Motor entfernen sie sich von Eugen-Ost, und Hannes schaut ihnen nach, bis sie hinter den Wellenbergen verschwunden sind.

Wind ist aufgekommen. »Da soll mich doch einer kielholen, wenn das nicht noch ein nettes Stürmchen gibt heute Nacht«, brummelt er und steigt zurück in seinen Turm. So schnell wie die Sicht sich verschlechtert, ist es an der Zeit, das Leuchtfeuer zu starten. Hannes klettert hinauf in den gläsernen Raum, wo der riesige Scheinwerfer auf seinen allabendlichen Einsatz wartet. Er legt den dicken Bakelit-Schalter herum und der Generator unten im Turm fängt leise an zu brummen. Schwerfällig setzt sich der große Leuchtkörper in Bewegung. Es wird eine Weile dauern, bis das Licht seine volle Stärke erreicht hat, bis der helle Strahl sich durch Nacht und Nebel schneidet. Warnend und beruhigend zugleich. Als wolle er sagen: Schaut her, ihr seid nicht allein dort draußen, ihr Seefahrer. Ich, Eugen-Ost, bin bei euch. Ich bin den Fahrenden ein Leitstrahl und den Schiffbrüchigen ein Licht am Ende des Tunnels.

Mit dem Überwasserfernglas sucht Hannes das Meer ab. Am Horizont zeichnen sich die Silhouetten der Dampfer ab. Manche ziehen ihren Weg weit weg von ihm mit unbekanntem Ziel. Manche werden aber auch in seine Richtung fahren. Vielleicht der dort, in Höhe Marielyst, ja, der vielleicht, der könnte sein Feuer kreuzen. Ist vielleicht ein Frachter mit Bananen aus Ecuador oder mit Tee aus Bolivien. Wer weiß. Und wenn er kommt, dann hat Hannes wieder jemanden zum klönsnacken. Wenigstens für die Zeit, die der Frachter vorüber zieht auf seinem Weg nach Saßnitz oder Rostock. Erzählt wird immer was. Die Funker, die gelangweilt vor ihren Kisten sitzen, freuen sich über jede Abwechslung. Und vielleicht haben sie ja auch eine Nachricht für ihn. Aufgefangen irgendwo da draußen auf den Weltmeeren von einem vorbeifahrenden Schiff. Vielleicht von Schorch. Vielleicht von Käpt'n Lennart aus dem Indischen Ozean. Oder von Sergej, diesem russischen Teufel, der in der Takellage mit geschlossenen Augen herumlaufen konnte, als wäre er daheim in seinem Wohnzimmer in Kiew.

Schwermütig wandert Hannes' Blick über den Horizont. Mächtig türmen sich die Wolken auf, jagen einander mit schneidigem Grimm in immer neuen Schwarztönen. ›Übermütige Söhne des Neptun, die im Spiel mit Licht und Schatten ihrer Kraft freien Lauf lassen. Seid gegrüßt, ihr Himmelsgewaltigen, tobt euch aus, doch lasst den Seefahrern immer eine Handbreit Wasser unter dem Kiel und eine trockene Planke unter den Füßen. War 'ne schöne Zeit dort draußen.‹

Hannes will gerade das Fernglas wieder absetzen, als er etwas bemerkt. Heiliger Klabautermann, was war das? Das, was er für einen Moment gesehen zu haben glaubte, kann es nicht gewesen sein. Nicht hier draußen. Nicht bei diesem Wetter. Und doch – da war es wieder.

»Da soll mich einer mal kielholen.« Mehr fällt ihm dazu nicht ein. Sein Blick fixiert die Stelle. Und wieder sieht er es. Und wieder traut er seinen Augen nicht. Den Fliegenden Holländer, ja, das wäre etwas, was er hier vermuten könnte. Aber das da?

Doch ununterbrochen taucht das kleine Tretboot zwischen den Wellenbergen auf. Eine Nussschale. Eine Tretnussschale mit zwei Menschen drin. Hier draußen!

Hannes poltert die Wendeltreppe hinunter. Plong, plong, plong. Dann steht er an der Reling auf der kleinen Plattform. Starrt angestrengt in die Gischt. Da ist es wieder. Und schon so dicht, dass er es mit bloßen Augen sehen kann. Die See schiebt es mit Macht in seine Richtung. Auch hört er plötzlich die Rufe der Passagiere: »Hallo! Hey! Hier sind wir!«

Und dann sind sie heran. Ein junger Mann und eine junge Frau. Trotz des widrigen Wetters mit nicht mehr bekleidet als mit leichten Sommersachen. Ein heller Sommeranzug und ein geblümtes Kleid. Die junge Frau winkt mit ihrem Hut, dessen bunte Bänder kräftig im Wind zuckeln.

Als das Boot von der Strömung gegen den Poller gedrückt wird, erhebt sich der Mann wackelig von seinem Sitz. »Verzeihen Sie die Störung«, brüllt er gegen den Sturm. »Können Sie uns wohl sagen, wo wir uns befinden. Wir haben uns womöglich verfahren.« Als wäre er auf einem Sonntagsausflug.

Hannes kratzt sich seinen Wuschelkopf. »Da soll mich doch mal einer kielholen.«

»Vielleicht sollten wir uns erst einmal vorstellen«, ruft da die junge Frau ihrem Begleiter zu.

»Richtig!« Der Mann nimmt seinen Hut ab. »Mein Name ist Joshua Apfelbaum, und das hier ist meine Gefährtin Helena. Wir sind auf dem Weg nach Graal-Müritz.«

»Graal-Müritz?« Hannes traut seinen Ohren nicht.

»Ja. Ostseebad Graal-Müritz. Wir haben das Tretboot nur geliehen. Man wird uns schon zurückerwarten.«

»Ihr wollt mit dem Boot nach Graal-Müritz? Das ist kurz vor Rostock. Niemals werdet ihr es bis dahin schaffen.«

»Aber wir müssen es schaffen.« Der Junge wirkt auf einmal unsicher, vielleicht sogar verzweifelt.

»Bei allen Weltmeeren«, dröhnt Hannes. »Ich habe ja schon viel gehört, aber etwas Hanebücheneres als dieses ist mir noch nie untergekommen. Ich weiß zwar nicht, wer ihr seid und wie ihr es mit dieser Nussschale hierhergeschafft habt, aber eher landet mir ein Albatros auf dem Kopf, als dass ihr die Küste lebend erreicht.«

Die junge Frau ist nun auch aufgestanden. Ängstlich greift sie nach der Hand des Jungen. »Joshua, er hat recht. Wir haben einen langen Weg hinter uns und sind müde. Wir sollten es nicht versuchen.«

»Aber Liebling, wer weiß, wie viel Zeit uns noch bleibt. Wir sollten uns beeilen.«

»Nichts da!« Hannes hat seine Fassung wiedergewonnen. »Kraft meines Amtes untersage ich euch die Weiterreise. Wir werden schwere See kriegen. Vertäut das Boot und kommt zu mir in den Leuchtturm. Dann sehen wir weiter.«

»Wir wollen Ihnen wirklich nicht zur Last fallen«, winkt der Junge erschrocken ab. Welch ein Bild die beiden doch bieten. Wie alt mögen sie sein? Zwanzig? Oder jünger? Bei allen Weltmeeren – was mochte sie nur bewogen haben, so weit hinaus zu schippern mit diesem winzigen Kahn? Nicht auch nur den Hauch einer Chance würde das Meer ihnen lassen, dessen Wellenberge bereits kleine Schaumkronen zieren; mit krausen Wellentälern wie zerknittertes Schokoladenpapier. Überladen von Wolken, die sich vom Westen her in atemberaubende Höhen auftürmen.

»Werft mir die Bugleine rüber«, befiehlt Hannes.

Der Junge wirft sie ihm zu und der alte Seebär vertäut das kleine Boot mit einem doppelten Schotsek und einigen Halbschlägen an dem schweren Eisenring, der im Stein verankert ist. Dann reicht er seine Hand der jungen Frau, die sie ergreift, um auf die Treppen hinüber zu steigen. Hannes erschrickt über die Kälte der zarten Hand. Kein Wunder, denkt er, bei diesem Wetter und dieser Gischt. Dann hilft er auch dem Jungen hinüber, und nicht weniger kalt und zitternd lässt der sich auf die Plattform ziehen.

»Folgt mir«, sagt Hannes, der jetzt wieder Kapitän ist und dem plötzlich Erinnerungen durch den Kopf schießen. Bei allen Weltmeeren, bei Neptun und den Freibeutern des Indischen Ozeans – wenn sein alter Leuchtturm und er diesen beiden nicht das Leben gerettet hat, dann soll ihn ruhig jemand kielholen.

»Mann, Mann, Mann«, brummt Hannes in seinen Bart hinein. »Plong, plong, plong«, antworten die Eisenstufen. Die beiden Schiffbrüchigen sagen nichts. Folgen ihm ins Wohnzimmer, dessen Wärme sie mit beschützenden Armen umschließt. ›Was für ein Leichtsinn‹, denkt er. ›Bei diesem Wetter mit einem Tretboot in See zu stechen. Sie würden hier bleiben müssen über Nacht.‹ Morgen würde er Süverkrüpp anrufen, um sie wieder abholen zu lassen.

Etwas muss Hannes trotzdem in sich hineinlachen. Wieder eine dieser Geschichten, die ihm keiner glauben würde. Seemannsgarn, würden sie sagen. Ausgedacht in vielen einsamen Stunden auf dem Leuchtturm. Ein Tretboot in Not mitten auf See, so etwas gibt es nicht. Und doch ist es wahr. Wie übrigens auch die Geschichte mit den Pinguinen. Die glaubt ihm ja auch keiner, obwohl sie wahr ist.

Hannes lässt die beiden Platz nehmen auf der kleinen Bank am Tisch. Bringt ihnen Decken, in die sie sich einmummeln. Wie verängstigte Lemminge schauen sie daraus hervor. Irgendwas ist seltsam mit ihnen, doch Hannes weiß nicht was. Wie jung beide noch sind. Das Mädchen hat braune Augen und langes braunes Haar, das zum Beginn der Reise glatt gewesen sein muss, jetzt aber strähnig und zottelig ist. Ihr Kleid und der Anzug des Jungen sind zerknittert. Als hätten sie jahrelang drin gesteckt. Oder als stammten die Sachen aus einem Theaterfundus.

Hannes nimmt ein paar Kartoffeln aus der Lade und schneidet sie in Viertel. ›Vielleicht haben sie Hunger‹, denkt er. ›Ach Quatsch, natürlich haben sie Hunger.‹

»Habt euch wohl zu weit raus gewagt«, sagt er über die Schulter gedreht, doch die beiden geben keine Antwort. Es mag jetzt vielleicht der Schock nachkommen, denkt er. Besonders jetzt, da die See hörbar anfängt, gegen den Turm zu schlagen. Nicht auszumalen, wären sie noch da draußen. Hannes greift das dickbauchige Glas aus dem Regal. Grog wird nicht reichen, sie zu erwärmen, also gießt er Punsch in den Kochtopf und stellt ihn über die Flamme. ›Werdet sehen, wie das eure Lebensgeister wieder erweckt.‹

Und dann, als sie gierig den heißen Punsch in sich hinein schlürfen, als Zimt und Koriandergeruch sich mit dem Duft der gebackenen Kartoffeln vermischen und Sturmesgewalt eisig hinter warmen Bullaugen pfeift, da fängt der Junge an zu erzählen. Und Hannes, der die sieben Weltmeere kennt, der die absonderlichsten Geschichten erlebt hat, sich schon mit so manch seltsamen Gesellen herumschlug, dieser Hannes verliert die Worte.

»Eigentlich wollten wir heiraten«, sagt der Junge und drückt Helenas Hand. Die sieht ihn lächelnd an. »Aber wir können ja nicht heiraten«, fährt er fort und seufzt. Ein träumender Blick begleitet dieses Seufzen.

›Nun gut‹, denkt Hannes. Eines dieser Liebesdramen, wo die Eltern etwas Besseres für ihre Tochter wollen oder der Meinung sind, sie wäre noch zu jung. »Und da seid ihr aus Trotz aufs Meer hinaus? Damit sich eure Eltern Sorgen machen. Das habt ihr auch mit Sicherheit erreicht.«

Draußen hat der Sturm zugenommen. Der Tretbootvermieter in Graal-Müritz würde jetzt eins und eins zusammenzählen und wissen, dass er auf das letzte Tretboot nicht mehr zu warten braucht. Eigentlich komisch, dass über Kanal 16 noch kein Funkspruch gekommen ist. Das Wetter an der Küste war nicht anders als hier. Wenn der Vermieter keine Seenotmeldung durchgibt, denkt Hannes, dann wird er ihn kielholen. »Ich werde die Küstenfunkstelle anrufen und durchgeben, dass ihr bei mir in Sicherheit seid. Nicht, dass sie noch eine Suchaktion starten.«

»Oh, nein, nein«, ruft das Mädchen und springt auf. »Sie brauchen niemandem Bescheid zu sagen. Wirklich nicht.«

»Sie sind doch hinter uns her«, sagt nun auch der Junge eindringlich. »Wir mussten fliehen. Bitte verraten Sie uns nicht.«

Hannes ist irritiert. ›Bei allen Weltmeeren‹, denkt er, ›was geht hier vor?‹ Nun gut, dass mit der Küstenfunkstelle hatte noch Zeit. Solange von denen kein Notruf kam, wüssten die das auch noch nicht. Er setzt sich wieder in seinem Kapitänssessel zurecht. Die Kartoffeln hat er in den Ofen gepackt, sie werden eine Weile brauchen. Warum also nicht zuhören bei dieser Geschichte? Sie konnte nur noch spannender werden.

Der Junge fängt wieder an zu erzählen. »Sie wollen nicht, dass wir heiraten.«

»Wer?«, fragt Hannes.

»Nun, eigentlich alle. Um genau zu sein, ist es sogar verboten.«

»Verboten? Weil ihr zu jung seid, oder was?«

»Nein, nicht deshalb. Es ist eine Rassenfrage.«

»Eine Rassenfrage?« Hannes findet plötzlich, dass er selbst immer noch die besten Geschichten erzählen kann.

»Ja, verstehen Sie nicht?«, fragte der Junge. »Ich bin Jude.«

Dieser Satz trifft Hannes wie ein Keulenschlag. Er war ja nun schon lange nicht mehr auf dem Festland gewesen. Sicher, das Radio berichtete zuweilen von Gräueltaten, davon, dass die Dummheit schwerer zu bekämpfen ist als die Pest. Doch schwer vorstellbar, dass der Faschismus zurückgekehrt sein soll. Zu viele offene Augen, die es mittlerweile in der Welt gibt, und auch – gepriesen sei Neptun – einige offene Münder mehr, die sich nicht verbieten ließen.

»Mein Junge«, sagt Hannes. »Die Zeiten, in denen eine deutsche Frau und ein jüdischer Mann nicht heiraten durften, sind lange vorbei.«

Die beiden schweigen, als wüssten sie es besser und allmählich dämmert es ihm. Eigentlich peinlich für ihn, dass es nicht schneller ging. Er, der mit Pinguinen Tee trinkt, der einer der wenigen Seeleute ist, die Neptun persönlich getroffen haben – er, Hannes der Seemann, brauchte nun so lange, um auf eine simple Wahrheit zu stoßen. Nur weil sie mit dem normalen Verständnis nicht zu erfassen war. Als wäre er ein Landei und nicht der Käpt'n einer Fünfmastbark. Bei allen Weltmeeren, die Wahrheit besteht doch aus weit mehr als nur dem Sichtbaren, dem Erklärlichen, dem Bekannten. Joshua und Helena kamen aus düsterster deutscher Vergangenheit. Unschwer nur zu verstehen, was damals passiert war. Wie sie vor den Schergen der Dummheit aufs Meer flüchteten. Womöglich zogen sie auch den nassen Tod vor, anstatt ein Leben in ewiger Trennung zu führen. Welche Liebe musste in ihnen stecken, die das ermöglicht? Eine Liebe, die sie seit 50 Jahren als Geister über die Ostsee irren lässt. Das war ihr Geheimnis, ihr Schicksal. Das sich verriet in ihrer Kleidung, die wohl getragen wurde, als man entlang der alten Ostseebäder noch flanieren konnte. Faschismus, Krieg und Terror hatten Elend und Zerstörung über die Welt gebracht, doch selbst die größte Gewalt konnte sie nicht ihrer Liebe berauben. Letztendlich hatten Helena und Joshua gesiegt über ihre Widersacher.

»Bei Neptun«, flüstert nun Hannes ergriffen, »wenn ihr Gäste des Meeres seid, dann seid ihr auch meine Gäste.« Er greift ihre Hände. »Ihr wolltet heiraten, wollt ihr es noch immer?«

Ein Leuchten geht durch die Augen der beiden. »Oh ja, nichts wollen wir mehr als das. Deshalb müssen wir zurück an Land. Irgendein Pfarrer wird sich unserer vielleicht erbarmen.«

»Ich weiß nicht, ob das so gut wäre«, meint Hannes. »Kirchen sind ein Hort der Intoleranz, wenn es um andere Wahrheiten geht.«

»Aber es ist unser größter Wunsch«, sagte der Junge verzweifelt. »Wir müssen es einfach versuchen.«

Da erhebt sich Hannes zu voller Statur. Wie ein Grizzly. Mit Pranken so kräftig wie Schiffsdielen und einem Kreuz mächtig wie ein Besanmast. »Ich bin Hannes Söderbohm, Kapitän zur See. Mein Wort ist Gesetz hier draußen. Und Kraft meines Amtes werde ich euch heute noch trauen!«

Und so geschieht es. Hoch oben im Turm, unter dem drehenden Leuchtfeuer, wo der Blick über alle Himmel geht, kommen die drei zusammen. Hannes hat zwei Unterlegscheiben plattgehämmert, und sind es auch nicht die schönsten Hochzeitsringe, so doch zumindest die wertvollsten. Kraft seines Amtes vermählt Hannes die beiden, und, beim Klabautermann, Neptun persönlich sieht ihm dabei zu.

Und dann, als sie sich das Ja-Wort geben, schweigt das Meer für einen Moment. »So seid ihr jetzt Mann und Frau«, sagt Hannes ergriffen. »In guten wie in schlechten Zeiten.«

Dann küssen sie sich und Hannes denkt, er müsse mal das Dach seines Leuchtturms reparieren, denn irgendwie tropft ihm der Regen genau ins Auge.

Noch stundenlang schlägt das Meer seinen Applaus gegen die Findlinge, auf denen Eugen-Ost steht. Hannes und das junge Paar sitzen in der Messe zusammen und feiern die Hochzeit mit Punch, gerösteten Kartoffelvierteln und Butterkeksen. Als der Punsch einige Male seine Runde gemacht hat, fängt der alte Seebär an, Geschichten zu erzählen. Erzählt von den Eiswürfelminen auf Grönland und wie er persönlich mitgeholfen hat, Feuerland zu löschen. Wie er mit Käpt'n Lennart ein Stahlseil zwischen Amerika und Europa spannte, um der Kontinentaldrift entgegenzuwirken, und dass er im Hafen von Casablanca mal Anker warf und am nächsten Tag vor Kalkutta lag, weil die Ankerkette sich um ein U-Boot gewickelt hatte. Und er erzählt, dass er jemanden kennt, der mit eigenen Augen Schweine und Pinguine hat fliegen sehen.

Als sie alle müde sind, die Augen glasig und die Wangen rot, da überlässt er den beiden seine Koje und geht ganz tief hinunter in den Maschinenraum, um dort zu schlafen. Und früh am Morgen wird das Meer wieder ruhig. ›Alles Gute für euch und kommt mal wieder vorbei‹, denkt er ihnen nach und tatsächlich: Als er sich reckend und streckend in den neuen Tag begibt, da ist das Tretboot verschwunden und die See liegt glatt wie ein Spiegel vor ihm. »Bei allen Weltmeeren«, brummt Hannes in sich hinein. »Wenn sie jetzt glücklicher sind, dann ist es ein gutes Werk gewesen.«

Und so früh es auch ist; wie ein kleiner Taifun rauscht mit lautem Tuten Süverkrüpps Postkutter heran. Dass er seine Svenska Troll im Höllenritt über das Wasser jagt, sieht Hannes schon von weitem. Der Schornstein dampft, als hätte das kleine Schiff die doppelte Kohlenration im Kessel. Süverkrüpp steht am Ruder und fuchtelt mit den Armen durch die Luft. Er hat etwas in der Hand, das er hin und her schwenkt. Und rufen tut er, als wäre er ein Fischverkäufer in Amsterdam.

Dann ist er heran.

»Jetzt bin ich mal dran«, brüllt er voll Überschwang. »Endlich habe auch ich mal eine Geschichte zu erzählen. Und diesmal kannst du mir nicht dreinreden.«

Wagemutig dätscht er an den Poller, so dass die Autoreifen zusammengedrückt werden, als würden sie zu Briefmarken gestanzt. Dann hüpft der alte Süverkrüpp mit einem Satz über die Reling und baut sich triumphierend vor Hannes auf.

»Ha«, stößt er aus. Und noch mal: »Ha!« In der Hand schwenkt er eine Ansichtskarte. So schnell, dass Hannes nichts erkennen kann.

»Diese Geschichten«, sprudelt Süverkrüpp los, »wo die Post ein paar Jahre unterwegs ist, weil sie irgendwo verschütt ging und dann doch noch zugestellt wird, diese Geschichten sind meist erfunden. Aber hier …«, Süverkrüpp zeigt auf die Karte, »… hier habe ich den Beweis, dass es so etwas wirklich gibt. Und ich, Postbote Süverkrüpp, stelle sie persönlich zu. Nach fünfzig Jahren!«

Stolz wie ein Erstklässler schaut er Hannes an. »Bei allen Weltmeeren«, staunt dieser. »Fünfzig Jahre für eine Postkarte. Wie habt ihr das bloß hingekriegt?«

»Ich habe sie entdeckt. Unter dem Wandschrank, der früher für die Postsäcke genommen wurde. Muss damals rausgerutscht und hinter gefallen sein. Und da wir jetzt neue Schränke bekommen und die alten auf den Müll gehen, da habe ich sie entdeckt.«

»Und sie ist für mich?«

»Na ja, zumindest ist sie an den Leuchtturmwärter auf Eugen-Ost gerichtet. Und der bist du ja nun mal.«

»Da soll mich einer aber kielholen. Da muss ich ja noch eine Mitteilung ans Schifffahrtsamt aufsetzen und die alten Dienstpläne anfordern. Womöglich lebt der Kollege ja noch. Ist wirklich eine tolle Geschichte, alle Achtung, Süverkrüpp!«

Süverkrüpp wiegt sich geschmeichelt auf den Hacken. »Wird sogar im Mecklenburger Tageblatt erscheinen. Mit einem Foto von mir. Warst du schon mal in der Zeitung, Hannes?«

»Nö, nie nicht. So weit habe ich es nie gebracht. Mensch, Süverkrüpp, da wirste ja noch nichtig berühmt auf deine ollen Tage. Wo ist die Karte überhaupt her?«

Süverkrüpp hält sie sich weit weg vom Gesicht. Seine Lesebrille hat er in der Tasche stecken, um sie bei seinem Höllenritt über das Meer nicht zu verlieren. »Ostseebad Graal-Müritz«, buchstabiert er mühsam. »Und unterschrieben ist sie von …«

»Joshua und Helena!«, fällt ihm Hannes ins Wort.

Die Kinnlade fällt Süverkrüpp herunter und vor Schreck bleibt er auf den Hacken stehen. Krampfhaft versucht er Worte zu finden, aber sein Mund will nicht so recht funktionieren. Eine Weile kann er nur den Kopf schütteln. »Nö, nö, nö«, entfährt es ihm dann. »Wie kannst du das nur wissen, verdammt noch mal?« Und wütend fängt er an, auf der Stelle zu hüpfen. »Verdammt, verdammt, verdammt«, hallt es über die Ostsee. Und wenn die stille See seinen Wutausbruch auch nicht bis zu den Eiswürfelmienen auf Grönland trägt, so doch zumindest bis Graal-Müritz.

»Beruhige dich, Süverkrüpp«, lacht Hannes. »Die Welt ist rund, ich kann sie von meinem Leuchtturm aus eben am besten überblicken. Ich sehe jeden und jeder sieht mich. Hör auf mit deinem Veitstanz und frühstücke lieber mit mir. Ich erzähle dir dabei die Geschichte von Joshua und Helena. Freu dich einfach, dass du auch darin vorkommst.«

Was bleibt Süverkrüpp übrig? Hannes hat ja wirklich mehr gesehen und erlebt als die meisten Menschen. Dem konnte man nichts vormachen. Lamentierend folgt er dem Käpt'n nach oben in den Turm. Beim Kaffeemahlen tobt er sich noch etwas aus, aber als Hannes die Brötchen in den Ofen schiebt und frischer Kaffeeduft durch die Messe zieht, da beruhigt er sich schließlich. Es ist nun mal so, Hannes ist ihm über. Und wer weiß, vielleicht ist an all seinen Geschichten ja wirklich mehr wahr als erfunden.

»Warum bin ich bloß nicht zur See gefahren«, meint Süverkrüpp, drei Brötchen und eine neue Geschichte später.

»Weil die Post die Menschen miteinander verbindet. Und weil es Menschen gibt, die sich auch für eine 50 Jahre alte Postkarte auf den Weg machen. Menschen wie dich halt. Damit Verbindungen nie abreißen.«

»Ach, Hannes, das hast du aber nett gesagt.«

»Na klar, und irgendwann triffst du auch mal meine beiden Pinguine hier an. Dann hast du auch was zu erzählen. Du musst nur fest dran glauben.«

›Ob das stimmt?‹, denkt Süverkrüpp. Richtig wundern tät's ihn nicht und er beschließt, in Zukunft immer etwas Pinguinfutter dabeizuhaben. Kann ja wirklich nicht schaden. Bei Neptun.

Pitti

Pitti, meine herzensgute Mischlingsrüdin, wurde an ihrem 18. Geburtstag zum Wehrdienst einberufen. Das war ärgerlich. Denn erstens handelt es sich bei ihr um einen Hund, und zweitens bin ich allein aus Gründen der Wehrdienstverweigerung in Berlin geboren worden. Es wäre eine unglückliche Fügung des Schicksals, würde mir die deutsche Wiedervereinigung ins Leben pfuschen und nun meinen Hund zum potentiellen Mörder machen wollen. Doch der Bescheid war eindeutig: Herr Pitti Sarek habe sich mit Ausweis, Impfzeugnis und Waschzeug im Kreiswehrersatzamt in der Oberspreestraße 61 h einzufinden, andernfalls man die Feldjäger einzuschalten gedenke.

Ich bin ein guter Staatsbürger, zweifelsohne. Doch habe ich meiner Pitti nicht jahrelang pazifistisches Gedankengut gelehrt, um sie jetzt, im Herbst ihres Lebens, dem Dienst an der Waffe preiszugeben. Sie ist das Kind einer Pitbullin und eines Königspudels mit goldenem Halsband. Auch wenn von ihrem Vater nach der Paarung nur das goldene Halsband übriggeblieben war, so steht außer Zweifel, dass Pitti das friedlichste Wesen ist, das man sich vorstellen kann. Krieg ist ihr zuwider. Sie liebt unser Zuhause, liebt ihre aufgeweichten Biskuits, mich und Turtle, meine Galapagos-Schildkröte. Dass man nicht auch sie zum Kriegsdienst heranziehen will, liegt wahrscheinlich allein am Alter. 275 Jahre sind selbst für das Militär zu viel.

Wutentbrannt rufe ich das Musterungsbüro an. »Ich weiß«, schreie ich in den Hörer, »dass Sie knapp sind mit

Leuten, doch gibt Ihnen das noch lange nicht das Recht, unschuldige Hunde einzuziehen.«

Die Erklärung des Rekrutierungsbeamten fällt dürftig aus. »Natürlich«, so sagt er, »komme es im Zeitalter vernetzter Behörden mitunter vor, dass Leute angeschrieben werden, die es gar nicht gibt.« Ob es sich bei Pitti allerdings tatsächlich um einen Hund handele und nicht um meinen Sohn, müsse in Augenschein genommen werden. Er empfiehlt mir, Ruhe zu bewahren; Ruhe sei die oberste Bürgerpflicht. Ich solle mit dem Tier ins Musterungsbüro kommen und am besten den Hundepass mitbringen, dann werde man weitersehen.

Auf dem Weg dorthin werde ich von einer Funkstreife angehalten. Man befiehlt mir, dem Tier sofort einen Maulkorb anzulegen. Mein Beteuern, dass es sich bei ihm um keinen Kampfhund handele, sondern allenfalls um einen Pit-Pudel, einen fast zahnlosen überdies, lässt die Beamten unbeeindruckt. Dass Pitti zur Bundeswehr eingezogen werden soll und ich deshalb in Eile bin, erst recht. Denn wenn sich schon die kämpfende Truppe für das Tier interessiert, dann muss es sich wohl auch um einen Kampfhund handeln. Folglich brauche er einen Maulkorb. Da ich keinen habe, holen die Polizisten den Hundefänger und nehmen Pitti mit. »Bleib tapfer«, kann ich noch tränenerstickt sagen, dann ist sie weg.

In meiner Not rufe ich wieder die Bundeswehr an. Zwanzig Minuten später wird Pitti von einer Feldjägereinheit in einem minutiös ausgeführten Einsatz befreit. Die Polizei hatte nicht mal den Hauch einer Chance. Zwei nette Herren im Kampfanzug bringen sie mir zurück. Sie entschuldigen sich vielfach und schenken uns sogar ihre Feldration. Gerührt nehme ich Pitti entgegen, bitte darum, dem Kriegsminister meinen herzlichsten Dank auszurichten und feiere den Geburtstag zu Ende.

Am nächsten Tag liegt wieder ein Brief im Kasten. Diesmal ist er an Frau Turtle Sarek gerichtet und kommt von der BfA. Ihre Rente ist endlich durch, ich solle die Kontoverbindung angeben, alles andere laufe ab jetzt automatisch.

Da Ruhe die oberste Bürgerpflicht ist …

Positive Vibration

Es war wie immer. Als es klingelte, tastete Herberts Hand aus der wohligen Wärme seiner Bettdecke hinaus ins kalte Dunkel, fand den Wecker und brachte ihn mit einem Schlag vorübergehend zum Schweigen. 10 Minuten lang. 10 Minuten, bevor der nächste Alarm kam, der endgültige diesmal, dem er gehorchen musste und der ihn aus der schönen Welt der Schläfrigkeit in den anstrengenden Alltag katapultierte. Wie jeden Morgen um 10 nach 6.

Neben ihm hatte auch seine Frau den Ruf der Zeit vernommen, doch obwohl genauso schläfrig wie er, mühte sie tapfer die Beine aus dem Bett, atmete tief durch und drückte sich hoch. Sie schlüpfte in den Morgenmantel, schob ihre Füße in die Hausschuhe und schlurfte in die Küche, wo parat stand, was sie am Abend schon vorbereitet hatte. 10 Minuten blieben ihr jetzt, um ein Frühstück herzurichten. Mit Kaffee, gebratenem Spiegelei und zwei Toaste. Auch das war wie immer.

Kurz darauf saßen sie am kleinen Frühstückstisch in der Küche. Der gemeinsame Morgenkaffee war ihm wichtig. Seit seinem Aufstieg in der Firma musste er nicht nur früher los, sondern blieb abends auch länger, sodass die Minuten am Frühstückstisch oft die einzige Zeit waren, die sie zusammen verbrachten. Nach dem Frühstück ging er im Bad seiner Morgentoilette nach, während Marie sich anzog. Aus Solidarität mit ihm, der auch viel lieber ins Bett zurück kröche als hinaus zu müssen in den Berufsverkehr, und weil es ja immer etwas zu tun gibt in einer großen Wohnung. Selbst wenn die Kinder längst aus dem Haus sind. Dass sie damals den Job ihretwegen aufgeben musste, bereute Marie zuweilen, doch war es nicht zu ändern gewesen. Aus tausend Gründen, wie das nun mal so ist.

Dem Frühstück und dem Badbesuch folgte die obligatorische Abschiedszeremonie im Flur. Er zog den Mantel über, sie reichte ihm seine Aktentasche. Ein flüchtiger Kuss auf die Wange, ein gemurmelter Gruß, dann trat er in den Hausflur hinaus. Und während er die Treppen hinunter stieg, schloss sie langsam die Tür.

Eisiger Nieselregen schlug Herbert vor dem Hauseingang entgegen. Der Gedanke an den Verkehr rief Unbehagen in ihm hervor. Die Straßen würden wieder voll sein, dazu reichte schon normaler Nieselregen aus. War er hingegen kalt wie heute, im Übergang zum Hagel begriffen, dann bildeten sich schnell glatte Stellen auf dem Asphalt. Besonders vor Ampeln. Und rutschte der erste, fuhren die nachfolgenden Autofahrer umso langsamer. Geschleiche, das an den Nerven zerrte. Zumal es auf dem Weg zur Firma viele Ampeln gab. Und konnte man nicht zügig fahren, dann dauerte es ewig, bis das Auto warm wurde. Die Scheiben beschlugen, das Gebläse pustete kalte Luft ins Innere und Schlieren aus halbgefrorenem Wasser würden ihm, dem Brillenträger, die ohnehin schon schlechte Sicht noch ein wenig schlechter machen. Nein, Tage wie diese mochte er nicht.

Schlimmer noch als die Kälte und der eisige Regen war indes der Umstand, dass er gestern Abend einen Parkplatz direkt vor der Haustür ergattert hatte. So etwas passierte nicht oft. Im Gegenteil. Normalerweise kurvte er Runde um Runde, um sich weit entfernt, vielleicht noch halb im Halteverbot, auf einen viel zu engen Platz zu zwängen. Eine freie Stelle direkt vor der Haustür war ein Geschenk Gottes.

Missmutig schloss Herbert auf, warf die Aktentasche auf die Rückbank und ließ sich auf den Fahrersitz plumpsen. Er startete den Motor und schaltete die Scheinwerfer ein – sofort tauchten im Rückspiegel die Lichter eines anderen Fahrzeugs auf. Direkt hinter ihm blieb es stehen. Herbert verdrehte die Augen. Konnten sie nicht wenigstens warten, bis er weg war? Mussten sie sich auf seinen Platz stürzen, wie Geier auf ein eben erst verendetes Tier? Einem plötzlichen Einfall folgend fing er an, seinen Innenspiegel einzustellen. Der stand etwas schief, so konnte er unmöglich losfahren. Auch kam er auf die Idee, sich anzuschnallen. Sonst fuhr er zwar immer unangeschnallt, doch gerade heute war ihm danach, sich anzuschnallen. Umständlich nestelte Herbert die Schnalle aus dem verdrehten Gurt, drückte sie in das Schloss, überprüfte den korrekten Sitz des Bandes. Korrigierte dann noch einmal den Innenspiegel, kurbelte sogar das Fenster herunter, um auch den Außenspiegel einzustellen und drückte die Sonnenblende zurück in ihre Halterung.

Leider machte der Autofahrer hinter ihm keine Anstalten, sich woanders einen Platz zu suchen. Lauernd verharrte er mit laufendem Motor und der offensichtlichen Gewissheit, Herbert könne seinen Start nicht ewig hinauszögern. Woraufhin dieser sich entschied, auch noch den Sitz einzustellen. Er griff nach dem Verstellhebel und rutschte mit dem Stuhl hin und her, bis der ideale Abstand zum Lenkrad gefunden war. Schließlich öffnete er sogar das Handschuhfach, um blind darin herumzuwühlen.

Seine Verzögerungstaktik blieb ohne Erfolg, der andere rührte sich nicht von der Stelle. ›Na warte‹, dachte Herbert gehässig und drehte den Zündschlüssel herum. Der Motor erstarb, gleichzeitig schalteten die Scheinwerfer auf Standlicht. Deutlicher konnte man kaum werden. Seinen Parkplatz würde er verlieren, doch ganz gewiss nicht an den erstbesten Autofahrer. Die Gefahr, zu spät zur Arbeit zu kommen, nahm er dafür gern in Kauf. Hämisch beobachtete er seinen Gegner im Rückspiegel.

Doch statt endlich Gas zu geben und sich anderswo einen Platz zu suchen, stellte der andere ebenfalls seinen Motor ab. Herbert glaubte seinen Augen nicht zu trauen, als die Scheinwerfer auf Standlicht schalteten. Und als gelte es zu beweisen, dass er mehr Zeit habe als Herbert, zündete sich der Fahrer eine Zigarette an. Das kurze Aufflammen des Zündholzes reichte sogar aus, um erkennen zu lassen, wer in diesem Auto saß.

»Oh nein«, stöhnte Herbert fassungslos. Von allen Menschen gönnte er diesem am wenigstens seinen Parkplatz. Diesem Halodri, diesem Rastafari, dessen Haare zu unzähligen Zöpfen geflochten unter der bunten, viel zu großen Strickmütze hervorquollen. Herbert kannte ihn nur vom Hörensagen, hatte ihn allenfalls einige Male bongotrommelnd im Park gesehen und stets einen großen Bogen gemacht. Mit Leuten, die Arbeit ablehnten, nicht aber die Sozialhilfe, wollte er nichts zu tun haben. Vor allem nicht, wenn sie sich für Gurus hielten, und meinten, ihn, den Etablierten belehren zu müssen mit ihren versponnenen Ideologien. Leider gab es immer welche, die auf einen solchen Scharlatan hereinfielen. Männer und Frauen. Vor allem Frauen. Von denen hörte man so einiges. Angeblich sollte es in der Nachbarschaft Flittchen geben, die den Jamaikaner zu sich ins Bett holten, wurde doch gemunkelt, er wäre besonders ausdauernd. Es war nur eine Frage der Zeit gewesen, bis er hier auftauchte. Die junge Frau im Nachbarhaus, alleinerziehende Mutter zweier unterschiedlich farbiger Kinder, passte nur allzu gut in das Beuteschema dieses Mannes. Herberts Hände krallten sich um das Lenkrad. Da ging er jahrelang arbeiten, quälte sich Tag für Tag ins Büro, zahlte regelmäßig seine Steuern und sparte sich die Butter vom Brot, während andere das Leben als eine Spielwiese betrachteten und sich immer wieder auffangen ließen von der sozialen Hängematte, die ihnen Leute wie er auch noch finanzierten. Und die obendrein so dreist waren, ihm den Parkplatz wegzunehmen.

Eine fixe Idee ergriff plötzlich Besitz von ihm. Kurz entschlossen angelte er nach seiner Aktentasche, zog den Fahrzeugschlüssel ab und stieg aus dem Auto. Ohne sich um seinen Kontrahenten zu kümmern, schloss er ab und ging zurück ins Haus. In seinem Kopf überschlugen sich die Gedanken. Was er vorhatte, war irre. Das erste Mal seit sehr, sehr langer Zeit würde er nicht arbeiten gehen. Er würde in der Firma anrufen und sich krank melden. Jeder konnte mal krank werden, seine Kollegen machten es schließlich regelmäßig vor. Mit wachsender Aufregung stapfte er die Treppe hinauf.

Auf sein leises Klopfen hin wurde die Wohnungstür unvermittelt aufgerissen. Nur mit einem Negligee bekleidet stand seine Frau dahinter. Erschreckt starrte sie ihn an. »Du?«

Herbert drängte an ihr vorbei. »Ich geh heute nicht arbeiten«, erklärte er knapp, »ich melde mich krank.«

»Du ... du meldest dich krank? Was hast du denn?«

»Nix. Nur keine Lust zum Arbeiten, das ist alles.« Mit wenigen Schritten war Herbert im Wohnzimmer beim Fenster. »Wolltest du dich noch mal hinlegen?«, fragte er, während er vorsichtig an der Gardine vorbei auf die Straße lugte.

»Ja ... ich ... ich fühle mich nicht so gut ... aber wieso, ich meine, wieso hast du denn keine Lust zum Arbeiten?« Zögernd kam seine Frau ins Wohnzimmer hinterher. Herbert stieß ein verwegenes Lachen aus. »Manchmal habe ich halt keine Lust dazu. Bin schließlich mein eigener Herr. Was ist denn mit dem Nachthemd von vorhin?«

»Das ... äh, wollte ich in die Wäsche geben. Und ... du bleibst jetzt hier? Ich meine, wirst du keinen Ärger kriegen in der Firma?«

»Ach Quatsch. Jeder kann mal krank werden, oder?« Herbert grinste hämisch. Der alte Daimler des Rastafaris war verschwunden, er hatte also gewonnen. Triumphierend drehte er sich zu seiner Frau um, die befangen im Wohnzimmereingang stehen geblieben war. Verführerisch schaute sie aus in ihrem Negligee. Es war lange her, seit sie es das letzte Mal getragen hatte. Etliche Jahre vielleicht. In einem Burghotel in der Pfalz war es gewesen. Damals hatten sie noch Zeit zum Verreisen. »Musstest du nicht ein wichtiges Projekt erledigen?«, fragte Marie, wobei ihr Blick fast ängstlich wirkte.

»Das rennt nicht weg«, erwiderte Herbert und bestaunte seine Frau von oben bis unten. Dass sie die Hände keusch auf den allzu durchsichtigen Stoff legte, gefiel ihm gut. Allerdings sah sie in der Tat recht blass aus. »Hast du mal deinen Blutdruck gemessen?«, fragte er und trat auf sie zu. Zaghaft legte er seine Hände auf ihre Schulter. »Mein Gott, du zitterst ja.«

Fast flehend sah sie zu ihm auf, ein Blick, mit dem er nichts anzufangen wusste. In diesem Moment klopfte es. »Das wird der Zeitungsjunge sein«, stieß Marie aus, entwand sich seinem Griff und stürmte in den Flur.

»Warum packt er die Zeitung nicht in den Briefkasten?«, wunderte sich Herbert und ging hinterher.

Seine Frau hatte die Tür einen Spalt geöffnet, er trat neben sie und riss sie ganz auf. Als er den Jamaikaner erkannte, blieb ihm das Wort im Halse stecken. Sekundenlang starrten beide Männer einander an ohne etwas zu sagen; schließlich machte der Jamaikaner eine lässige Handbewegung. »Du hast dein Licht angelassen, Mann«, meinte er, machte eine zweite, noch lässigere Handbewegung, kehrte auf dem Absatz um und ging.

»Danke«, stammelte Herbert ihm nach, bevor er nachdenklich die Tür schloss. Seine Frau war einige Schritte zurückgegangen und sah ihn auf eine stumme, irritierend bittende Art an. Selbst im Dunkel des Flures konnte er erkennen, wie sehr sich ihr Brustkorb hob und senkte. Eine Weile herrschte Schweigen. Atemloses, wartendes Schweigen, das Angst machte und eine Unruhe in ihm hervorrief, die sich fremd und wund anfühlte. Alles Wichtige verlor mit einem Mal an Bedeutung. Das Büro, der Job. Sogar der Parkplatz vor der Tür.

»Können wir wegfahren«, flüsterte Marie nach einer Weile, »jetzt und sofort?«

Herbert wusste nicht, was er sagen sollte. Ihm war, als stünde er an einer Weggabelung …

Stille Wasser

Stille Wasser sind tief, sagt man, doch auf Karl-Heinz traf das nicht zu. Er war wirklich flach wie eine Pfütze. In seinem Ausweis gähnte einem unter ›Besondere Merkmale‹ ein leeres Feld entgegen und sogar seine Schuhsohlen besaßen ein markanteres Profil als er. Wo er auftauchte, wurde er nicht bemerkt, wo er fehlte, nicht vermisst. Selbst bei der Volkszählung hatte man ihm keinen Fragebogen in den Briefkasten gesteckt, ja nicht einmal Werbung landete je in seinem Kasten. Karl-Heinz war so unauffällig, dass man schon zweimal hinsehen musste, um ihn überhaupt wahrzunehmen.

Doch wie alle kleinen Männer hatte auch Karl-Heinz einen großen Traum. Er träumte davon, ein berühmter Schauspieler zu sein. So einer wie Tom Cruise vielleicht. Oder Brad Pitt. Zur Not auch wie Uwe Ochsenknecht. Im Scheinwerferlicht zu stehen, angehimmelt zu werden von Millionen Menschen, berühmt zu sein und eine Riesenwelle zu schlagen, wo immer man auftaucht. Das wäre es.

Äonenweit von der Verwirklichung seines Traumes entfernt, arbeitete Karl-Heinz tagein, tagaus als qualifizierte Schreibkraft im Inlandsbüro einer Seefrachtagentur. Über seinen Schreibtisch wanderten die Rechnungen des bürointernen Verbrauchs. Also Rechnungen über Kugelschreiber, Radiergummi und Locher; mithin alles, was in einem mehrgeschossigen Großraumbüro ge- und vor allem verbraucht wurde.

All das wäre bis zu seiner Pension so geblieben, hätte er nicht eines Tages, beim Auswickeln seiner Pausenstulle

(Zungenwurst auf Margarine), in der Zeitung unter Kleinanzeigen, die Annonce einer Komparsenagentur entdeckt: Neue Gesichter für Film und Fernsehen gesucht, Vorkenntnisse nicht erforderlich.

Ihm war, als spräche der liebe Herrgott persönlich zu ihm. Verlasse deine eingefahrenen Lebenswege, schien der Herrgott zu sagen, nutze diese Chance und gib deinem Dasein etwas Würze. Mach es, bevor ich dir in den Arsch trete.

Trotz dieser Hilfestellung dauerte es noch drei Wochen, ehe Karl-Heinz genügend Mut zusammengekramt hatte, um in der Agentur vorstellig zu werden.

Zu seinem Erstaunen waren alle sehr nett, fragten dies und jenes, wollten Konfektionsgröße und Kopfumfang wissen, machten Fotos von ihm und notierten seine Telefonnummer. Sobald was wäre, meinten sie, würde man sich bei ihm melden.

Euphorisiert ging Karl-Heinz nach Hause. Er hatte es wirklich getan. Im Geiste sah er sich bereits rote Teppiche entlang flanieren, eingetaucht in ein Blitzlichtgewitter und begleitet von wunderschönen Frauen. Das Leben machte plötzlich wieder Spaß.

Als dann auch noch eines Abends die Lampe seines Anrufbeantworters blinkte und eine Dora um Rückruf bat, bekam er Schweißhände. Aufgeregt wählte er die Nummer.

»Ach, Herr Kleinschmidt«, strahlte die Stimme, »wie schön, dass Sie anrufen. Wir hätten eine kleine Rolle für Sie. Mit Text sogar, trauen Sie sich das zu?«

»Ja, ja, natürlich, das ist kein Problem. Mach ich, kann ich, wann soll ich kommen?«

»Morgen Abend um sieben! Am alten Hafenbecken. Wir stellen da eine Szene nach … sicher haben Sie davon gehört … dieser Typ, der die zwei Polizisten als Geiseln genommen hat und fliehen konnte … gestern in Hamburg.«

»Ja, ja. Hab ich gehört, dieser Mann, der in Hamburg …«

»Also um sieben. Seien Sie pünktlich.«

Bereits um 18 Uhr stand er am verabredeten Treffpunkt. Das alte Hafenbecken wurde längst nicht mehr seiner eigentlichen Bestimmung nach genutzt. Halbzerfallene Lagerhäuser säumten die Kaimauern, braunes Brackwasser schlug klatschend dagegen. Gurgelnd und plätschernd, als erzählten seine Wellen gruslige Geschichten. Es war kalt, doch Karl-Heinz fror nicht, zu aufgeregt war er. Endlich ging es mit seinem Leben voran.

Kurz vor sieben erschienen zwei weitere Komparsen. Junge Männer, sportlich und groß, das genaue Gegenteil von ihm. Es stellte sich heraus, dass sie die beiden Polizisten zu spielen hatten, die er, Karl-Heinz, mit der Pistole bedrohen sollte.

»Du siehst hammermäßig echt aus«, bestätigte ihm der eine Polizeikomparse, der das Fahndungsphoto im Fernsehen gesehen hatte. »Genauso auffällig unauffällig.«

»Die Unauffälligen sind die Gefährlichsten«, fügte der andere hinzu und alle drei lachten. Zum ersten Mal fühlte Karl-Heinz sich richtig wohl.

Kurz nach sieben kam ein VW-Bus des Filmteams von Reality-Total. Gefolgt von einem Polizeiauto, auf dem ›Schröders Film-Requisiten‹ stand. Eine junge Frau und mehrere Männer entstiegen dem Bulli. Während einige von ihnen sofort die Heckklappe öffneten und Kisten ausluden, kam die Frau auf die drei Komparsen zu. »Ich bin Dora«, stellte sie sich vor, »ich mache die Regieassistenz.« Sie gab Karl-Heinz die Hand. »Herr Kleinschmidt, nehme ich an?«

Karl-Heinz nickte hastig und erwiderte den kräftigen Druck ihrer zarten Hand. Die Tatsache, dass sie zuerst ihn angesprochen hatte und nicht die gutaussehenden jungen Männer, legte sich wie Balsam über seine Unscheinbarkeit. Zumal dann auch noch der Regisseur kam, ein gewisser Boris, und ebenfalls seine Hand drückte. Und der, als er prüfend einen Schritt zurück trat, einen anerkennenden Pfiff ausstieß. »Tatsächlich, wie das Original.«

Vertraulich legte er seine Hand auf die Schulter von Karl-Heinz. »Karl-Heinz ... ich darf doch Karl-Heinz sagen?«, begann er und Karl-Heinz nickte. »Gut ... ich bin der Boris, wie gesagt. Wir drehen hier also die Szene nach, wo dieser Typ vorgestern die beiden Polizisten kidnappen wollte. Mit vorgehaltener Pistole. Hast du bestimmt von gehört. Dieser Typ, von dem man annimmt, dass er 17 junge Männer umgebracht hat, der dann aber leider entkommen konnte. Wir versuchen filmisch zu eruieren, was das für ein Typ sein könnte. So unscheinbar, ohne Vorstrafen und so weiter. Wie kann so ein Mensch gleichzeitig ein Massenmörder sein? Wir wollen da mal hineinleuchten in diese unterschwellige Aggression, verstehst du?«

Karl-Heinz kam mit dem Nicken kaum nach. Er musste sich in die Gedankenwelt eines unscheinbaren Normalbürgers hineinversetzen, der gleichzeitig auch Massenmörder war. Keine leichte Aufgabe.

Während die Techniker ihre Geräte aufbauten und die beiden anderen Komparsen zu Polizisten verwandelt wurden, übte er engagiert seine Rolle. Er hatte aus dem Lagerhaus zu stürmen, die (unechte) Pistole im Anschlag und möglichst laut zu schreien.

»Stell dir vor«, instruierte man ihn, »du trägst ganz, ganz große Wut in dir und willst diesen beiden verhassten Bullen die Birne wegblasen, weil sie dich fangen wollen. Diese Dramatik musst du irgendwie rüberbringen.«

Karl-Heinz brauchte mehrere Anläufe, in denen sein Hass immer wieder nachgebessert werden musste. Zum Schluss aber waren alle begeistert. »That´s it«, meinte Boris auf ausländisch.

Als auch die beiden anderen Komparsen fertig waren, fuhr man den präparierten Streifenwagen ein Stück fort und schickte Karl-Heinz mit einem Funkgerät in die fensterlose Lagerhalle. Sobald er »Action!« hörte, sollte er herausgerannt kommen und seine Rolle abspulen.

Es gab Schwierigkeiten mit dem Filmauto (Filmautos springen nie an), so dass man ihm über Funk Bescheid gab und zum Warten aufforderte. Karl-Heinz nutzte die Zeit, um sich weiter auf seinen Auftritt vorzubereiten. Er hatte das Funkgerät in die Mitte der Halle auf den Boden gestellt und tigerte – seinen Text rezitierend – drum herum. Leider verlor er beim Tigern die Übersicht, denn das Lagerhaus hatte zwei entgegengesetzte und identisch aussehende Ausgänge. Daher war er froh, dass er durch ein kleines Loch in der Wand den sich nähernden Streifenwagen sehen konnte. In diesem Moment kam auch schon das Stichwort: »Action!«

Leider hatten die Filmleute die Rechnung ohne den Wirt gemacht. Der blinde Kneipier des drittklassigen Gastronomiekahns ›Zum Brackwasser‹, der auf der anderen Hafenseite vor sich hin dümpelte, hatte die Probeschreie von Karl-Heinz gehört und weil er nicht sehen konnte, was jenseits des Kanals vor sich ging, die Polizei alarmiert. Gleich nach dem Anruf waren daher der Polizeiobermeister (POM) Hans-Georg Kasulke und sein Kollege, Polizeioberkommissar (POK) Frank Wildenbrodt mit ihrem Streifenwagen Kolbenfresser zum Tatort gefahren. Langsam rollten sie von der Ostseite kommend auf das Hafengebäude zu. Sie hielten kurz vor der Kaimauer, setzten sich die Mützen auf und stiegen aus. »Hat der Anrufer Näheres mitgeteilt?«, fragte POK Wildenbrodt.

In diesem Moment stürmte Karl-Heinz heraus. »Flossen hoch, ihr Nieten, sonst mach ich euch platt«, brüllte er, die Pistole im Anschlag. POK und POM zuckten zusammen. »Nu' mal ganz ruhig«, erwiderte Wildenbrodt mit zitternder Stimme, wurde aber abrupt stumm, als ihm der Pistolenlauf das rechte Nasenloch aufbohrte. »Ruhe, du Idiot, sonst blase ich dein Beamtenhirn ins Wasser.« Karl-Heinz wartete auf das erlösende »AUS«, des Regisseurs, doch nichts passierte.

»Kann es sein«, fragte POK Wildenbrodt, der, an seinem Nasenloch vorbeischielend, den Bolzen im Pistolenlauf entdeckt hatte, »dass es sich bei Ihrer Pistole um eine Attrappe handelt?«

Verblüfft schaute Karl-Heinz ihn an. »Natürlich!«

Fünf Sekunden später lag er gefesselt und geknebelt auf der Rückbank des Streifenwagens.

»Gib Gas«, brüllte POK zu POM.

Auf der Westseite des Hafengebäudes wartete man unterdessen noch immer auf den Auftritt des Komparsen. Zwar hatte man ihn seinen Text schreien hören, sehen indes tat man ihn nicht. Als die Regieassistenz nach dem dritten »Action!« nachschauen ging, fand sie nur das Funkgerät vor. »Ich hasse Komparsen«, sagte der Regisseur und zerbrach einen Bleistift.

* * *

Auf dem Polizeirevier wurde Karl-Heinz dann von der Sonderkommission MaMö (Massenmörder) ins Verhör genommen. »Ich bin Komparse in einem Film«, beschwor er, was ein verständnisvolles Nicken bei den Beamten hervorrief. »Also noch mal von vorn. Was hatten Sie am Hafenbecken zu suchen?«

Leider musste man Karl-Heinz mangels Beweise noch am selben Tag freilassen. Er bekam eine Anzeige wegen Beamtenbeleidigung und Vortäuschen einer Straftat. Außerdem gab man ihm folgende Botschaft mit auf den Weg: »Wir wissen jetzt, wer du bist und wir werden dich beobachten. Wenn du auf dem Klo sitzt, sitzen wir neben dir. Wenn du in der Nase popelst, popeln wir mit dir. Du wirst uns nicht mehr los. Und irgendwann haben wir dich.«

* * *

279

Das Leben des Karl-Heinz Kleinschmidt war ein anderes geworden. Allerdings anders anders, nicht so anders wie geplant. Das Auto, das jetzt jede Nacht vor seinem Haus parkte, die Männer in den Trenchcoats mit dem hochgeschlagenen Kragen, die ihm auf der Straße folgten, erst recht aber die Kollegen auf der Arbeit – nichts war wie vorher. Dass ihn keiner mehr bemerkte, davon konnte kaum noch die Rede sein. Im Gegenteil. Niemand drehte ihm noch den Rücken zu, und wenn er den Raum betrat, hörten alle auf zu tuscheln. Und als ihm einmal aus Versehen der Locher scheppernd auf den Boden fiel, hechtete Kollege Winterfeld beherzt hinter den Teetisch.

Eines Tages klingelte wieder das Telefon von Karl-Heinz. Zu seiner Verwunderung war es Dora. »Wir haben eine Rolle für dich«, sagte sie, »diesmal ohne Text.«

»Aber ich dachte, ihr wäret böse auf mich. Wegen der Pistole und so.«

»Ach, vergiss doch die dämlich Pistole. Hast du heute Abend Zeit?«

Noch am selben Abend holte ihn ein Taxi ab. Die Fahrt ging zur örtlichen Universität. Dort, im pathologischen Hörsaal, war das Set bereits eingerichtet. Dora begrüßte ihn aufs allerherzlichste. »Freut mich, dass Du kommen konntest. Wir drehen hier eine aktuelle Folge von Reality-Total. Geht's dir gut?«

»Eigentlich nicht. Ich …«

»Klasse. Wie schon gesagt, Du hast diesmal keinen Text. Du spielst nämlich eine Leiche. Der Dieter wird dich fertig machen. Am besten, du gehst gleich hinter ihm her.«

Karl-Heinz folgte dem Maskenbildner in eine zur Schminkkammer umfunktionierte Besenkammer. Er hatte sich auszuziehen und wurde mit weißer Körperfarbe auf bleich geschminkt. Dann bekam er einen Lendenschurz; mehr brauchte er als Leiche nicht. »Du solltest mal was mit deinen Speckröllchen machen«, säuselte Dieter und schickte ihn zurück ans Set.

Am Set musste sich Karl-Heinz auf den Seziertisch legen. Die Requisite hängte ihm einen Zettel an den großen Zeh, auf dem Norbert Niesfisch stand. So hieß kein lebender Mensch, was sicherstellte, dass hinterher auch keiner ankommen konnte, um Regressansprüche geltend zu machen. Dann begann man mit dem Drehen.

Während Karl-Heinz Kleinschmidt alias Norbert Niesfisch wie tot herumliegen musste, hatte ein ebenfalls nachgemachter Kommissar tief bewegt zu verkünden, ein solch abscheuliches Verbrechen schon lange nicht mehr gesehen zu haben und den Mörder unbedingt kriegen zu wollen.

Diese Szene dauerte fast zwei Stunden. Mal verhaspelte sich der Kommissar, mal zuckte die Leiche, mal hing das Mikro im Bild. Karl-Heinz Kleinschmidt begann zu frieren. Doch als das Film-Team essen ging, hieß man ihn an, still liegenzubleiben. Eine Anschlussszene gäbe es noch und wenn er sich bewegte, mussten sie alles noch einmal drehen. Gefrustet nahm er sich vor, nie wieder eine Leiche zu spielen.

Trotz der Kälte schlief er mit offenem Mund schnarchend ein, und eigentlich wäre die Geschichte hier zu Ende, wäre nicht auch der Hausmeister altehrwürdig. Und taub.

»Sauerei«, brummelte der, »das wird ja immer schlimmer mit den Studenten, jetzt lassen sie sogar schon die Leichen offen herumliegen.« Behutsam schob er den Wagen in die Kühlhalle, schloss sorgfältig die Tür und machte Feierabend.

Als die Filmleute vom Essen zurückkamen, verfluchten sie wieder einmal alle Komparsen der Welt, besonders aber Karl-Heinz, schrieben das Drehbuch um und gingen ebenfalls nach Hause.

Am nächsten Tag wurde Karl-Heinz unter fachkundiger Anleitung des pathologischen Professors von den Studenten in seine Einzelteile zerlegt. Sie diagnostizierten die üblichen degenerativen Erscheinungen und stellten fest, dass der Tod schleichend eingetreten sein muss, wahrscheinlich durch Unterkühlung. Ein Bestattungsunternehmen begrub ihn auf dem Friedhof der Nichtsesshaften, und als Reality-Total eine Woche später dort drehte, bekam der Regisseur einen gehörigen Schreck. »Mist. Genau diesen Namen hatten wir doch in unserer letzten Folge. Das wird Ärger geben.«

Um die Sache wieder hinzubiegen, machten sie sich auf die Suche nach den Hinterbliebenen, stießen aber auf eine Mauer des Schweigens. Niemand wollte den Toten gekannt haben, keiner sich an ihn erinnern. Es war, als hätte es ihn nie gegeben. Die Filmleute, durch ihre Arbeit besonders sensibel geworden, schalteten die Polizei ein. Diese exhumierte die Leiche und stieß auf ein grausiges Geheimnis. Der Körper des Toten war mit tiefen Einschnitten übersät, teilweise waren die Organe entnommen worden und nur notdürftig wieder zurückgelegt – das eindeutige Werk eines Psychopathen. Spezialisten der Kriminalpolizei gelang es, die Spur zum Pathologischen Institut der örtlichen Universität zurück zu verfolgen. Und schon bald stieß man dort auf die langersehnte heiße Spur: In einer Besenkammer lagen Kleidungsstücke, die keinem Mitarbeiter oder Studenten des Instituts gehörten. Offensichtlich hatte sich der Mörder nach seiner schrecklichen Tat umgezogen gehabt, wahrscheinlich um unerkannt vom Gelände zu entkommen. Doch wie alle Psychopathen machte auch er einen entscheidenden Fehler: Er vergaß seinen Ausweis in der Jacke.

Die Suche nach dem Massenmörder Karl-Heinz Kleinschmidt läuft seitdem auf Hochtouren. Der Kommissar, der mit dem Fall beauftragt wurde, schwor sich, ihn unbedingt kriegen zu wollen. Und sollten Sie ihm begegnen, seien Sie äußerst vorsichtig, der Täter ist extrem gefährlich. Er ist ungefähr ein Meter achtzig groß, hat blonde Haare, blaue Augen und eine runde Brille mit dunklem Rand.

Urlaubsvertretung

»Und du meinst, du kommst klar?« Sejong steht mit ihren Koffern in der Tür, das Taxi wartet auf der Straße, ich verdrehe genervt die Augen. »Ich habe schon Katzen versorgt, da hast du selbst noch in die Hose gemacht.« Ich weiß nicht, ob das stimmt, aber es hört sich markig an. Sejong erscheint mir gerade jetzt, wo sie dezent geschminkt vor dem Spiegel ihre langen Haare kämmt, derart perfekt, dass es schwer ist, sie sich als vollgekacktes Baby vorzustellen.

»Es geht nicht nur darum, die Katzenklos sauber zu halten. Du musst auch darauf achten, dass sie nicht zu schnell fressen und nicht auf dem Tisch sitzen oder gar unbeaufsichtigt auf dem Fensterbrett. Manchmal springen sie nämlich runter.«

»Dein Flugzeug! Du wirst zu spät kommen.«

»Du hast Recht. Ich fahre jetzt. Du machst das schon.«

Sejong gibt mir einen sanften Kuss. Leider auf die Stirn, wo es am wenigsten prickelt. Ich sehe ihr aus dem Fenster nach. Wie sie ins Taxi steigt und mir zuwinkt. Dann ist sie weg. Zehn Tage Urlaub, die sie sich vom Stipendiumsgeld abgespart hat. Was mir die Aufgabe eintrug, Hüter zweier Katzen zu werden, eines Kachelofens und einiger pflanzenähnlicher Gewächse.

Zurück im Wohnzimmer bullert mir der braune Kachelofen leise entgegen. Sejong hat mir seine Funktionsweise fast eine halbe Stunde lang erklärt. Entlüftungsklappe auf, Kohlen rein, Papier zum Zünden hinterher, Fenster zum Lüften auf und bla, bla, bla. Ein ungleiches Katzenpaar sitzt auf dem Tisch vor dem Ofen und mustert mich wie Kinder, bevor sie einem gegen das Schienbein treten. Ich habe keine Angst vor Katzen, wenngleich die große, graubraun getigerte an einen Kampfhund erinnert. Ihr Kompagnon hingegen erscheint wie die Anhäufung verschieden brauner Kneten mit weißem Bauch. Und trügerisch lieblichem Gesicht. Das muss das Weibchen sein. Sejongs Angaben zufolge gibt es ein Weibchen und ein ehemaliges Männchen. Sie hat es mir erklärt, doch ich kann mir keine Gesichter merken. Schon gar keine Katzengesichter. Jetzt, wo sie auf dem Weg zum Flughafen ist, könnte ich nachsehen, welches der beiden das Weibchen ist. Allerdings bin ich nicht sicher, ob es einen Unterschied zwischen einem kastrierten Kater und einem Weibchen gibt, zumal beide ziemlich befellt sind. Und wozu sollte ich das tun? Dass eine der Katzen ein Mädel ist, ist nur insofern wichtig, als dass sie weder kastriert, noch sterilisiert, ja wahrscheinlich nicht einmal pasteurisiert ist.

»Es kann sein, dass sie ausgerechnet in deiner Zeit rollig wird«, hatte Sejong mich gewarnt, nachdem ich ihr bereits meine Hütequalitäten zugesichert hatte. »Nicht, dass du dich dann wunderst. Ihr Verhalten ist ziemlich eigenartig, wenn sie rollig ist. Beachte sie einfach nicht, das geht vorbei.«

Sie beschrieb die Eigenartigkeit des Verhaltens nicht weiter und ich machte mir keine Gedanken darüber. Es wäre ein Zufall, wenn sie ausgerechnet in der Zeit, die ich hier wohnen wollte, ihre Tage kriegen würde ...

* * *

Meine These von der Zufälligkeit bestimmter Ereignisse wird in der Nacht abrupt über den Haufen geworfen. Ich schlafe auf Sejongs Futon, zehn Zentimeter über dem Boden, und träume von einer erotischen Begegnung mit einer Chinesin. Kurz nach Mitternacht ertönt direkt neben meinem

Ohr der Schrei einer Katze und augenblicklich bin ich wach. Paralysiert zwar, zu Stein erstarrt, doch wach. Der Schrei wiederholt sich, und mit einem Ruck löse ich mich aus der Erstarrung. Ich drücke den Knopf der Bettlampe; Licht flammt auf, vor mir erhebt sich das Hinterteil einer Katze. Senkrecht steht der Schwanz in die Höhe, mit vibrierenden Lenden spreizen sich die Hinterläufe wie bei einem überladenen Auto zur Seite, während das Vorderteil dicht an den Boden gepresst ist. Jetzt weiß ich, welches das Weibchen ist, und was den Unterschied zu einer normalen Katze ausmacht.

Ich nehme das rote Tuch ab, mit dem die Lampe zugehängt ist, aber nichts ändert sich am Verhalten der Kätzin. Ein raues Knurren entrinnt ihrem zuckenden Körper, lasziv drückt sie ihre Brust gegen den Boden, während ihr entmannter Kumpel daneben sitzt und zum Kotzen gelangweilt in die Gegend stiert. Von ihm ist keine Hilfe zu erwarten.

Einige Momente lasse ich dieses nymphomane Verhalten auf mich einwirken. Ich will Neuem offen gegenüberstehen. Aber kein wie auch immer geartetes Verlangen kommt in mir auf. Ich bin eindeutig der falsche Partner. Mit einer zusammengerollten Zeitung schubse ich das Luder weg, was es falsch deutet, sich extatisch überschlägt und einen Meter weiter in der gleichen Stellung liegenbleibt. Also lösche ich das Licht und versuche zu schlafen, doch fünf Minuten später sitzt sie mir fast wieder auf dem Gesicht. Ich muss etwas unternehmen.

Glücklicherweise gibt es eine Nachtapotheke direkt um die Ecke. Eine junge Nachtapothekerin öffnet auf mein Klingeln eine kleine Glasscheibe in der Tür.

»Können Sie mir eine Beruhigungsspritze für Katzen mitgeben?«

»Bitte?«

»Meine Katze ist rollig. Ich will ihr eine Spritze geben.«

»So einfach ist das nicht. Erstens führen wir keine Veterinärmedizin und zweitens finde ich dieses typisch männliche Verhalten scheiße.« Sie knallt das Fenster zu. Hatte ich erwähnt, dass wir in Kreuzberg sind?

Erfolglos zurückgekehrt schleiche ich mich an der erschöpft herumliegenden Katze vorbei. Leise, um zu verhindern, dass ein allzu lauter Schritt ihren Trieb erneut weckt. Lüstern aber müde schaut sie zu mir hoch. Und schlägt um drei wieder zu.

Schwach kann ich mich daran erinnern, dass Sejong in einem Nebensatz eingestreut hatte, Katzen würden bis zu zehn Tagen rollig sein. Sie muss es gewusst haben. Dieser plötzliche Entschluss, verreisen zu wollen, macht sie im Nachhinein hochgradig verdächtig.

Übermüdet versuche ich am nächsten Morgen, den Ofen in Gang zu setzen. Dazu muss das Fenster auf, was sofort die Katzen auf den Plan ruft. Auf dem Fensterbrett sitzend, warten sie darauf, sich hinunterstürzen zu können. Katzen sind so. Sie wissen, dass sie sich dabei nichts tun. Auch nicht, wenn sie aus dem dritten Stock springen. Im Gegenteil: Man hat festgestellt, dass es für Katzen ungefährlicher ist, aus dem dritten Stock zu springen als aus dem ersten. Je höher es ist, desto mehr Zeit haben sie, ihr Fell auszubreiten, um als lebender Fallschirm zu landen. Die beste Höhe liegt bei dreitausend Metern, danach wird selbst für eine dicke Katze der Aufprall zu hart.

Für einen Moment bin ich versucht, beide hinunterzuschubsen. Das Katzenproblem wäre ich so los. Aber wahrscheinlich auch Sejong. Also lasse ich es, ziehe sie stattdessen mehrere Male ins Wohnzimmer zurück, bis die Kohlen genug Sauerstoff intus haben, um von selbst weiter zu glimmen. Das dauert fast den ganzen Vormittag, weil ich vergessen habe, die Entlüftungsklappe zu öffnen. Danach kümmere ich mich um die Katzenklos, von denen es ein kleines und ein großes gibt. Analog zu den Katzen. Mit einer Rillenschaufel fische ich die Katzenkacke aus den vollgesogenen Steinen und komme mir wie ein Goldwäscher vor. Vom Geruch mal abgesehen.

Nachdem ich fertig bin, kommen die Katzen, schnuppern kurz an den sauberen Kisten und kacken sie wieder voll. Die Kleine das große Klo, die Große das kleine. Die Kleine trifft, die Große nicht. Eine filigrane hellbraune Spur zieht sich über das Email der Badewannenverkleidung. Ich beschließe zu warten, bis sie trocken und rissig ist. So lässt sie sich leichter mit dem Pfannenwender ablösen. In der Zwischenzeit hole ich Katzenfutter. Sejong muss vergessen haben, es zu besorgen. Katzenklosteine fehlen auch. Genau wie Kohlen. Aber so schön wie Sejong ist, macht das nichts.

Dreißig Kilo Katzenklosteine kugeln mir fast den Arm aus, zwanzig Kilo Kohlen auf der anderen Seite geben mir etwas Gleichgewicht. Um den Hals hat mir die nette Verkäuferin meinen Stoffbeutel mit Katzenfutter gehängt.

Zurück in der Wohnung stelle ich fest, dass der Ofen wieder ausgegangen ist. Ich habe vergessen, die Entlüftungsklappe zu schließen. Außerdem haben die Katzen Hunger. Sie brüllen mich an und versuchen mir ins Bein zu beißen, weil ich die Dosen nicht schnell genug aufkriege. Ich mache die Klos erneut sauber, die Katzen kommen vom Fressen und kacken sie wieder voll. Danach kümmere ich mich um den Ofen, öffne das Fenster wegen Sauerstoff und bla, bla, bla und stelle plötzlich erschreckt fest, dass ich längst auf dem Weg zur Arbeit sein müsste. Es gibt noch ein Leben außerhalb dieser Katzenwelt – ich hatte es fast vergessen.

Nach einem schweren, arbeitsreichen Tag kehre ich zurück und erschrecke. Hatte ich das Wohnzimmerfenster geschlossen?

Ich hatte nicht. Vor dem Hauseingang sitzt die dicke Kampfkatze und maunzt mich ärgerlich an. Mir wird klar, dass jede meiner Bewegungen jetzt gut überlegt sein muss. Ein Fehler und die Katze haut ab. Es ist nicht sicher, ob Sejong mich zu ihrem Liebhaber macht, aber wenn ihre Katze weg ist, kann ich es ganz vergessen.

Ich stelle meinen Rucksack auf den Boden und nähere mich zentimeterweise dem maunzenden Tier. Pfeife leise vor mich hin, um den Eindruck der Harmlosigkeit zu erwecken. Tu so, als hätte ich Katzencracker in der Tasche. Die Strategie geht auf. Anderthalb Meter von ihr entfernt stürze ich mich nach vorn und erwische sie an den Hinterläufen. Ein verbissener Zweikampf entbrennt, den ich mit zerkratztem Gesicht gewinne.

Kaum habe ich das sich heftig wehrende Tier in die Wohnung geworfen, verschwindet es unter einem Schrank. Dass ich meinen Rucksack auf der Straße vergessen habe und nie wiederfinden werde, weiß ich zu diesem Zeitpunkt noch nicht.

In der Nacht werde ich von kopulierenden Geräuschen geweckt. Zwei Katzen vögeln miteinander. Für einen Moment schaue ich irritiert auf die zuckenden Leiber. Dann sehe ich den kastrierten Kater wie in der Nacht zuvor völlig angeödet in die Gegend starren. Ich habe einen fremden Kater in die Wohnung geholt – Sejong wird mich kastrieren.

Das Liebespaar stöhnt noch einmal laut auf und wird dann fertig. Der Kater rollt sich zur Seite und schläft sofort ein, die Kätzin geht ins Bad und kackt gegen die Wanne.

In meiner Not suche ich noch einmal die Nachtapotheke auf. Die junge Nachtapothekerin öffnet die kleine Scheibe.

»Haben Sie die Pille danach?«

»Die gibt es nur auf Rezept.«

»Es ist für eine Katze.«

»Perverses Schwein!« Wieder knallt sie die Scheibe zu, und ich fühle mich entsetzlich alt.

Zurück in der Wohnung sitzen drei Katzen vor mir und mustern mich. Sie haben Hunger. Ich öffne zwei Dosen und schütte die Näpfe voll. Eine der dicken Katzen muss verschwinden. Aber welche?

In gewisser Weise unterscheiden sie sich voneinander. Aber beim besten Willen, ich kann nicht sagen, worin. Ich habe mir noch nie Gesichter merken können, schon gar keine befellten. In den verbleibenden Tagen versuche ich mit verschiedenen Tests herauszufinden, welche Sejongs ist. Sensorische Tests, stimulierende Tests, randomisierte Doppelblindstudien. Ohne Erfolg.

Irgendwann entscheide ich mich für eine der dicken Katzen. Obwohl sie sich heftig wehrt, setze ich sie an die Stelle zurück, wo ich sie gefunden habe. Dann renne ich schnell weg.

Sejong kommt zurück, eine Urlaubsaffäre im Schlepptau, die mich hämisch angrinst. Sie fragt, ob ich Probleme hatte mit den Katzen. Ich verneine. Immerhin habe ich schon Katzen gehütet, da machte sie selbst noch in die Hose.

Als Mitbringsel schenkt sie mir eine praktische Reisefusselrolle und bemerkt, dass ihre kleine Lisa zugenommen hat. Und das Curtis, der Dicke, anders ist als sonst. Dass er anders aussieht und sich auch anders verhält. Ich versuche ihr zu erklären, dass wir uns alle verändern. Und das vor allem nie etwas so ist, wie wir das gerne hätten.

* * *

Später dann, auf der Suche nach meinem Rucksack, sehe ich eine Katze, die mir seltsam vertraut vorkommt. Ich nehme sie mit nach Hause. Auf eine eigentümlich grausame Art scheint sie glücklich zu sein.

Die Verlockung

Seine beste Rede war die letzte. Als Eberhard sie beendete und ihm Beifall entgegen scholl, griff er sich an die Brust und starb. Vor den Augen der entsetzten Aktionäre mühten sich erst eine beherzte Kollegin, später dann der hinzu geeilte Notarzt um seine Reanimation. Vergeblich, doch das war Eberhard egal. Er machte die imposante Erfahrung, dass alles stimmte, was man über den Tod erzählt. Das Schweben der Seele aus dem Körper, die Ruhe beim Betrachten der fruchtlosen Hilfe und schließlich der Tunnel, an dessen Ende ein Licht brennt. »Wie schön«, dachte er, »ich bin tot und es macht mir nichts aus. Und das Licht da hinten ist der Neubeginn.«

Eberhard Rosenstolz, Geschäftsführer der Schwermaschinen-AG, schenkte seiner sterblichen Hülle einen letzten Blick, dann lief er los. Befreit von allen irdischen Sorgen, beseelt von der göttlichen Fügung, an die er nie geglaubt hatte. Doch bereits nach wenigen Metern hörte er ein scharfes »Pssst!« neben sich. Er blieb stehen und starrte ins Dunkel. »Pssst!«, ertönte es erneut. »Hier bin ich.« Seine Augen gewöhnten sich an die Dunkelheit und er erkannte einen kleinen Seitengang. Eine hagere Gestalt stand darin, gebückt und bucklig und im fahlen Licht kaum zu erkennen. »Ja bitte?«, fragte Eberhard misstrauisch, denn er konnte sich nicht daran erinnern, jemals von einem Seitentunnel gehört zu haben. Nicht in diesem Zusammenhang.

»Eberhard Rosenholz«, erwiderte die Gestalt mit fistelnder Stimme, »es ist schön, dass wir uns einmal persönlich kennen lernen.«

»Wer sind Sie? Ich kenne Sie nicht.«

»Wer ich bin, spielt keine Rolle. Ich bin jemand, der dir ein Angebot machen will. Eines, dass du nicht ablehnen kannst.«

»Ich bin in Eile«, erklärte Eberhard, »ich bin gerade gestorben und muss zum Licht am Ende des Tunnels.«

»Ich weiß, dass du gestorben bist«, zischte die Stimme. »Alle, die hier vorbeikommen, sind gestorben, sonst würden sie hier nicht vorbeikommen. Doch weißt du auch, was dich dort hinten erwartet?«

»Ein neues Leben, denke ich mal. Ich werde wiedergeboren werden. Oder komme ins Paradies. Irgendetwas in der Art.«

»Es stimmt beides. Du wirst wiedergeboren werden und kommst zurück ins Paradies. Wenn man die Erde noch Paradies nennen kann, doch das nur nebenbei. Leider hat deine Rückkehr einen entscheidenden Nachteil.«

»Einen Nachteil? Was für einen?«

»Du wirst vergessen, was vor deinem Tod lag. Deine Erinnerungen, dein Wissen, alles. Das, was du warst, wird sich in Nichts auflösen.«

»Wirklich bedauerlich. Allein das Studium hat mich Jahre gekostet. Und wie lange habe ich gebraucht, ehe ich wusste, wie der Hase läuft in meinem Business.«

»Siehst du, und da komme ich ins Spiel.«

»Sie wollen mir zu einem Déjà-vu-Erlebnis verhelfen?«

»Ach was, Déjà-vu! Ich rede von der totalen Erinnerung. Davon, dass nichts verloren geht von dem, was du einst wusstest und warst. Mit dem Wissen von jetzt wirst du wiedergeboren werden.«

»Wie drollig. Ich wäre ein Neugeborenes mit kompletter betriebswirtschaftlicher Ausbildung und profunden Kenntnissen internationaler Handelsbeziehungen?«

»Klingt zwar nicht gerade romantisch – aber ja!«

»Sehr verlockend. Doch was ist der Preis? Niemand macht etwas, ohne Gegenleistung zu erwarten.«

»Das stimmt. Da gibt es etwas, was ich gerne von dir hätte.«

»Geld wird es wohl kaum sein.«

»Natürlich nicht. Was soll ich mit Geld!? Du trägst etwas viel Wertvolleres in dir: Mitleid! Gib es mir, dann zeige ich dir den Weg zur totalen Erinnerung.«

»Mitleid? Ich kann mich nicht erinnern, davon zu besitzen.«

»Betrachtet man dein Leben, so ist es wahrlich schwer, zu glauben, du besäßest etwas davon. Und doch gibt es Mitleid in dir. Versteckt unter einer Schale, die so hart ist, dass es selbst dir nicht bewusst ist.«

»Dann ist es ohnehin totes Kapital. Sie können es haben. Doch wozu?«

»Ein Freund von mir bedarf seiner. Ihn will ich damit beschenken.«

»Ach ja? Na gut, ist mir auch egal. Wie geht es jetzt weiter?«

»Du kommst mit mir. Vergisst das Licht am Ende des Tunnels und folgst mir hinein in diesen Seitengang. Ich führe dich zu einem Ausgang jenseits des normalen. Eine Abkürzung, wenn du so willst.«

»Woher weiß ich, dass Sie die Wahrheit sagen?«

»Der Weg zur Erkenntnis führt über das Unbekannte, nicht über das Bekannte. Glaubst du, Albert Einstein hätte die Elektrodynamik bewegter Körper begriffen, hätte er jedes Mal vergessen, was er bereits erlernte? Glaubst du, seine vierdimensionale Raum-Zeit-Krümmung wäre jemals postuliert worden, hätte er nicht im entscheidenden Moment den Mut gehabt, einen anderen Weg zu beschreiten?«

»Sie meinen, ich könnte der Albert Einstein der Betriebswirtschaftslehre werden, wenn ich Ihnen folge?«

»Du begreifst sehr schnell. Bist ja fast jetzt schon ein Wunderkind.«

»Ich bin in der Tat ein Mann, der Risiken nie gescheut hat. Wissen ist die größte Macht und auf Mitleid kann ich gerne verzichten. Dennoch rät mir ein Gefühl, Ihnen nicht zu trauen.«

»Wie schmeichelhaft. Dabei könnte ich dich sogar in die Zeit zurückversetzen, in der du Kind warst.«

»Ist das wahr? Nicht nur als Wunderkind würde ich zur Welt kommen, sondern auch zu einer Zeit, da ich weiß, wie sich die Dinge entwickeln werden?«

»Genau so ist es. Drum denke nicht lange nach. Der nächste ist schon auf dem Weg nach unten und wird vielleicht weniger zögerlich sein als du.« Die hagere Gestalt machte einige Schritte in den Seitentunnel hinein. »Komm«, lockte sie, »bevor ich mich für einen anderen entscheide.«

Eberhard haderte noch immer. Was er war, verdankte er den Gelegenheiten, die er beim Schopf gepackt hatte; ganz bestimmt nicht jenen, die vorüber waren, bevor er sich entscheiden konnte. Andererseits missbehagte es ihn, diesen Tunnel zu betreten, der dunkel und eng war, so dass man sich ducken musste, um nirgendwo anzustoßen. Doch war der bessere Weg nicht schon immer beschwerlich gewesen?

Ein Geräusch ließ ihn aufhorchen. Jemand kam. Der nächste. Eberhard gab sich einen Ruck und zwängte sich in den Nebentunnel hinein, folgte der buckligen Gestalt, die hinkend vorauseilte. Die Enge machte ihn beklommen, doch alsbald erhellte fahler Lichtschein die Dunkelheit. Der Bucklige trat einen Schritt beiseite. »Du siehst, auch hier gibt es ein Licht. Geh darauf zu, sei ohne Angst, neue Erkenntnisse warten auf dich.«

»Ich hoffe, ich tat das Richtige«, meinte Eberhard und zwängte sich an der Gestalt vorbei, von der ein unangenehmer Geruch ausging. Nicht gerade das, was man unter göttlichem Odeur versteht. Jetzt aber gab es kein Zurück mehr. Sollte er wirklich sein gesamtes Wissen behalten, sollte er wirklich wissen, wie sich die Welt entwickelte, dann konnte er es im nächsten Leben weiter schaffen, als nur bis zum Geschäftsführer einer großen Firma. Präsident eines internationalen Konzerns könnte er werden, wenn nicht sogar Präsident eines Landes. Lohnte sich dafür nicht jedes Risiko?

Der Weg wurde enger und niedriger und Eberhard musste sich auf den Bauch legen und vorwärts robben. Als er schon fürchtete steckenzubleiben und Panik in ihm aufstieg, erfasste ihn ein Sog. Er wurde in eine glitschige Röhre hineingezogen, die ihn mit pulsierenden Wellen vorantrieb, bis er die Besinnung verlor. So merkte er nicht, wie er auf der anderen Seite heraus fiel und benommen liegen blieb. Allmählich kehrten seine Sinne zurück und der erste klare Gedanke, zu dem er fähig war, galt seinem früheren Leben. Und tatsächlich: Alles war präsent. Nicht nur sein Name, seine gesamte Vita war ihm bewusst, die Firma, die Kollegen, sogar das so oft versalzene Essen der Betriebskantine. Eberhard stieß einen Freudenschrei aus – einem Grunzen ähnlicher als einem Schrei – doch erfüllt von unbändiger Freude. Nichts war verloren gegangen. Sein gesamtes Wissen war erhalten geblieben, seine gesamte Erinnerung vorhanden. Die Vorstellung, dass, sobald er sprechen konnte, die Welt verblüfft wäre über sein Talent, versetzte ihn in ungeahnte Heiterkeit. Keine Spur von Unsicherheit, er war nach wie vor der Eberhard Rosenholz, den er kannte. Erleichtert tat er einen langen Atemzug, verwundert, dass es wie ein Quieken klang, doch das ignorierte er. Weniger ignorieren konnte er indes seine Umgebung. Sie war nicht das, was er erwartet hatte. Keine trockenen Tücher, keine helfenden Hebammenhände. Spärlicher Strohbelag auf ungemütlich hartem Steinfußboden, das war alles. Und noch etwas war anders. Seine Heiterkeit platzte wie ein Luftballon. Bestürzt blickte Herbert an sich herab. Er war nackt, natürlich. Doch war auch seine Nacktheit anders als erwartet.

In diesem Moment erklang ein Quieken über ihm, dann platschte ein Ferkel herab und blieb benommen neben ihm liegen. Eberhard war gerade noch beiseite gekrochen und starrte es fassungslos an, sah, dass es ebenfalls wach wurde und erstaunt sich und seine Umgebung wahrnahm. »Was ist passiert?«, fragte das Ferkel perplex, bevor es seinerseits Eberhard bemerkte, dem in diesem Moment die volle Wahrheit wie ein Keulenschlag traf. »Wir sind Schweine«, stieß er aus, »Schweine, keine Menschen.« Ein Grunzen erklang und sie blickten sich um. Hinter ihnen lag eine fette Sau träge auf der Seite, ihre Mutter.

»Ich bin zu einem Schwein geworden?«, wiederholte der andere entsetzt. »Ich war Bundestagsabgeordneter und Aufsichtsratsvorsitzender und jetzt bin ich ein Schwein?«

»Sind Sie auch durch den Nebentunnel gegangen?«, fragte Eberhard mit brüchiger Stimme.

»Ja! Ein kleiner Mann hat mir ein sensationelles Angebot gemacht. Die totale Erinnerung. Er wollte mein Mitleid dafür. Dass ich als Schwein wiedergeboren werde, davon hat er nichts gesagt.«

»Wir hätten das Kleingedruckte lesen sollen, mir erging es nicht anders. Ich war Geschäftsführer der Schwermaschinen-AG, Eberhard Rosenstolz, mein Name.«

»Hören Sie, ich bin nicht bereit, diesen Vorfall einfach so hinzunehmen. Ich bin Eduard Golfmann, Mitglied des Bundestages, Sie werden von mir gehört haben. Und als Mitglied des Bundestags stehe ich unter besonderem Schutz.«

»Ich fürchte, Ihre Mitgliedschaft im Bundestag ist hier nicht viel wert ... aber Vorsicht ... da kommt der nächste.«

Gerade noch rechtzeitig sprangen beide zur Seite und platschend rutschte ein weiteres Ferkel auf den Boden. Wieder der Moment der Benommenheit, wieder das Erstaunen beim Erwachen. Fragend sah es Eberhard und Eduard an.

»Mahlzeit«, grüßte Eberhard trocken, »haben Sie auch die Abkürzung genommen?«

»Oh mein Gott, was ist denn mit mir passiert?«, rief das Ferkel statt einer Antwort, »ich bin ja ein Schwein.« Heftig fing es an zu atmen.

»Jetzt nicht durchdrehen!«, rief Herbert. »Wir alle sind zum Schwein geworden.«

»Er hyperventiliert«, meinte der Abgeordnete, »jemand muss ihm eine Plastiktüte vor den Mund halten.«

»Dass Sie Politiker waren, merkt man«, grunzte Eberhard. »Reden statt handeln – das ist Ihre Devise, nicht wahr?«

»Ich weise darauf hin, dass die Beleidigung eines Bundestagsabgeordneten streng geahndet wird.«

»Ach ja, ich vergaß. Realitätsverlust ist ebenfalls ein Zeichen Ihrer Berufsgattung. Mann, Ihre ganze Bundestagskacke können Sie hier vergessen. Sie sind jetzt ein Schwein und wenn Sie Ihren geliebten Bundestag jemals wieder von innen sehen, dann höchstens als Schnitzel.«

»Mit Ihnen rede ich nicht mehr. Sie sind mir zu vulgär.«

Eberhard wollte etwas erwidern, doch zwängte in diesem Moment ein weiteres Ferkel ins Freie. Es platschte auf das Hyperventilierende drauf, rollte quiekend von ihm runter und blieb ebenfalls benommen liegen. Danach folgte Schwein um Schwein, bis die Gruppe schließlich ein Dutzend Exemplare umfasste.

Das war der Moment, wo der Bundestagsabgeordnete sich veranlasst sah, ein kurzes Statement abzugeben. »Liebe Mitbürger«, hub er pathetisch an, doch Eberhard trat ihm verärgert in die Seite. »Lass doch mal dein dämliches Politikergesulze, für Profilneurotiker haben wir jetzt wirklich keine Zeit. Versuchen wir lieber, Ruhe ins Chaos zu bringen. Ich bin dafür, dass wir uns erst mal einander vorstellen. Nur so können wir uns wie zivilisierte Menschen benehmen. Also, mein Name ist Eberhard, ich bin – ich war Geschäftsführer einer international tätigen Maschinenfabrikation.«

»Er hat recht,« rief jemand anderes, »es bringt nichts, gleich wieder die Rollen zu verteilen. Wir alle sind offensichtlich Opfer einer arglistigen Täuschung geworden und müssen gemeinsam überlegen, was wir tun können. Es ist daher gut zu wissen, mit wem wir es zu tun haben. Also, ich bin der Lutz, Agrarstudent auf einem Demeterhof im Wendland, ein Bio-Betrieb, falls Ihnen Demeter nichts sagt. Leider wurde ich von einem Mähdrescher überfahren.«

»Müssen wir erzählen, wie wir ums Leben gekommen sind?«, tönte es aus der Menge. »Ich möchte nämlich nicht, dass alle erfahren, dass es beim Fremdgehen passiert ist. Ansonsten heiße ich Dieter.«

»Gerade das, was du nicht erzählen willst, solltest du erzählen, Dieter«, beharrte Lutz schulmeisternd. »Wir dürfen keine Geheimnisse voreinander haben, wenn wir diese historische Chance zum Aufbau einer neuen Gesellschaftsform nutzen wollen.«

»Das könnte Ihnen so passen«, raunzte der Bundestagsabgeordnete, »Anarchie wird mit mir nicht zu machen sein.«

»Hört auf zu zanken!«, rief eine helle Stimme, deren panisches Tremolo unüberhörbar war, »ich habe verdammte Angst und ihr macht Politik. Wir sind zu Schweinen geworden, kriegt ihr das nicht mit? Sie werden uns irgendwann abschlachten. Wir müssen fliehen, solange es noch geht.«

»Nun mal ganz ruhig, ja!«, mischte sich ein anderes Ferkel väterlich ein, »ich war bestimmt nicht beim KSK, um mich von einem Bauern abschlachten zu lassen. Eher ist es umgekehrt.«

»KSK?«, fragte Eberhard.

»Kommando Spezial Kräfte. Die Elitetruppe der Bundeswehr. Jetzt kann ich es ja verraten. Häh, häh, … sind ja sozusagen alle undercover hier.«

»Dann sind Sie wahrscheinlich bei einem Elitetruppeneinsatz in Afghanistan ums Leben gekommen«, höhnte Lutz. »Schwerter zu Pflugscharen, kann ich da nur sagen.«

»Für jemanden, der sich von einem Mähdrescher überfahren lässt, hängst du dich ziemlich weit aus dem Fenster, mein Lieber. Ich habe in Afghanistan den Arsch hingehalten, damit Spinner wie du in Frieden die Maden aus ihren Bioäpfeln pulen können. Etwas mehr Dankbarkeit wäre angebracht!«

»Hört auf zu streiten«, forderte ein besonders dickes Ferkel, und bahnte sich einen Weg durch die Menge. »Ich habe tierischen Hunger und trinke lieber was, als hier blöd herum zu diskutieren.«

Trotz der angespannten Situation konnten die anderen sich ein Lachen nicht verkneifen. »Klar«, rief jemand, »ein Dickerchen wie du denkt auch bei einem Weltuntergang nur ans Buffet.«

Das dicke Schweinchen zuckte unbekümmert die Schultern, kroch zur Muttersau an den Bauch und nahm eine der Zitzen ins Maul. Geräuschvoll fing es an zu saugen.

Angewidert schüttelten seine Schicksalsgenossen den Kopf. »Ekelhaft!«, bescheinigte ihm einer. »Wenn ich mir vorstelle, ich müsste so einen Nippel in den Mund nehmen – nein Danke. Wir sind doch nicht im tiefsten Anatolien.«

»Keine rassistischen Äußerungen, ja!«, begehrte sein Nachbar auf. »Türken haben die höchst entwickelte Kultur der Welt. Ihr Gottlosen im Westen seid es doch, die lauter unreine Dinge in sich hineinstopfen. Ich muss glatt aufpassen, nicht von ihnen gefressen zu werden. Wahrscheinlich seid ihr Ungläubigen sogar für dieses Desaster verantwortlich.«

»Ruhe!«, rief Eberhard lauthals. »Religiöse oder politische Unterschiede sind momentan wirklich fehl am Platze. Wir

sitzen alle im selben Boot und sollten lieber darüber nach-
denken, was wir tun können. Also – wenn jemand einen
Vorschlag hat …!«

Die Schweinchen fingen an nachzudenken. Bis auf das
Schmatzen des Säugers war kein Geräusch mehr zu hören.

»Wenn ich mal was sagen dürfte«, meinte eines nach
einem Augenblick vorsichtig.

Eberhard nickte. »Natürlich, jeder darf hier frei spre-
chen.«

»Gut. Nun, mein Name ist Horst Jankowsi, ich war in der
Registratur einer Steuerbehörde tätig. Ein kleines Licht,
nichts Besonderes.«

»Egal, was Sie waren. Wenn Sie einen Vorschlag haben,
raus damit. Solange er nichts mit Fressen zu tun hat.«

»Gerade das hat er aber. Trotzdem … ich halte ihn für
wichtig.«

»Aha! Und?«

»Nun, ich denke, es wird uns nichts weiter übrig bleiben,
als das zu fressen, was da ist. Mit leerem Bauch haben wir
noch weniger Chancen, unsere Lage zu verbessern.«

»Dass wissen wir auch. Doch trotz unseres Aussehens
sind wir noch zivilisierte Menschen und sollten uns dement-
sprechend verhalten. Nur wer sich wie ein Schwein be-
nimmt, ist auch eins.«

»Gewiss, gewiss. Doch fürchte ich, dass wir ein logisti-
sches Problem kriegen werden, wenn wir uns zu lange wie
zivilisierte Menschen benehmen. Ich habe nämlich mal
nachgezählt. Wir sind zwei mehr, als es Zitzen gibt. Und
eine davon ist gleich leer.«

Die Köpfe der Schweinchen drehten sich zur Sau um. Ei-
nen Augenblick später brach Panik aus. Hysterisch quie-
kend versuchte jeder zum Bauch der Mutter zu gelangen,
biss, trat oder setzte harte Bodychecks ein, um eine der
Saugstellen zu erreichen. Drüber und drunter ging es, und

zwar im wahrsten Sinne des Wortes. Doch hatte man es geschafft, konnte man sich des Platzes nicht lange genug sicher sein. Die jeweils übrig gebliebenen zwängten dazwischen, um nach wenigen hastigen Zügen bereits vom nächsten verdrängt zu werden. Dass trotzdem alle satt wurden, lag mehr an der Mutter als an ihnen. Ihr Vorrat an Milch langte für alle, weshalb sie irgendwann müde und vollgefressen auf dem Boden lagen.

»So kann es nicht weitergehen!«, stöhnte Eberhard. »Was unterscheidet uns vom Schwein, wenn nicht unser soziales Verhalten?«

»Genetisch ist der Unterschied wirklich nicht bedeutsam«, antwortete das neben ihm liegende Ferkel.

»Woher wissen Sie das?«, fragte Eberhard. »Sind Sie etwa Landwirt oder so etwas?«

»Nein, nein, mitnichten. Ich bin Schriftsteller, einer der am meisten missverstandenen Schriftsteller der Welt übrigens. Sarek mein Name, Sie haben bestimmt schon von mir gelesen.«

»Bedauerlicherweise nicht. Aber bitte, was wissen Sie über uns?«

»Na ja, ich gehe öfter zum Zahnarzt und habe einige Zeitungsartikel über Schweine gelesen. Die liegen bei meinem Zahnarzt in der Praxis, müssen Sie wissen.«

»Bei Ihrem Zahnarzt liegen Schweine in der Praxis?«

»Zeitschriften! Zeitschriften liegen dort. Daher weiß ich auch, dass das Militär gern Schießübungen mit Schweinen macht.«

»Das verstehe ich noch viel weniger. Wie soll so ein Schwein denn eine Waffe halten können?«

»Nicht das Schwein macht die Schießübungen. Es wird beschossen. Weil sein Körpergewebe weitestgehend identisch ist mit dem des Menschen. So kann man testen, wie tief die Kugel eindringt.«

Eberhard schaute zum Bundeswehrsoldaten. »Stimmt das?«

»Tut mir leid, militärisches Geheimnis. Darüber darf ich keine Auskunft geben.«

»Dann stimmt es also. Na klasse, vielleicht werden wir ja bald von Ihren Kameraden zum Schießtraining abgeholt. Eine gute Gelegenheit zur Flucht.«

»Ist doch Quatsch«, meinte ein anderer. »Wir sind ganz normale Nutzschweine. Sobald wir ein bestimmtes Körpergewicht erreicht haben, kommt der Mann mit dem Messer. Wir sollten also möglichst wenig essen. Wie Hänsel und Gretel.«

»Ich weiß ja nicht, was Sie über Schweine wissen«, erwiderte der Schriftsteller leise, »außer, dass man sie essen kann. Und ich weiß auch nicht, ob Ihnen aufgefallen ist, dass wir durch die Bank weg Eber sind.«

»Ich nicht«, protestierte die helle Stimme mit dem Tremolo und alle drehten sich zu ihr um.

»Du nicht? Natürlich bist du ein Eber, das sieht man doch ganz deutlich.«

»Ach das da, das ist nur eine Laune der Natur, nichts weiter. Wichtig ist allein, wie man fühlt, oder Jungs?« Die anderen Schweinchen lächelten dünn und blickten betreten zu Boden. »Egal«, rief der Schriftsteller, »wir sind also elf Eber und eine Eberin von mir aus. Der Punkt ist, dass männliche Ferkel einen, ich sag jetzt mal, verkaufsungünstigen Geruch ausströmen. Der Verbraucher mag das nicht.«

»Umso besser. Dann frisst uns wenigstens keiner.«

»Ja!«, rief ein anderer, »wir werden wahrscheinlich für die Zucht genommen. Da sag ich doch glatt: Her mit den kleinen Schweinchen!«

Ein brüchiges Auflachen ging durch die Runde, doch der Schriftsteller winkte ab. »Ich muss Sie leider enttäuschen, meine Herren. Es wäre viel zu unökonomisch, nur weibliche

Schweine auf den Teller zu bringen. In diesem Bereich ist die Emanzipation schon vollzogen worden. Es gibt nämlich einen kleinen Trick, wie man bei uns den Geruch weg-kriegt.«

Lauernd sahen die anderen ihn an. »Was für einen?«, fragte Eberhard.

»Nun ja – Kastration.«

Einen Augenblick herrschte Stille. Dann: »Hör mal, hör mal, das ist aber ziemlich hässlich, was du sagst. Ich lass mir doch nicht mit einem Messer da unten rumfummeln.«

»Dich wird aber niemand nach deiner Meinung fragen. Der Kunde ist König, nicht die Ware. Aber ich kann sogar noch eins draufsetzen. Das Ganze wird relativ bald gesche-hen. Innerhalb weniger Tage. Dann braucht man uns näm-lich nicht zu betäuben.«

»Willst Du damit sagen, man schneidet uns den Schwanz ohne Betäubung ab?«

»Zumindest wird uns der Samenleiter durchtrennt. Mit einem Messer – ratz fatz aus dem Handgelenk.«

»Ohne Betäubung? Das ist doch unmenschlich. Wir müs-sen sofort raus hier!«

»Wie schön, du hast Amerika entdeckt. Natürlich müssen wir raus hier. Die Frage ist nur – wie?«

»Wenn wir uns alle gegen den Zaun stemmen, bricht er vielleicht ein«, schlug das dicke Schweinchen vor.

»Vergiss es«, meinte Lutz, »wir sind in einer soliden Ab-ferkelbox, da kommt niemand raus. Ich kenne mich da aus, hab solche Dinger selber zusammengeschraubt.«

»Solch enge Boxen auf einem Demeterhof?«

»Das war noch in der Umstellungsphase. Jedenfalls kön-nen wir hier nicht fliehen, das ist amtlich.«

»Ich bin für Verhandlungen«, erklärte der Bundestagsab-geordnete, »wenn wir ein weißes Tuch finden, könnte ich vielleicht eine Friedenspflicht erreichen.«

»Ach ja?« Er wurde von einem Grundschullehrer spöttisch angesehen. »Und wie sollen wir uns verständigen? Für einen Menschen klingt unser Sprechen wahrscheinlich nach Grunzen.«

Der Abgeordnete dachte kurz nach. »Es gibt doch auch nonverbale Kommunikation! Oder wie wäre es mit Piktogrammen?«

»Das ist doch Schwachsinn,« rief Roger. »Mit denen kann man nicht verhandeln, egal in welcher Sprache. Nein – Angriff ist die einzige Verteidigung. Guerilla-Taktik wie bei der Hizbullah. Sobald der Bauer die Tür aufmacht, greifen wir ihn von allen Seiten an.«

»Der Soldat hat recht. Das Überraschungsmoment ist auf unserer Seite. Wer rechnet denn damit, dass ihm zwölf Ferkel gleichzeitig ins Bein beißen?«

»Bleibt doch mal logisch! Warum sollte der Bauer die Tür aufmachen? Er steigt mit seinem Messer über das Gatter und legt los. Außerdem ist Gewalt keine Lösung. Zumindest nicht, wenn der Gegner stärker ist. Aber was haltet ihr davon, wenn wir uns tot stellen? Vielleicht bringt man uns dann nach draußen. Und draußen können wir fliehen.«

»Ich weiß nicht. Sobald mich jemand anpackt, fange ich garantiert an zu quieken. Ist es nicht besser, wir demonstrieren unsere Intelligenz? Machen irgendetwas, was Schweine auf keinen Fall tun würden.«

»Was machen Scheine denn auf keinen Fall?«

»Na, zum Beispiel, sich aufeinander stellen. Oder völlig gerade in einer Reihe stehen. Und wenn der Bauer dann glotzt wie ein Auto, strecken wir alle das rechte Bein vor.«

»Na, Klasse! Er wird denken, wir hätten die Schweinepest. Vielleicht sollten wir noch ein gemeinsames Lied einstudieren.«

»Die Idee ist gar nicht so schlecht. Kunst statt Kampf. Ich möchte lieber im Zirkus enden als im Kochtopf.«

»Ja, genau! Versuchen sollten wir es auf alle Fälle.«

»Das muss dann aber akkurat aussehen. Jemand muss uns choreographieren.«

»Ich«, rief das schwule Schwein, »das mache ich, Kinderchen. Beim Ballett habe ich das auch schon gemacht. Los, stellt euch in einer Reihe auf, hopp, hopp!«

Zögernd erhoben sich die Schweinchen und nahmen nebeneinander Aufstellung. »Ach Gott«, schimpfte der Choreograph, »ihr seht ja aus wie eine Laola-Welle. Versucht doch mal, eine gerade Linie zu bilden.«

Nach und nach formierte sich eine kerzengerade Ausrichtung. »Na, das ist schon besser. Und jetzt streckt alle das rechte Bein vor, los!«

Simultan streckten die Ferkel ihre rechten Beinchen vor. »Und jetzt das linke«, forderte ihr Trainer auf und die Schweinchen machten einen Schritt nach vorne. »Ach, Kinderchen, so geht das nicht. Ihr müsst natürlich erst das andere Bein wieder zurücknehmen. Also noch mal. Zurück in Reih und Glied. Und jetzt das rechte vorgestreckt ... ja, so ist es gut, und zurück und das linke und zurück und das rechte ... Toll macht ihr das, gaaaanz toll.«

Nachdem sie ihren Rhythmus gefunden hatten, kam der Kopf hinzu. Trat das rechte Bein vor, schwenkte er nach links, beim linken nach rechts. Bis zur Erschöpfung mussten sie üben, da kannte ihr Trainer kein Mitleid. Erst als es ihnen gelang, das Ganze mit einer Drehung um die eigene Achse zu kombinieren, einen Hüpfer dazu, durften sie aufhören und bekamen kleine Bussis aufgedrückt.

»Wer uns jetzt noch tötet«, postulierte Eberhard, »tötet auch das Fernsehballett. Nun bleibt uns nur übrig zu warten.«

Während einer immer Wache am Gatter hielt, bedienten sich die anderen an ihrer Mutter. »Wir sollten uns vertragen«, meinte Eberhard leise zum Abgeordneten, der neben ihm an der Zitze hing. »Finden Sie nicht auch?«

»Ich bin gewiss der letzte, der sich einer Zusammenarbeit verschlösse. Sollte unsere Flucht gelingen, werden wir eine stabile Gesellschaftsstruktur benötigen. Daran sollte man vorher denken.«

»Fürwahr. Wir müssen die Rotte beisammen halten, so haben wir draußen die besten Überlebenschancen.«

»Was meinen Sie, erwartet uns draußen?«

»Nun, da sich Bauernhöfe auf dem Land befinden, sollte es uns möglich sein, einen Wald zu erreichen, in dem wir uns verstecken können.«

Der KSK-Soldat kam hinzu. »Es gibt einen. Etwa zwei Kilometer westlich von hier.«

»Woher wissen Sie das?«

»Ich rieche Eicheln. Und da Eichen nicht in Schonungen wachsen, muss es ein Naturwald sein. Ideal, um sich zu verstecken.«

»Sie riechen Eicheln? Lernt man das beim Militär?«

»Wenn Ihr Überleben davon abhängt, riechen Sie sogar einen Mullah auf fünf Kilometer Entfernung. Außerdem habe ich das Gefühl, dass sich meine tierischen Sinne langsam entwickeln.«

»Schön! Dann werden Sie uns zu diesem Wald führen. Ich gebe Ihnen hiermit das Mandat.«

»Glauben Sie tatsächlich, dass alte System fortführen zu können?«, fragte Eberhard. »Vielleicht können wir ja wirklich von Anfang an etwas besser machen.«

»Besser? Ich glaube, wir hatten das beste System. Denken Sie im Ernst, dieser Ökobauer bietet eine wirkliche Alternative? Oder der Proll? Nein, wirklich, Demokratie kann nur auf die drei Säulen Politik, Industrie und Militär gestellt werden, anders geht es nicht. Sonst hätten sich alternative Lebensweisen längst durchgesetzt. Haben Sie aber nicht.«

»Mag sein. Und ohne Industrie geht es ja wirklich nicht. Sie werden übrigens einen Wirtschaftsminister brauchen.«

»Das weiß ich nur zu gut, mein Lieber. Und glauben Sie mir, ich habe da auch schon jemand bestimmtes im Auge.« Der Abgeordnete sah Eberhard tief in die Augen, doch ertönte in diesem Augenblick ein Quieken. »Da kommt jemand«, rief der Wachposten, »es geht los!«

Hektisch formierten sich die Schweine zu einer schnurgeraden Reihe. Und als ein Kopf über dem Gatter erschien und auf sie hinab sah, fingen sie an zu tanzen. Streckten das rechte Bein vor, dann das linke. Wandten den Kopf von der einen Seite zur anderen, drehten sich im Kreis, hüpften, schunkelten simultan und begannen wieder von Neuem. Der Kopf über dem Gatter fing an zu lachen. »Wie lustig«, rief er, »tanzende Schweine. Das hat es ja noch nie gegeben.«

Dass es den Mann belustigte, verwirrte die Schweinchen. Die ersten gerieten aus dem Takt. »Hey«, rief plötzlich einer, »ich kenne den Typ. Das ist der Bucklige aus dem Tunnel!«

Nun hielten alle inne und starrten nach oben. Und richtig, der Mann hinter der Gatterwand war der Bucklige. Sofort brach höllischer Protest los. »Hol uns hier wieder raus! Wir sind belogen worden von dir! Das war nicht abgemacht.«

»Wieso habe ich euch belogen? Ihr habt eure Erinnerung doch behalten. Das war der Deal.«

»Aber du hast verschwiegen, was uns erwartet. Arglistige Täuschung nennt man so etwas.«

»Und wenn schon. Ihr selbst habt euch auf die schlechte Seite des Gatters begeben. Doch nicht eurer Erinnerungen wegen, die ihr behalten wolltet, denn das ist legitim. Aber dadurch, dass ihr bereitwillig das verkauftet, was euch als Menschen ausgemacht hat: euer Mitleid. So seid ihr selber schuld an eurem Schicksal und müsst nun zusehen, wir ihr damit klar kommt.«

Bedrippt starrten die Schweinchen ihn an. »Haben Sie denn gar kein Mitleid mit uns«, fragte Eberhard. »Immerhin müssten Sie jetzt eine Menge davon besitzen.«

»Ach weißt du, was nutzt mir Mitleid? Ich bin Händler, genau wie du und habe es verkauft. Doch jetzt muss ich zurück in meinen Tunnel. So lebt denn wohl, ihr kleinen Ferkel.« Der Bucklige wandte sich zum Gehen, kam aber noch einmal zurück. »Und übrigens«, sagte er, »ihr könnt wirklich toll tanzen.« Mit heiserem Lachen verschwand er endgültig.

»Und jetzt?«, fragte jemand nach einer Weile.

»Wir machen weiter, wie geplant«, entschied Eberhard kleinlaut. »Eine andere Möglichkeit gibt es nicht.

Als wenig später erneut die Tür aufging, stellten sie sich wieder in einer Reihe auf. Der Bauer, ein vierschrötiger Typ mit Hakennase und zerfurchtem Gesicht kam rülpsend herein geschlurft. »Hoppla«, meinte er nach einem Blick in die Box, »die Emma hat ja schon abgeferkelt.« Donnernd brüllte er die Botschaft hinaus über den Hof. »Emma hat abgeferkelt!«

»Ja, okay,«, brüllte eine Frauenstimme zurück. »Aber komm rüber, Essen ist fertig.«

»Gleich«, erwiderte der Bauer schreiend, »werd nur noch schnell die Eber kastrieren.«

Die Schweinchen hörten das metallische Geräusch eines Messers, das über einen Schleifblock gezogen wurde. Dazu rülpste und pfurzte der Bauer und fluchte, als er sich eine Kerbe in das Messer zog. »Verdammt, eine Kerbe. Aber egal, dafür reicht es.« Schließlich kam er wieder heran.

»Tanzt um euer Leben«, flüsterte Eberhard.

Mit dem Mut der Verzweiflung zogen die Schweinchen ihre Show ab. Sie gaben alles.

»Booar«, machte der Bauer, dessen pockennarbiges Gesicht über dem Gatter erschien. »Das habe ich ja auch noch nicht gesehen. Tanzende Schweine.« Wieder dröhnte seine Stimme nach draußen zum Haus hin. »Ey, hier kannste was Lustiges sehen. Die Schweine tanzen!«

»Mach hinne, das Essen wird kalt«, tönte es zurück. Der Bauer spuckte noch einmal geräuschvoll aus, bevor er einen riesigen Schritt über das Gatter machte. Sein schwerer Lederstiefel platschte in den Morast, die Schweinchen stiebten auseinander. Sie versuchten sich zu verstecken, doch der Bauer lachte nur. »Kommt, ihr kleinen Stinker«, grunzte er. »Ich kriege euch sowieso.« Der Stahl in seiner Hand blitzte unheilvoll auf und mit sicherem Griff fischte er eines von ihnen aus der Menge heraus. Eberhard. Er wurde mit einem Ruck in die Höhe gezogen und fing hemmungslos zu quieken an. Verzweifelt versuchte er, sich aus der Hand des Bauers zu winden, doch die war fest und stark. Eberhard wurde auf den Rücken gedreht, so dass er in das feiste Gesicht seines Peinigers sehen konnte. Er sah, wie sich das Messer langsam zwischen seine Hinterläufe senkte, sah, wie die Hand mit einem Mal zu zittern anfing, wie sie zurückzuckte und wie in das Gesicht des Mannes Zweifel traten, wo eben noch Entschlossenheit war. »Was tue ich hier?«, fragte der Bauer entsetzt. Er sah auf Eberhard, sah auf das Messer, sah auf die anderen Schweinchen, die hinter ihrer Mutter in Deckung gegangen waren. Und schmiss das Messer in hohem Bogen fort. »Was wollte ich euch antun?«, wiederholte er atemlos und setzte Eberhard behutsam auf den Boden zurück. »Ich wollte euch kastrieren. Wollte euch irgendwann töten und essen.« Entsetzt sah er auf seine zitternden Hände. »Mit diesen Händen wollte ich euch Leid zufügen, wie konnte ich nur?« Er blickte um sich, stieg dann vorsichtig über das Gatter zurück und öffnete die Tür. »Habt keine Angst, ihr kleinen Schweinchen. Kommt heraus, da ist es doch so enge. Ihr braucht nichts zu befürchten.«

In der Tür zum Stall erschien eine Frau. »Was machst du?«, fragte sie.

»Ich lasse die Schweine frei.«

»Du lässt die Schweine frei? Warum?«

»Ich weiß nicht. Ich habe plötzlich Mitleid mit ihnen. Geht es dir nicht ebenso?«

»Deshalb kam ich rüber. Es durchlief mich wie eine warme Welle. Wollten wir sie wirklich kastrieren, um sie irgendwann zu töten?«

»Ja, wie wir es sonst auch taten. Doch ich kann das nicht mehr.«

»Du darfst es auch nicht. Schau sie dir an, sie sind so niedlich.« Die Frau hockte sich auf den Boden und betrachtete die Schweinchen, die eines nach dem andern aus der Box krabbelten. »Wir werden einen Kinderbauernhof aufmachen, was hältst du davon?«, flüsterte sie und der Mann nickte. »Mit Schafen und Ziegen und Pferden. Und mit Schweinen. Ein schönes Leben sollen sie bei uns haben.« Die Frau kam wieder hoch. Sie und ihr Mann sahen sich einen Augenblick lang an. Dann nahmen sie sich weinend vor Freude in die Arme.

* * *

Später lagen die Schweinchen im Stroh der großen Scheune zusammen und dachten darüber nach, was für Schwein sie doch gehabt hatten. Nie mehr, so gelobten sie einander, würden sie ihre Menschlichkeit eintauschen gegen die billigen Perlen eines vermeintlichen Vorteils, diese Erfahrung sollte ihnen eine Lehre sein. Geläutert nahmen sie ihr Schicksal in Kauf, wuchsen heran und waren alsbald die Lieblinge unzähliger Kinderhorden, die in dem neuerrichteten Kinderbauernhof ihre Ferien verbrachten. Sie lernten sich wie Schweine zu benehmen, wenngleich es dem einen oder anderen nicht ganz leicht fiel, den Standesdünkel aufzugeben. Und als eines fernen Tages ihre Zeit gekommen war, traten sie wie einst in den Tunnel, an dessen Ende sie wieder den Lichtschein erkannten. Doch kaum, da sie auf das Licht zugingen, ertönte ein »Pssst!« neben ihnen. Ein Nebentunnel war da plötzlich. Mit einer kleinen gebückten Gestalt, die sie zu sich heranwinkte. »Ich habe dir ein Angebot zu machen, dass du nicht ablehnen kannst«, wisperte die Gestalt.

»Ein Angebot? Oh nein, darauf falle ich nicht herein. Nicht noch einmal.«

»Nun«, meinte die Gestalt und wiegte nachdenklich den Kopf. »Das ist deine Entscheidung, wirklich. Wenn du dort vorne durch das Licht gehst, wirst du wieder Mensch sein. Allerdings wirst du kein reicher Mensch sein. Im Gegenteil. Arm wirst du sein, bettelarm.«

»Das ist mir egal. Hauptsache, ich bin wieder ein Mensch.«

»Ein Mensch wirst du auch sein, wenn du mit mir kommst«, versprach die Gestalt mit einer Stimme, die plötzlich so süß wurde wie eine in Zucker getauchte Honigwabe. »Obendrein aber wirst du auch reich sein – sehr reich.«

»Das ist mir egal. Ich will mein Glück nicht zu sehr herausfordern, wer weiß, welchen Preis dieser Reichtum hat.«

»Umsonst ist er natürlich nicht«, meinte das Männchen mit unschuldigem Augenaufschlag, »du müsstest mir deinen Humor dafür geben. Ich brauche ihn für einen guten Freund.«

»Meinen Humor? Welch zweifelhafter Deal. Was würde ich sein ohne ihn?«

»Du würdest reich sein. Unermesslich reich. Nichts, was du dir nicht kaufen könntest.«

»Dennoch … dafür meinen Humor zu geben …?«

»Du hättest große Autos, schöne Frauen, sogar ein eigenes Flugzeug.«

»Verlockend, wirklich. Doch mein Humor ist mir zu wertvoll, den gebe ich nicht her. Was wäre das Leben ohne ihn, was wäre ich ohne ihn … ?«

»Du zögerst?«

»Ich zögere nicht. Ich hab nur keine Eile. Meine Entscheidung steht fest.«

»Gewiss, gewiss. Dann lebe wohl, ich höre schon den nächsten kommen. Wird er halt kriegen, was dir zugedacht.«

»Soll er doch. Es interessiert mich nicht.«

»Und warum gehst du dann nicht?«

»Ich gehe gleich.«

»Dann geh.«

»Warte doch mal … hm … ein eigenes Flugzeug, sagtest du …?«